JN124427

映画アクティブラーニング

ドキュメンタリー映画制作
による「総合的な探究の時間」

小田浩之　著

公人の友社

自分の才能は疑わねばならない。
だが、自分のインスピレーションを疑ってはならない。

―フランソワ・トリュフォー

序文

　私たちは毎日様々な映像に囲まれて生きている。小さなスマホや映画館のスクリーン、そこには遠い国の出来事や、夢のような世界や、暴力が溢れ、私たちはあらゆる世界に既に出会っているような錯覚に陥る。しかし、映像を見ている私は実はいかなる現実にも直面してはいない。ひとりでただ映像を見ているだけ。それは孤独で自閉的な世界である。しかし、映画を作ろうとするとその孤独から抜け出して現実の世界へ出ていかなくてはならない。出演者を探し、協力をお願いし、撮影場所を探して、許可を得る交渉をしなくてはならない。自分の映画を見る観客がどう感じるのかを想像しなければならない。他者と出会い、自分の頭と身体を使って世界を発見する。そこに映像人間である我々が社会性を回復してゆく様々なきっかけが待っている。

　小田浩之さんに誘われて、ぐんま国際アカデミーで映画制作の授業を始めるにあたって、私は生徒たちに「自由な表現」を探求してほしいと考えた。プロの映画制作の技術を「教える」授業にはしたくなかった。「映画のようなもの」を作るのではなく、本物の彼らの表現を追求して欲しかった。「自由な表現」と口で言うのは容易いが、これを実際の授業として運営することは難しい。好き勝手にやることが自由ではない。日々の授業をどのように積み重ね、生徒たちの実践をどのように評価するのか？小田さんは教員としてそれらのハードルをひとつずつ乗り越えながら、忍耐強く「自由」である授業を実践された。

　この詳細な授業の記録は、これから映画教育に取り組む人にとって、非常に実践的で貴重なケーススタディとなるはずである。今後、様々な議論のきっかけとなり、映画教育の実践がいろいろな形で展開してゆくことを願っている。

映画監督／東京藝術大学大学院映像研究科　教授

諏訪敦彦

まえがき

　学校教育において、知識を総合的に応用し、探究的・主体的な授業デザインが求められています。特に高校では新科目「総合的な探究の時間」が始まり、注目されています。学習指導要領では「実社会や実生活と自己との関わりから問いを見いだし、自ら課題を立て、情報を集め分析し、表現する能力、探究に主体的・協働的に取り組む姿勢」の育成が示されています。グローバル化による多様な価値観の中で凄まじい勢いで変化する現代、今の時代を生きるのに必要な 21 世紀型のスキルの育成に待ったなし、ということなのでしょう。今、学校では、こうした学びのカリキュラム・デザインが、アクティブ・ラーニングの手法で求められています。しかし、アクティブ・ラーニングのより良いデザインは、受験指導中心であった学校現場ではまだまだ発展途上ではないでしょうか。

　本書には、学習指導要領で期待される探究的・横断的・総合的な学習の教育目標実現には、「ドキュメンタリー映画制作のプロセスの体験が教育のツールとして適している」、という仮説のもと開発・実践してきた 6 年間の授業が記録されています。「映画で一体何が学べるのか？」「映画は見るもので、作るんなんて無理じゃないか？」さまざまな声があると思います。しかし、映画だから可能なこと、映画だから得ることができる学びがあるのではないでしょうか。ブレッソン、黒澤明、ゴダール、大島渚にヴェンダース。皆、真のクリエイターであると共に、知の巨人でもあります。そして映画は誰もが一度は、（人によっては日常的に）楽しんでいる身近な総合芸術のメディアです。

　教育の中で、特にアクティブラーニングとして、映画が根源的にもつ可能性を考えたいと思います。

慶應義塾大学大学院メディアデザイン研究科付属

メディアデザイン研究所　リサーチャー　　小田浩之

目　次

第1章　教育と映画

1.1 ｜ はじめに

　「中学・高校の学校教育の中に映画制作を導入したらどのような学びがあるのだろうか？」この問いから全てがはじまりました。「映画って学校で習うものなの？」「映画なんか見てる暇があれば勉強しなさい！」「映画は見るもので、つくるなんて無理・・・」。映画は子どもの勉強の邪魔、と思う人がいたとしても、映画が嫌いな人は珍しいでしょう。誰でも人生に一度は映画館に行ってワクワクした経験があるはずです。

　一見、教育とは縁のなさそうな映画ですが、美術や音楽のように学校教育に導入されたらどうなるでしょうか。実は映画は、美術、音楽はもちろん、国語や情報科、社会科に関わるメディアというだけでなく、哲学者や美学者が研究対象として扱う125年以上の歴史をもったメディウムでもあるのです。

　海外に行くと映画のもつ文化的ソフトパワーに気づかされます。「クロサワ！」「ミフネ！」。映画ファンでなくても、いまだに日本のイメージは『七人の侍』の日本、という人にも沢山出会ってきました。香港のイメージがブルース・リー、フランスのイメージがゴダールやトリュフォーの映画から形作られているのと同じです。日本には、映画、アニメ、小説、と優れたソフトパワーがあるのにもかかわらず、それをクリエイションするための教育は行われてきませんでした。特に映画など総合芸術作品制作には、最新科学から美学まで多種多様の学術と芸術の要素が関わってきます。スマートフォンで気軽に動画をアップする現代、映画も教育現場で語られても良いのではないでしょうか。

　さて、同時に学校教育も変化の過渡期にあります。今までの暗記・詰め込み

教育では対応できない社会になってきたことに教育界も気づいてきました。そんな中、学校教育においても、探究的・主体的な授業デザインが求められるようになりました。特に高校の新しい科目として注目されている「総合的な探究の時間」においては「探究的・横断的・総合的な学習を行うことを通して，自己の在り方生き方や、自ら課題を発見し解決していくための資質・能力を育成すること」が教育目標とされています。この教育目標実現には、映画、特にドキュメンタリー映画制作のプロセスの体験が教育のツールとして適していると考え、高校生を対象に6年間の授業実践をおこなってきました。

　本書が「総合的な探究の時間」を中心に学校教育の中で生かされ、また中高生を対象とした映画教育に関心のある映画関係者のための指導方法の一つのあり方として参考になれば幸いです。

1.2　ドキュメンタリー映画教育実践の背景

　私立学校で教育に携わる傍ら、映画制作者としても制作活動を行ってきました。映画制作の原体験としては、映画美学校で佐藤真監督（1957-2007）のもとドキュメンタリー映画制作を学んできたことにあります。在学当時の映画美学校では、黒沢清監督（1955-）、是枝裕和監督（1962-）、諏訪敦彦監督（1960-）ら、映画美学の鋭い視点をもつ作家性の強い映画を制作してきた監督達が、フィクション、ドキュメンタリーの垣根を超えて講義を行い、映画芸術上の大きな影響を受けました。

　映画を作るには、絶え間ない探究心とクリエイティビティ、制作過程における問題解決の判断力とチームで行動する協働スキルが求められます。私自身も映画制作をとおして、生みの苦しさを味わうと同時に、出会いと発見、創造の喜びを経験してきました。映画を学んでいた時から、映画の制作体験は総合的な全人教育のツールになるのではないかと、教育への活用の可能性を感じていました。

　そのような中、「アクティブラーニングのツールとしての映画制作を通した授業の開発」を勤務校である、ぐんま国際アカデミー（以下GKA）中高等部[1]に

提案しました。映画にも様々なジャンルがありますが、教育活動においては、フィクションではなく、取材を通して現実の社会と深く関わり探究するドキュメンタリー映画制作こそ、教育ツールとしての有効性が高いと考え、ドキュメンタリーを中心に高等部における映画教育のカリキュラムを計画しました。

　この案は学校をあげた大きな教育プロジェクトとして学内で検討され、2014年度の準備期間を経て、2015 年度から高等部 1 年の特設科目「グローブ」² として行われることになりました。以降、本校における学びの総合的なアウトプットとして、ドキュメンタリー映画制作をツールとした授業を行ってきました。

1.3　映画の授業「グローブ」とは

　「グローブ」は、GKA 中高等部において、高等部 1 年生（毎年平均約 60 人）のカリキュラムに設置された特設科目（1 単位、必修科目）です。ドキュメンタリー映画制作をツールとしたアクティブラーニング型の科目であり、高等部 1 年生の総合的な学習（のち探究）の時間（1 単位）と合わせて、毎週合計 2 時間、年間 70 時間をかけて映画制作を学んでいます。学校教育では、授業の教材として映画を鑑賞することはよくあります。しかし映画制作となると、取り扱われて来なかったのが現状です。音楽や劇、ダンスであれば、授業あるいは文化祭等の行事や特別活動の中で創作活動の教育実践の蓄積がありますが、映画制作は依然として学校教育の中では非常に珍しい取り組みです。

　グローブは、授業開発の準備段階から、諏訪敦彦監督（東京藝術大学大学院教授）の協力を仰いできました。諏訪氏は、カンヌ国際映画祭、ベルリン国際

1　学校法人太田国際学園ぐんま国際アカデミー中高等部は群馬県太田市にある私立小中高一貫校。 小泉内閣総理大臣より構造改革特区第 1 号に認定され、「太田市外国語教育特区構想」に基づき設立された。2011 年より国際バカロレア校に認定。
2　「グローブ」については以下で授業の概要が紹介されている。
　・井上佐保子「社会の扉を開くドキュメンタリー映画づくり」『マナビラボ』（教育サイト）、2016 年 8 月 17 日 [1]
　・「映画教育のススメ」『Find! アクティブラーナー』（教育サイト）、2018 年 3 月 [2]
　・インタビュー「特集メディア・アートと美術教育II」『月刊教育美術』2018 年 11 月号、P22-23 [3]
　・横山航「最前線：ドキュメンタリー、授業で制作」『読売新聞』2020 年 5 月 9 日朝刊、15 面 [4]

図 1.1　映画制作に臨む生徒たち

映画祭受賞の国際的な映画監督であり、大学・大学院教授として映画教育の実践、また、一般社団法人こども映画教室において小・中学生にも映画制作を教える活動を行っています。

　グローブの開発に当たって諏訪監督からは、次の助言を得ました。「中学・高校においては、プロ制作技術の習得を到達目標とした職能技術を教えるのではなく、成果物としての作品のクオリティよりも制作プロセスを重視し、制作過程で自己や世界について探究できる教育にすべきだ。大人が解を設定せずに子どもたちに自由に制作させるのが良い」。この諏訪監督の子どもの映画教育に対する考え方は、GKA が加盟する国際バカロレア[3]の理念や、総合的な学習（のち探究）の時間が求める教育とも一致し、以来 4 年間特別講師として、特に初年 2015 年度にはグローブ開発の運営委員長として高校生の教育に携わっていただきました。こうして諏訪監督の映画教育観から多大な影響を受けながら、グローブのカリキュラム・デザインの旅は始まったのです。

3　国際バカロレア機構（本部スイス・ジュネーブ）が提供する国際的な教育プログラム。

第2章　多様な映画教育の過去・現在・未来

2.1 ｜ 総合的な探究の時間における映画

2.1.1　学習指導要領

　アクティブラーニング。よく耳にするワードではないでしょうか。「主体的・対話的で深い学び」のことです。学習指導要領の改訂により、アクティブラーニングの視点をもって充実させていくことが文科省により打ち出されました[5]。新学習指導要領（中学校では平成29年告示、高等学校では平成30年告示）では、中学校においても高等学校においても、この「主体的・対話的で深い学び」の実現に向けた授業改善を通して、創意工夫を生かした特色ある教育活動を展開するようにと記されています。何を学ぶかだけでなく、どのように学ぶかを重視し、受動的ではないアクティブ（能動的）な学習姿勢を促す学習のカリキュラム・マネジメントが期待されているわけです。

　特に従来の「総合的な"学習"の時間」からアップグレードされた「総合的な"探究"の時間」は、課題解決をより「自分ごと」とすることによって、以下の教育目標を目指しています。

> **学習指導要領「総合的な探究の時間」**
>
> 第1目標　探究の見方・考え方を働かせ、横断的・総合的な学習を行うことを通して、自己の在り方生き方を考えながら、よりよく課題を発見し解決していくための資質・能力を次のとおり育成することを目指す。
>
> （1）探究の過程において、課題の発見と解決に必要な知識及び技能を身に付け、課題に関わる概念を形成し、探究の意義や価値を理解するようにする

(2)　実社会や実生活と自己との関わりから問いを見いだし、自分で課題を立て、情報を集め、整理・分析して、まとめ・表現することができるようにする
(3)　探究に主体的・協働的に取り組むとともに、互いのよさを生かしながら、新たな価値を創造し、よりよい社会を実現しようとする態度を養う
（「総合的な探究の時間編」高等学校学習指導要領（平成30年告示）解説：11）

　自己との関係・自己のアイデンティティとの関わりからの主体的で能動的な取り組みのポイントを書き出してみましょう。

1. 探究的な学習
2. 協動的な学習
3. 体験活動の重視
4. 実社会と自己との関わり
5. 情報収集・分析・表現

図 2.1　探究的な学習における生徒の学習の姿

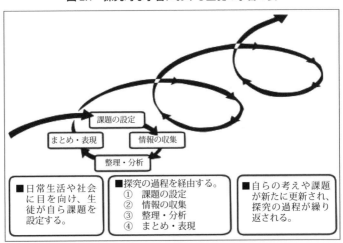

（出典：「総合的な探究の時間編」高等学校学習指導要領(平成30年告示)解説：12）

　設定した問題に対して、自分で調べた情報を収集し、解決策を考える中で「思考力・判断力・表現力」を鍛え、他者と協働しながら「主体性・多様性・協調性」を育む。この探究の過程をスパイラルに何度も繰り返すことで、発展的に学びが深められることが期待されています（図 2.1）。

2.1.2　映画による総合的な探究の時間のデザイン

　総合的な探究の時間は教科科目ではないので、各教科の専門性を持つ中学校・高等学校の教師にとっては却って扱いにくい。「何を行ったらいいかわからない」という場合もあるでしょう。学習指導要領で示されたような「探究的なスパイラルの学びの活動」「生徒の主体的・対話的で深い学び」のカリキュラム・デザインを個々のクラス担任にもとめても、実際には難しいというケースがあることも理解できます。

　今まで総合学習の中で何か調査する課題を与える、という内容は複数の学校でよく見てきました。しかし、教師から与えられた課題や問題を調べてまとめるだけなら、従来の「調べ学習」と変わらないでしょう。また中高生が常に課題や疑問を意識しながら生活しているわけでもないということを念頭におく必要があります。家庭・学校・塾・習い事といった、まだ狭い社会の枠の中でしか生きていない中高生にとって、何か個人的な繋がりがなければ、社会的な課題を自分のこととして考えることは少ないのではないでしょうか。教師から「問いを立てろ」「社会的課題をみつけよ」と言われても、教師にいわれるがまま、とってつけたような問いを設定し、それに対して書籍・インターネットで調べ学習を行い、「わかったこと」を発表する、というのが実際のところです。

　真の主体的・探究的学習であれば、個人の体験を通して、自らのこととして関心を持ち意識的になる、というプロセスが望ましいと言えます。そうした生徒の学習活動をデザインするためには、生徒が自分との関係性の中で考えられるプログラムが必要です。自分の主体的な体験から自らに対して疑問をぶつけ、社会課題など外的な現象のリフレクションとして「私」を見つめ直し、「私」を発見する教育のデザインです。

　個性をもった人格として社会と接し、その中で有機的に問いや疑問が湧き上がり、同時に自己について考えを巡らせるツールとしては、芸術の要素が効果的であると考えます。よく言われるように芸術は自己をとおした社会の写し絵であるからです。私はこの教育のツールとして映画芸術、特にドキュメンタリー映画制作の体験プロセスを導入できると考えました。なぜなら、社会と個人的な関係性を持ちながら映像によって社会をキャプチャーし、自己を表現するメディアであるからです。

2.2 | 映画はどのように教えられているのか

　芸術大学の映画科や映画制作を教える専門学校など、将来、プロフェッショナルな制作現場で期待される職能技術習得のための高等教育ではなく、中学校・高校年代の教育としては、映画はどのように教えられているのでしょうか。日本の中等教育の芸術科目には「映画」は存在しません。しかし海外では美術、音楽と並び、ダンス、演劇、映画が芸術科目として設定されていたり、「メディア」という科目の中で、映像や映画が大きく扱われる国も存在します。また、学校教育に拘らなければ、地域や映画関連団体の文化教育活動としての映画ワークショップは国内外に存在します。そこでは映画は中高生年代にどのように教えられているのでしょうか。ここではカリキュラム・デザインの際、参考としたいくつかの国内外の取り組みについて述べていきます。

2.2.1　国際バカロレア芸術科目「映画」

　国際バカロレア（IB：International Baccalaureate）は、1968 年設立の国際バカロレア機構（本部ジュネーブ）が提供する国際的な教育プログラムです。この教育プログラムは、国際バカロレアが独自に認可した小学校・中学校・高校のみが提供できるもので、近年文部科学省も推進していることから、国内でも認可校が増えて注目されています。

　国際バカロレアは、学習年齢に応じて、Primary Years Programme（PYP）3-12 歳、Middle Years Programme（MYP）11-16 歳、Diploma Programme（DP）

16-19歳、と分かれており、日本の高校生にあたるディプロマ・プログラム（DP）のカリキュラムは、6つのグループ（教科）及び「コア」と呼ばれる3つの必修要件から構成されています。

グループ6（芸術）では、ダンスや、演劇とともに「映画」が含まれています。これは国際バカロレアにおいて映画はIBの理念に適った学びとして捉えられているからでしょう。欧米の芸術科目の中で「映画」が決して特殊ではないということの表れです。

国際バカロレア公式サイトには、科目「映画」について次のように記されています。以下、国際バカロレア科目映画「コア・シラバス領域」の表（**表2.1**）と共に紹介します。

映画は力強く刺激的な芸術形式であり、実践である。ディプロマ・プログラムの科目「映画」は、映画テクストの解釈・映画制作の能力を身につけることを目的とする。映画テクストの研究と分析、映画制作の実践的な演習を通して、生徒の批判的な能力と映画における芸術的、文化的、歴史的、およびグローバルな視点を理解する能力を養う。映画の概念、理論、実践、アイデアを多角的に検討し、自分の視点や偏見に挑戦することで、他者の視点や価値観を理解・評価することを目指す。生徒は、映画とマルチメディア技術を試す中で、メディウムの言語を通してコミュニケーションするために必要なスキルと創造的な能力を身につける。生徒は芸術的な見識を育て、映画を通して個人的な視点を表現する方法を学ぶ。科目「映画」では、協働作業の重要性を強調する。現代の映画の要因となり支えている国際的、異文化的なダイナミクスに焦点を当て、時代、空間、文化を超えた映画の発展を生徒に理解させることを目指す。生徒は、別の見方を理解し、映画の中に存在する多様な文化を尊重、評価し、オープンで批判的な心を持つことが求められている。創造的な探究とイノベーションが、科目「映画」の中核である。生徒は、映画の芸術、技術、研究に実践的な関与を通して達成される批判的思考、内省的分析、想像力豊かな総合力を身につけ、発展させることが求められている。

（国際バカロレア「DP科目映画」）[6]

表 2.1　国際バカロレア科目映画「コア・シラバス領域」

Core syllabus areas　コア・シラバス領域	Teaching Hours 授業時間
Reading film　映画の読解 標準レベル（SL）と上級レベル（HL）の生徒は、芸術の一形態として映画を考察し、様々な文化的文脈からの幅広い映画テクストを研究し、映画の要素がどのように組み合わさって意味を伝えるかを分析する。	45 Hours
Contextualizing film　映画の文脈解釈 標準レベルと上級レベルの生徒は、時間、空間、文化を超えた映画の進化を探究する。対照的な文化文脈の映画の間に存在する類似点と相違点を認識するために、映画の様々な領域に焦点をあてて調べる。	45 Hours
Exploring film production roles　映画制作の役割を探る 標準レベルと上級レベルの生徒は、映画制作者としての意図を実現するために、映画制作プロセスのあらゆる段階に関わりながら、様々な映画制作の役割を探究する。生徒たちは、演習や実験、また映画を完成させることを通して技術を習得し、発展させ、応用することを目指す。	60 Hours
Collaboratively producing film (HL only)　協働映画制作 (HL のみ) 上級レベルの生徒は、（チーム）共通の芸術的意図を実現するために、映画制作の協働的な側面に焦点を当て、チームでの制作活動を経験する。生徒は、選択した映画制作の役割を果たし、映画制作プロセスのすべての段階に貢献し、協働してオリジナルの映画を制作し完成させる。	90 Hours (HL only)
Total teaching hours　合計授業時間 SL=Standard level, HL=Higher level	150 SL 240 HL

（出典：国際バカロレア「DP 科目映画」ガイド 2019：19）

　日本の高等学校教育課程に相当する国際バカロレアのディプロマ・プログラムにおける芸術科目「映画」では、他の国際バカロレア科目同様、構成主義教育を目指しています。特に「映画」においては随所に「協働」制作から得られる学び・探究が焦点としてとりあげられ、チームで制作する総合芸術である映画の持ち味が生かされています。また芸術大学や専門学校など高等教育で学ぶような「映画制作を学ぶため」の職能としての実践的な技術ではなく、「映画で学ぶ」ことで、国際バカロレアが目標とする「探究心・コミュニケーション能力・挑戦心・協働スキル・深い思考」などの能力やスキル、学習態度を育もうとする内容であることは、日本の「総合的な探究の時間」に十分に応用できるでしょう。

　国際バカロレアに関わらず、映画が科目として採用されているケースは欧

米を中心にみられます。しかし、世界的にみても教科としての歴史は短く、同じ芸術科目でも、教育としての蓄積が豊富な「美術」「音楽」と比べれば、まだまだ発展途上であることには変わりありません。国際バカロレア「映画」のような構成主義的内容は少数派です。

米国の映画の授業で評価の高いテキスト『The Directors in the Classroom – How Filmmaking Inspires Learning』（Theodosakis 2009）[7] など米国のテキスト一つを取っても、制作工程の各フェーズの技術書的な比重が大きく、大学などで使用される制作に関する専門書の簡易版的な内容です。また米国では高等教育機関で教えられる内容は、ハリウッドのスタジオ現場で役に立つための職能技術であり、日本においても、専門学校で教えられている内容は、テレビなど制作現場での実践的なスタッフワークの技術です。まだまだ映画教育の指導者が少なく、教育としての教授法の蓄積がないので、内容的には、映画教育は「プロ現場 ⇒ 高等教育 ⇒ 中等教育」の線上に留まっていると言えるでしょう。

しかし、科目「美術」「音楽」はどちらもプロ養成の学習内容ではありません。リベラルアーツとしての美術を通した教育であり、音楽を通した教育です。国際バカロレアの科目「映画」においては、構成主義教育の理念のもと、教育として映画が取り扱われており、単なるプロ制作現場の模倣を脱した、リベラルアーツの科目として映画を定義づけている点は、映画がもつ潜在的な教育的可能性を広げるものとして高く評価・注目されるべきでしょう。

2.2.2　英国映画協会の映画教育

映画界では、映画教育に関してどのような動きをしているのでしょうか。国内においては、後述するように、諏訪、小栗康平（1945-）、是枝裕和監督ら映画監督達が、自治体や文化教育団体、映画祭などから個人的に依頼を受け、子どもの映画教育に関わってきた、という事例はありますが、映画界が組織立って継続的に初等・中等教育に積極的に関わってきた形跡は見られません。これは平田オリザ氏など演劇界が積極的に子どもの教育に関わってきたこととは対照的です。

しかし海外に目を向けると、特にヨーロッパでは、文化教育の運動として、映画界が積極的に教育に関わる例がみられます。英国映画協会や、シネマテー

ク・フランセーズ[1] の活動は映画教育の一つのあり方として、モデルになるでしょう。ここでは、英国映画協会（以下、BFI）の子ども向け映画教育の活動を紹介します。BFIでは、社会教育活動として子ども向けプログラムを提供し、映画教育の課外活動を支援しています。同時に、教育課程における学校教育においても、映画教育を実践する教師を支援するための様々な取り組みを行っています。BFIがオンラインコース「Future Learn」に提供している子ども向けの映画教育のコース「Film Education」[8] は、BFIが発行する、あるべき映画教育の指針を示した「Framework for Film Education 2015」[9] を基に構成されています。これは欧州連合の文化プログラム Creative Europe（Media）[2] でも採用された映画教育の一つの手引書、あるいは私版指導要領というべきものでしょうか。コースでは、「Framework for Film Education 2015」で述べられている映画教育の3つのキーワードが映画教育の観点として言及されており、この3点は「クリエイティブ」「クリティカル」「カルチャル」という3つのCではじまるキーワード「3Cs」と表現されています。

BFIは、長年にわたる映画教育の問題の一つは、見ることと作ることの分離であると指摘し、それは「理論」と「実践」に分離して教育する大学など高等教育の影響を受けてきたからだ、と主張しています。しかし映画教育とは、映画を見る文化だけでなく、映画を作る文化を育てることでもあるとし、クリティカルで創造的な教育プロセスと実践によって、映画教育は映画文化に寄与できると強調しています。

> 私たちは、彼らに実践的な制作を通してクリティカルな問題を探究してもらいたいと考えています。"クリティカルであること"とは、映画を理解し、探究する能力のことです。
> (Future Learn：Film Education：A User's Guide「1.5 What is Film Education」2020)

クリティカルな視点のアプローチにおいて、「なぜ？」は重要な質問であり、生徒の創造的な可能性を開く出発点です。以下、BFIのコースで述べられた「主

1　フランス政府が大部分出資する映画遺産の保存・修復・配給を目的とした施設。
2　https://eacea.ec.europa.eu/creative-europe/actions/media_en

張についての質問」と「映画言語に関する質問」を紹介します。

第1レベルの質問：主題について

・「特定のカメラアングルが選択されるのはなぜですか？」

・「特定のオブジェクトがフレーム内に配置されるのはなぜですか？」

・「キャラクターはどのような人たちでしたか」

・「彼らの行動とその理由は？」

第2レベルの質問：映画言語によってどのように構築されているのかについて

・「なぜそうすることを選んだのですか」

・「特定の方法で？」

・「なぜ別のショットではなく、このショットを選んだのですか？」

　このように、カメラの動き、編集、音楽など、分析する観点を示し、どのようなアイデアが映画的な方法で生み出されているかを考えさせています。「何を」が「なぜ」に変わり、「どうやって？」に繋がることを期待しているのです。

・「監督が特定の方法でカメラを動かすことを選択したのはなぜか？」

・「なぜ特定の種類の音楽があり、なぜ音楽をあるシーケンスから別のシーケンスで変更するのか？」

　このような質問は、映画言語に関する問いでしょう。映像による「意味」の創造にも関連し、またメタファーの表し方などは、記号論とも深く関わります。何を示しているのか、なぜこのように表現されるのか、どういう関係性を持っているのか、という映画の見方を定着させるため、BFIでは映画分析の視点として以下の3点を示しています。

1. 登場人物たちはどのように相互作用しているか

2. 登場人物の周囲はどのような環境か

3. そしてそれはなぜか

以下、コースで例として示された制作演習です。「力関係」「感情」「孤独」を表すためにどのような映画的な工夫をすべきか、想像力が喚起される演習です。

---

1. 計画

・グループとして小規模な制作演習を行う

・小グループ（最大3人）で責任分担

・俳優、カメラマン、編集者は誰が担当しますか？

・ストーリーボード[3]の作成

・1回のエクササイズで最大25秒のフィルムを作成

2. 演習・撮影

・「力関係」：カメラの角度を工夫し、人や物に力関係を持たせる

　（例えば、通常のアングル、虫瞰・鳥瞰的なアングルを試す）

・「感情 / 恐怖」：人の感情や恐怖を感じられるように動画を編集

　（顔の表情、手などを強調するために、クローズアップするなど）

・「対話」：あるシーンを撮影（台詞に合わせてアングルや編集を考える）

・「孤独」：孤独をテーマにしたシーンを撮影

　（孤立感を出すためには、どのような手段が必要かを考える）

BFIの演習は、理論化されたマニュアルに従い再現化する中での映像理解やスキルを習得する、といった演繹的なものではありません。むしろ、抽象イメージを、映像という具体に変換する際の「解釈をともなう映画的な視点の育成」という意図が感じられます。これらはプロの映画制作者たちがクリエイターとして制作現場で知恵を絞る表現行為とも重なります。カメラを通したものの見方・見せ方を教えるポイントとしてBFIの演習は非常に参考になります。

　ここで少し、国内メディア系専門家による映像ワークショップと比較してみましょう。メディア系の映像ワークショップでは、BFIの映画教育のよう

3　撮影前に用意されるイラストによる表。日本では絵コンテという。

な視点はあまりみられません。メディア関係者によるものは、「カットの繋がり方はわかりやすいか」「（イマジナリーライン[4]は）自然に見えるか」「インサートカット[5]を多用し工夫しているか」「つかみや、クライマックスを持って来るタイミングは適切か」「意図は明確か」など、いかに相手にわかりやすく映像によって伝えられているか、それを達成するための技術を理解し適切に使用しているかをチェックするための視点が中心で、あらかじめ解が示されたルーブリックもよく見かけます。こうした映像メディア教育で行われる映像制作実習の視点は、メディアリテラシーで語られる映像分析の実証化、つまり映像の原理を、制作を通して確認することにあるのでしょう。つまり「わかりやすさ」「明確さ」の生成はどういう原理によって感じられるのか、を学習の目的としているようです。「人にわかりやすく伝えられている」というのは、テレビの影響が強いのかもしれません。あるいは伝統的に「誰れでも理解できて楽しめる」映画作りをしてきたハリウッドの技術者によるテキストの影響でしょう。こうした技術書を参考に、客観的な評価基準を立てて、それに基づくルーブリックを作成することも、外的な技術面にフォーカスした学習としては有意義かもしれません。また、子ども向けの短期ワークショップでは、ワンポイント・レッスンのような形で即効性をもって表現の幅を広げる楽しさを感じることにもつながるでしょう。

　しかし、「映画」とした場合、映画の歴史から考えても、芸術の視点は外すことはできません。作品としての映画は映像原理の解明のための素材でもなく、職人的技術に重きが置かれる工芸とも違います。映画は外的な技術面以外の内的側面も持っているのです。芸術ならば「主体性をもった作家の個性の表現」という重要な視点があり、その根底には「制作プロセスは自己探究プロセスである」とする芸術ならではの文脈があります。もう一歩踏み込んだ映画教育を考えていく上で、BFIで示された「抽象から具体」に向かっていくための、思考させるプログラム内容は、非常に参考になりました。後述する諏訪、是枝、小栗監督といった映画監督の映画教育の視点とも重なります。

4　想定線。2人の対話者や、車両の進行方向などが自然に連携して見えるように結ぶ仮想の線。
5　一続きの映像の中に挿入する補足描写のためのカット。

　映画を理解するには、技術書の理解だけでなく、映画監督の言説はもちろん、ロラン・バルトやアンドレ・バザン、クリスチャン・メッツ、ジル・ドゥルーズなど映画美学論者にも注意をむける必要があるでしょう。BFI や国際バカロレア関連書では、ヨーロッパの理論家の名前も見出され、ヨーロッパ系の映画学・美学の影響がみられます。そこには「相手にどう見えるか」だけでなく自己表現としての「自分の視点」が強調されており、グローブが目指すカリキュラム・デザインの方向性としては、BFI や国際バカロレアの方法論には近いものがありました。

　芸術教育の学習成果についての BFI の指摘には、非常に興味深いものがあります。教育分野、特に芸術や人文科目では、その成果の表れについては慎重に考えるべきであるというのです。学習直後に現れる成果のみに注目すべきではないという考えです。また「過去 20 年間の教育界は、OECD の学習到達度調査（PISA）による教育成果の数値に過度に注目しすぎている」と発言していることには考えさせられます。定量的に数値化できる学習成果の測り方に基づく評価の観点の提示やルーブリック作成は、研究者のみならず、生徒にとっても教師にとっても確かにわかりやすいものでしょう。一方で、測ることが難しい、あるいは数値で測れない学習成果や、時間が経ってから表れる学習効果は、見過ごされてしまうと BFI は批判しています。このことは美術教育の文脈でも議論されてきたことです。「生徒が制作した映画をどう評価するのか？」については今後も熟考が必要です。BFI の映画教育では、特に米国の美術教育界において大きな影響力をもつエリオット・アイスナーに注目しており、発展途上の映画教育は、アイスナーの美術教育の手法から多くを参考にできる、と言及しています。アイスナーの学習評価についての考えを以下に引用します。

> 評価は生徒の作品や行動をあらかじめ明示された評価基準に合わせることによって生じるのではなく、生徒の作品や行動の中に、様々な価値を発見しようとする試みによって生じる。つまり「生徒は当初の意図通りに学んだのか」ということと「生徒は何を学んだのか」ということとは、全く別のものなのである（アイスナー　1986:247）[10]

　BFI では、映画教育の価値向上のため、すでに評価が定まっている他の芸術分野にヒントを求めています。映画教育も、芸術教育についてのより広い議論から学ぶべきことがあると言い、前述した通り、アイスナーをコースの中でも紹介していることは興味深い点です。

　アイスナーが『多くの成果、最も重要なものは、学習目標とは関係ないかもしれない』と言っていることに注目してください。
（Future Learn：Film Education:A User's Guide「4.16 Assessing Learning in the Arts:Elliot Eisner」2020）

　BFI による「３Cs」を目指した映画教育についてのコースの最後では、映画教育の何が特別で何が特徴的なのかがまとめられています。

・映画を作ることを経験し、自分が見た映画に自分自身の創造的な経験や制作プロセスを関連付ける
・美的、感情的、文化的、創造的な視点から映画に取り組むことができるような、個性的でクリティカルな枠組みを身につけることができる
・定期的に様々な映画に触れることができる
・映画の社会的・歴史的文脈を意識することができる
・映画を体験し、探究し、学ぶためのさまざまな方法を考えることができる

　そして結びでは、評価については重要な問題であり、継続して多角的に研究される必要がある、と述べられています。映画教育は、他分野からも様々なアプローチを求めて実践することが勧められているのです。

2.2.3　米国での映画教育

　次に米国での映画教育の状況をトーマス・フリント氏の研究からみていきたいと思います。フリント氏は、米国ボストン出身の映像作家・映画教育研究家で、グローブの準備段階からカリキュラム・デザインに共同で携わりま

した。ここでは、ロードアイランド・スクール・オブ・デザイン大学院での
フリント氏の修士論文『Zoom-out：expansion of pedagogical approaches
within moving image education』（フリント 2018）[11] と 2019 年から 2020
年におこなったフリント氏へのインタビューを基にみていきます。

　映画産業の盛んな米国では、将来のハリウッドの制作者を輩出する有名映
画学部も多数あれば、中等教育においても学校によっては芸術科目として映
画も存在します。また校内ジャーナリズム活動が盛んで、学校新聞も現在は
ネットやビデオ配信などデジタル化が進み、こうした生徒の課外活動での映
像制作は盛んです。当然のことながら、影響力の源は自国ハリウッドの映画
文化・映像制作メソッドです。

　フリント氏が高校時代に選択した映画・メディアアートのコースも、スタ
ンダードな映画の授業でした。脚本、撮影、編集方法や、観客を引き込むた
めの魅力的なオープニングシーンの作り方などの講義からは、「見栄えの良い
映画・映像」の作り方を学んだと振り返っています。その後学部で映画を専
攻し、映画業界に携わる夢をもったフリント氏にとっては、スタンダードな
映画の学びは、将来の方向性に直結し、高校、大学でスタジオでのスタッフワー
ク、あるいはフリーの制作者として即戦力になる技術を習得しました。しか
し日本で諏訪監督の指導のもとグローブの映画教育に携わったのち、インター
ンの指導者として、母国米国の複数の高校で映画の授業を行った時に、ある
問いが湧き上がったといいます。最初の授業で、「この中で将来映画監督にな
りたい人はいますか？」との質問に、手を挙げたのは 1 人だけだったという
現実に、大多数が将来の進路に映画業界を考えていない生徒達を前に「この
子たちに映画を教える意味は何だろう？」と自問しました。なぜなら、米国
での映画の授業の標準的なカリキュラムは、映画産業の慣行の模倣からデザ
インされているからです。将来映画スタジオで制作者になる夢をもっていな
い生徒に、米国映画制作システムの技術を教えることにどれほどの意味があ
るのか、そう疑問を抱いたのです。「中等教育における映画の授業では、映画
産業の慣行をどの程度模倣すべきか？」という問いはフリント氏にとって映
画教育の研究の核となりました。米国では多くは映画産業の模倣からまだ拡

張されていない範囲内で授業が行われているのが現状だからです。

> ハリウッドが世界的に普及した映画を作る方法を体系化したので、映画の教育者にとって、業界の実践を超えて捉えるのが難しいのは当然だ。多くの映画教育者（および教育機関）は、産業の熟練を再現する方法で、見栄えの良い映画を制作する方法を生徒に教えるための論理的なアプローチに従っている。（フリント 2018）

　映画制作では無駄を省いて効率を目指します。時間的にも、費用的にも負担を減らすためです。特にハリウッドでは制作システムの徹底した分業化で、効率を求めます。そこにはしばしば監督のこだわりは否定されてきました。時間をかけて自己の美学を追求する黒澤明（1910-1998）の制作スタイルは、効率主義のハリウッドでは受け入れられず、『トラ・トラ・トラ！』の監督を降板せざるを得なかったことは有名な話です。

　フリント氏が学生時代に受けた映画教育もそうした効率的に制作する手法でした。その模範はアルフレッド・ヒッチコック。脚本家や絵コンテアーティストと緊密に連携して、カメラの位置や俳優の動きを含む映画のすべてのショットを正確なディテールで入念に事前準備するスタイルの監督です。重要な決定をすべて撮影前に行うので撮影は計画通りスムーズに進みます。このことからヒッチコックは「映画の撮影は退屈だ」とまで言っています。

> 私自身が受けた映画教育の経験は、「ヒッチコック」アプローチに従いました。このアプローチでは、映画の「制作」の側面は撮影以前に紙で決定されたものに大きく依存し、他の多くの映画制作教育のプログラムでも同じことが行われることがわかりました。（フリント 2018）

　効率のよいモデルにもとづいた映画制作の指導ガイドラインをつくり、生徒たちに分かりやすい制作のマニュアルを提供することによって、「均一的にある一定の質を担保した作品」ができる可能性が高まるかもしれません。しかしそれは同時に生徒自身が発見する機会を奪い、個性溢れるオリジナリティが、均一化の形式の中で見失われてしまう可能性も孕んでいる、とも言えるでしょう。ヒッチコックは偉大な監督です。彼のメソッドは論理的で学生の

模範としても優れているでしょう。しかしヒッチコック、あるいはハリウッドだけが映画ではありません。実際、映画はその制作過程も国や文化、また監督ごとに一人ひとり違い、多種多様であるのです。教育として何を目的とするのか？それによって教えられる制作メソッドも多様でいいはずです。

　フリント氏は、例として映画教育界で注目を集める「The Cinema School」[6]でのインターン講師体験について述べています。The Cinema School は、ニューヨーク市ブロンクスにある公立学校です。映画を通して創造的なビジョンの探究を目指し、標準の高校のカリキュラムに加え、ビデオの制作、シナリオ執筆、そして上級生はオリジナルの映画作品を制作する、というユニークな教育を提供しています。ゲスト講師にハリウッドで活躍する制作者をむかえる意欲的なプログラムです。しかしフリント氏によれば、非常に本格的であると同時に、映画教育のあり方について考えさせられたと言います。

　生徒たちは脚本、絵コンテ、撮影リストを片手に、制作に励んでいました。しかし私が頻繁に観察したのは、廊下、カフェテリア、階段の吹き抜け、公園、その他の無数の撮影場所に立っている生徒たちで、彼らは（教師に）指示されたことを行っているだけでした。

　成果物としての最終作品に過度に重点を置くと、プロセスの重要性を損なう可能性があり、生徒は途中での間違いを、反省と学習の重要な機会ではなく、失敗の印と見なしてしまっていたのです。（フリント 2018）

　映画教育のプログラムで子ども達がもっとも楽しみにしていると答えるのは、映画分析や、理論の講義ではなく、制作実践、特に撮影体験です。しかし実際には、撮影でさえ、「教師や専門家から指示されたことを行っているだけ」の状態を頻繁に目にし、またそれは学部で映画を専攻していた時のフリント氏自身にも重なる姿でした。会話のシーンには、一般的なカットバック[7]の技法で構成するようもとめられ、イマジナリーラインに合わせたカメラの配置、俳

6　https://thecinemaschool.org/
7　対照的な 2 つの場面の切り返しの演出手法。

優の立ち位置も指示されます。確かにハリウッド映画でみかける見栄えの良い
シーンが撮れるのかもしれません。ここから学ぶ技術も多いでしょう。スタジ
オで即戦力になりそうな学びです。しかし、撮影を楽しみにしていた生徒の表
情からは、自分たちが期待していた体験とは違っていた様子が見うけられたと
いいます。このフリント氏のエピソードからは、テクニックと作法としてのガ
イドラインが強調されるときに、逆に生徒の主体的な発見の機会がどのように
排除されてしまうのかがわかります。

　映画の専門家や映画を専攻してきた教師がこうした指導を行うのは、理解
できます。教師にとっても、自分が学び、また実践してきた映画のスキルと
知識を手取り足取り生徒に教えることは非常に魅力的なことでしょう。しか
し同時に、生徒が「主体的な自分の創作活動である」と意識できる状況を、
どのように作り出すことができるのかを考えることも、大事な指導の視点で
あるはずです。

　映画産業の慣行を模倣した指導アプローチから離れることが、非常に困難
なのはなぜでしょうか。一つは、映画教育の研究に幅広い蓄積がまだ少なく、
その方法や成果についてもあまり共有されていないことが考えられます。も
う一つはフリント氏が指摘するように、教育者が指導の手引きとして米映画
業界の制作現場システムやそれに基づいた専門書の内容を積極的に模倣して
いることが挙げられるでしょう。

　フリント氏の調査の中で、ある高校の映画授業担当の教師が「プロダクショ
ンの慣行の導入は、映画制作の指導として非常にわかりやすいステップであ
り、慣行通り活動するためのルーブリックを簡単に作成できるので、教師と
して適切に教えているように感じている」（フリント 2018）と言っていること
は興味深い事柄です。業界の慣行に沿うことは、映画制作の指導に正当性と
説得力を与え、また信頼できる教育者として、教壇に立つ自信がもてるので
しょう。映画業界の慣行にしたがって、「これが答えである」ということを教
師が示した場合、生徒は模範に近づけることに力を注ぎ、その中で技術の習
得や制作工程の構造を知ることはできるかもしれません。しかし答えから外
れたものは、（仮に個性的な表現であっても）「失敗」として見なしてしまいます。

そして、独自の表現の探究を放棄し、教師が求める解の表現を探り出すようになりはしないでしょうか。「映画とはこういうものだ」と示された時に、そこに示された解を超えた問いを持つ生徒はどれだけいるのでしょうか。「映画とは何か」を追求したくなるような、映画に更なる問いを求めたくなるような新しいカリキュラム作りは、米国においてはむしろ難しいのかもしれません。システマチックに高度に発展した映画産業をもち、その産業の文脈に立った専門家や理論家の影響力が強く、彼らが執筆した業界の慣行を模倣したテキストや指導書がすでに存在するからです。

　こうした米国の事例は、既存の国内学校教育の中では情報科における映像の学習と相性が合うように感じます。しかし探究的な学習、アクティブラーニングとしての映画制作の導入を考えた場合、考慮が必要な部分もあるでしょう。

　諏訪監督に影響を受けたフリント氏は、「映画を教える」から「映画で教える」という米映画教育の転換を模索しています。

2.2.4　フランスの映画教育 Le Cinéma, cent ans de jeunesse

「Le Cinéma, cent ans de jeunesse」[8]（「映画、100 歳の青春」以下、CCAJ）とは、映画遺産の保護を目的とした文化施設シネマテーク・フランセーズが主催する国際的な映画教育プログラムです。1995 年、映画生誕１００周年を記念して、映画教育普及のために創設されました。まずフランス本国と海外圏に展開し、その後 2004 年にヨーロッパへと範囲を広げ、2021 年現在は日本を含む以下の 16 ヵ国が参加しています。

　フランス、ドイツ、ブルガリア、スペイン、イタリア、ポルトガル、ギリシャ、英国、
　ブラジル、メキシコ、チリ、ウルグアイ、アルゼンチン、カナダ、インド、日本

公教育で映画の授業を行っている海外の学校など、１年間の授業としてこのプログラムに参加している学校も多くあります。日本からは、2017 年よ

8　https://www.cinematheque.fr/cinema100ansdejeunesse/

りこども映画教室が参加し諏訪監督が指導してきました。また前述の BFI も英国から CCAJ に参加しており、それぞれのイベントで相互に人材交流があるなど両団体は深い関係にあります。

　6 歳から 20 歳までの幅広い年齢の子どもたちが毎年共通のテーマにもとづいて、映画作品の鑑賞・撮影を体験し、最終的に 10 分のフィクション映画を制作してパリのシネマテークフランセーズで上映発表を行います。上映会にはこのプログラムに参加している 16 ヵ国の子どもたちをはじめ、プログラムに携わった教員、講師、名誉会員である映画人たちが参加します。2016 ～ 2018 年度には以下の映画人たちが参加し、子ども達や教師を対象に講演などをおこないました。

　　マチュー・アマルリック、ジル・エリ＝ディ＝コサク、ノエミ・ルヴォウスキ、ニコラ・
　　フィリベール、トマ・サルヴァドール、サンドリーヌ・ボネール、アニエス・ヴァ
　　ルダ、諏訪敦彦　[12]

　CCAJ のプログラムは、ゴダール研究の第一人者であるアラン・ベルガラ（1943 年生。フランス国立映像音響芸術学院文化・分析学部長）によってデザインされ、ヌーベルバーグの重要監督アニエス・ヴァルダ（1928-2019）も参加するなど、ヌーベルバーグもしくはその影響を受けた映画関係者によって構成されていることは非常に興味深い点です。フランスでは映画は第七芸術として明確に芸術であると認識されており、その内容からもアート志向の映画教育と言えるでしょう。

　テーマは毎年変わり、「状況」「場所と物語」「フィクションの中の現実」などクリティカルなテーマが提示され、CCAJ に参加する教師たちは、必ずパリでベルガラによるレクチャーを受けることが義務付けられています。

　以下は鑑賞に取り上げられた映画です。ベルガラの映画教育の方針として、対象が子どもだからといって、子ども向けの映画をセレクトすることはありません。古典から現代まで地域を問わず、映画史的に評価される映画が幅広くセレクトされています。

『素晴らしき放浪者』(ルノアール)、『少女ムシェット』(ブレッソン)、『めまい』(ヒッチコック)、『コレクションする女』(ロメール)、『ベリッシマ』(ヴィスコンティ)、『こわれゆく女』(カサヴェテス)、『自転車泥棒』(デ・シーカ)、『陽のあたる場所』(ジョージ・スティーヴンス)、『マッチポイント』(ウッディ・アレン)、『百年恋歌』(ホウ・シャオシェン)、『女と男のいる舗道』(ゴダール) など

　また子どもたちに向けた制作の指示は抽象的で、発想力と感性を必要とします。映画はリアリズムの表現フォームであるので、抽象を映像として具体化しなければ撮れません。例えば 2018-2019 のシーズンのテーマ「状況（シチュエーション)」では、以下の課題が与えられました。

> 「二人の登場人物の関係性を理解できるように、登場人物の間の状況を撮ってください。感情的に繋がった二人の登場人物の間の状況を撮影します（全く同じ状況を繰り返しますが、この出会いが起こる空間を変え、また撮影方法を変えてください)。」[13]

　CCAJ には映画の撮り方のテキストや制作マニュアルはありません。子どもたちは、古今東西の映画の抜粋を視聴・比較することで、シーンの構成やシナリオと演出の関係を発見していきます。見ること、比較分析することで映画表現がどのように成り立っているかを知り、制作を通して発見した映画的表現を試す。そして制作の体験は新たな表現の追求の原動力となる。こども映画教室の中学生を率いて CCAJ に参加した諏訪監督は、「そこ（CCAJ）で目指されているのは『映画のまねごと、ではなく本物の創造』である」と評しています。(諏訪 2020：304)

　ベルガラ自身が映画批評・映画学の大家であり、CCAJ のプログラムも内容的には映画学の文脈に沿ってデザインされています。CCAJ が目指す映画教育のあるべき姿は、個性ある作家性を育てる視点なのかもしれません。

2.3 | 国内映画監督の実践

2.3.1 諏訪敦彦の実践

前述で紹介した通り、諏訪氏は世界的評価を得ている映画監督であり、元東京造形大学学長、現在は東京藝術大学大学院映像研究科教授でもあります。高等教育での指導が中心ですが、一般社団法人こども映画教室で、小中学生を対象とした映画教育にも深く関わり、映画教育者としても日本の第一人者です。諏訪監督にはGKAのドキュメンタリー映画制作授業「グローブ」の2014年の計画段階から2018年度まで、プロジェクト全体の指導や講演を依頼してきました。グローブの映画教育は諏訪監督の映画教育の考え方に立ってデザインしてきたという経緯があります。

諏訪監督の著書『誰も必要としていないかもしれない、映画の可能性のために— 制作・教育・批評』[14] には、諏訪監督がおこなった様々な講演記録が収められおり、諏訪監督がどのような映画教育観を持っているのかがわかります。

諏訪監督の教育論には常に「自由であれ」ということが見て取れます。それは諏訪監督自身が自身の映画制作の中において、「自由」と「自己探究」を追求し、様々な映画制作の慣習からの解放を試みた挑戦的な制作スタイルをもっていることと関連しているのでしょう。

さまざまな課題に生徒自身が人間としてどう答えるのか、制作の中で自問しつづけることの意味、それこそが人間としての営みである、と言います。プロでは許されないかもしれない個人としての人間の証である豊かな創作というものが、アマチュアの制作の中に生きているとし、学生時代の学びにおいては、「まだ誰も知らない価値を探究する自由」が与えられていると強調しています。

一見よく見える映画の構成や、テレビでもよく使われる撮り方や構成の型などを教えれば、「上手くできていると思われるようなもの」ができるかもしれません。しかし諏訪監督は「それがあるべき映画の教育なのであろうか?」

と疑問を投げかけます。「何が良い映画か、教師は模範解答を植えつけるべきではない。模範を示せば、生徒はそれに近づけようと模範を真似るだろう。」諏訪監督にとって、模倣は映画教育が目指す姿ではないのです。

諏訪監督からは、「プロの現場では普通はこうする」ということを教えても、それは「映画を教えた」ことになるかもしれないが、「映画で学ぶことにはならない」ということを学びました。「普通はこうする」を疑い、「もっと違う方法・自分たちのオリジナルな表現を試してみよう」というときに、自由への探究が始まり、自分と他者の関係性を考えるときに、社会の中での自己のアイデンティティを意識できるのでしょう。グローブの授業デザインにおいても、生徒の自由な発想を拡大させるには何が必要かということをもっとも強く意識し、授業者として、映画で身につく技術的なスキルよりも、映画によっておこる生徒の内的な変化に重点を置くことを心がけました。

欧米の映画テキストに見られるように、プリ・プロダクション[9]の制作過程や、そこで伝えられてきた各スタッフロールの技術的なスキルを、映画制作の各フェーズの順をおって教えることはわかりやすいかもしれません。しかしそれが映画教育に求められていることなのか？という諏訪監督の問いは、グローブに受け継がれました。

大学・大学院だけでなく、小中学生向けのワークショップにも積極的に取り組んでいる諏訪監督は「一般社団法人こども映画教室」でも中心的な指導者として携わってきました。

「こども映画教室」には細かなルールはなく、子供の自発的な学びと自由な発想の尊重という考えから「大人は手出し口出ししない」ということを鉄則としています。一般の映像系ワークショップで教えそうな「より良いカメラ配置、わかりやすい構成、カット割り[10]の技法や絵コンテ、クローズアップとロングショットの違い」等のプロ現場での技術の伝授の様なことは行いません。子どもに自由な発想でチャレンジさせることで、子どもに内在している作家としての視点を励まし大事にすることは、こども映画教室に携わる映

9　企画・構成など撮影前の作業。
10　カットのつなぎや各シーンのカット・構図を構成する。

画監督達に共通している理念であり、「作品には作家の個性が投影されるべきもの」とする芸術の考えが教育にも色濃く反映されているのでしょう。たとえ制作者が子どもであっても、単にある制作方法の技術の伝授ではなく、集団制作の中での個性の育成に主眼が置かれています。

東京藝術大学大学院映像研究科映画専攻(監督領域)でも、教育目標として「自分ひとりだけでは作ることができない映画作品に自己の作家性をどう反映させるかという感覚を身につける」ことが設定されており [15]、学生が持つ個々の作家としての視点を大事にするという点に関しては、同研究科監督領域の教授である諏訪監督は高等教育と初等・中等教育との違いを設けていないと解釈することができます。プロ映画制作者の養成である大学院での教育目標としても、小・中学生を対象としたワークショップとしても、作家性つまり個性の尊重とその育成を映画教育の中心に据えているからです。

諏訪監督が行うときはワークショップでは上記鉄則に加え、二つの方針を設けています。

1.「台詞を決めないで即興的に演じる」

これは誰かの書いた台詞を話すのではなく、ドキュメンタリーのように自分自身の言葉で表現することで、フィクションは単なる嘘の世界ではなく自分が生きる場所になり、子ども達は映画の中でより生き生きと自由な存在になる、との確信からの試みです。

2.「役割分担を決めない」

多くの映画・映像ワークショップにおいては、映画制作システムにもとづいて、監督・撮影・音声など、役割を子供たちに分担させる事例がみられます。しかし監督という意思決定者を敢えて設けず、時間がかかっても、「なんとなくみんなで」意思決定していくことは大切なことである、と諏訪監督は言います。

カット割りやロングショットなど映画の作法を教えなくとも、子供たちは自ら映画を発見するという事実を確認した「こども映画教室」では、指導者達はファシリテーターに徹して、子供たちが自ら映画と出会う瞬間を待ち続

けます。その理由を諏訪監督は次のように述べています。

「どうしよう？」「カメラを動かして別の場所から撮ればいいんじゃない？」そん
なふうに彼らは必要に迫られて、カットを分割して別の場所から撮影するという
ことを発見する。指導者があらかじめ教えてしまえば、彼らの気づきの瞬間は奪
われてしまう。（諏訪 2020：299-300）

　諏訪監督のここまでの自由を重んじる方針は、映画ワークショップとして
は例がありません。明確な評価項目をあげて実践研究しているメディアの専
門家には、自由放任のように映り、理解されにくいこともあるかもしれません。
諏訪監督は一般的な方法をどう考えているのでしょうか。

専門家の監修によって作成されたテキストには、映画制作の手順がわかりやすく
示されている。企画を立て、シナリオを書き、絵コンテを作成して、それにもと
づいて撮影し、編集する。（中略）というように実際のプロの映画作りにもとづい
た作業の流れが示されている。監督、助監督、撮影、録音、記録などの役割の説
明もある。学校の授業で映画制作を行う場合に、このような書かれたガイドラ
インが必要とされることも理解できる。確かにプロの作業の流れをなぞれば、映画「の
ようなもの」ができるであろう。しかし、それは表現や想像ではなく、再生産で
しかない。映画作りを創造行為、芸術表現とするなら、既存の型に従うのではなく、
それを破っていかなくてはならない。

現行の商業的な映画制作システム（中略）それはキャリア教育であり、メディアリテ
ラシーを学ぶことでもあるだろう。一方で手出し口出しをしない「こども映画教室」
には規範とする映画はなく、ヘンテコな映画になってもかまわない。ただ、子供たち
の表現が多様であり、その表現はあなたにしかできないということをリスペクトしよ
うとする。どちらがよいというわけではなく、映画を教育に導入する目的が違うので
ある。（諏訪 2020：300-301）

　これらの引用は、映画教育のカリキュラム・デザインを計画している時に、
私自身が諏訪監督から受けた助言とも共通しています。諏訪監督はこれまで、
大学院生から小学生まで、映画教育に携わってきましたが、「大人が知ってい
ることを教えることが教育ではない」と言います。その言葉からも、諏訪監

督が考える映画教育のあるべき立ち位置が見えてきます。

2.3.2　是枝裕和の実践

是枝裕和氏（1962-）はカンヌ国際映画祭パルム・ドール受賞監督であり、同時に早稲田大学基幹理工学部表現工学科の教授です。子役の演出に定評のある監督ですが、子どもを対象とした映画教育にも携わっています。2015 年に、こども映画教室の講師をつとめ、3 日間の映画制作ワークショップを指導しました。小学生らが自らの足で早稲田の街をあるいて、取材・撮影・編集を行い、最終日に早稲田大学大隈小講堂にて作品発表会を行うという内容です。（こども映画教室「エンパク−こども映画教室 2015」）[16]

「自分がわからないこと」をテーマに、街にでて、自分がわからないものを探して撮る、という課題です。撮影の過程で、「これはなんですか？」と無邪気に人々にカメラを向ける姿は、突撃取材の様相。つまり是枝監督は小学生にドキュメンタリーを自由に撮らせているのです。路上で見つけた猫よけをきっかけに、愛猫家との出会い、そして野良猫の問題へ、と思わぬ形でカメラを持った子ども達の小さな冒険が、意図せずとも魅力あるストーリーとなって形作られていきます。この時のことを紹介したインタビュー記事があります。

> 「カメラは世界を発見する道具です」と語る是枝監督は、あえて「映画とは何か」を語らず、自分たちで考えて行動するよう指導を心がけたそうです。自由な環境での今回の作品制作を通して、小学生らは自ら道行く人に撮影許諾をとり、積極的にインタビューを行うなど多くの学びを得たようでした。
> （早稲田大学 HP「ニュース、2015.1.9」）[17]

現場でおもしろいと感じたものに反応しながらカメラを向ける、という子どもたちの行為の中に、是枝監督は、映画、あるいはカメラの特質をみています。対象に反応しながら、動的にカメラを向けるというのはドキュメンタリーの撮り方です。「カメラは世界を発見する道具」とはどういうことか。それは是枝監督自身のテレビドキュメンタリー制作者時代の気づきに基づいていると言います。著書の中でカメラが媒介して成り立つ人との関係性について言及しています。

> カメラや録音機器は、取材者と被取材者をお互いにパブリックな場所に開く装置
> でもあります。カメラがあることでできあがる関係性というのはすごく大事です。
>
> 「カメラアングルや構図というのは、対象をどう見つめるかということなんだ」と
> あらためて気づかされました。この時期の番組制作というのは、大学時代に文字
> だけで理解したつもりになっていたドキュメンタリーとか、カメラという道具に
> ついて実作を通して発見し、確認していくというとても貴重な体験でした。
>
> （是枝 2016：72、81-82）[18]

　是枝監督が自身の体験を子どもの教育にも生かそうとしていることは明白
です。カメラを通した映画制作という行為がもたらす学びとは何でしょうか。
その学びの内容は、整ったビジュアルの作品、わかりやすい映画、明確な主張、
飽きさせないストーリー展開、という類のことではありません。「自己と世界
との関係」「世界の中での自己の立ち位置」であり、「自己の中の世界の見つ
め方」が学びのテーマです。そしてそれは是枝監督自身の映画に対する向き
合い方とも言えるでしょう。

2.3.3　小栗康平の実践

　小栗康平氏（1945-）は第 43 回カンヌ国際映画祭審査員特別グランプリ・
国際映画批評家連盟賞を受賞した世界で活躍する監督です。また群馬県で子ど
もを対象とした映画教育にも力を注いできました。群馬県では、小学校の段階
から映像について体系的に学ぶ必要があると考え、全国で初めて義務教育で「映
像教育」に取り組み、この教育事業推進の指導に小栗監督が関わりました。

　小栗監督はこれまでの学校での映像の扱い方に異議を唱えており、あるべ
き映画教育を模索してきました。小栗監督の考え方は著書『映画を見る眼』
[19]、また国際文化交流推進協会による『諸外国及びわが国における「映画教
育」に関する調査 最終報告書』[20] に表れています。

> それでも先生たちは教室で教えるということを前提としているから、すぐに形を
> 求める。これまでやってきた、馴染みやすいところへ早く落としたがる。（中略）

このところ国語や社会の教科で、メディアリテラシーといったことが取り上げられている。メディアを批判的に読み解くという考え方だ。先生たちは映像教育もこの流れの中でとらえたがる。（中略）映像教育は「教育」を学校内に閉じ込め、管理するような考え方からは出てこない。（国際文化交流推進協会 2006：67）

　小栗監督は、メディア教育という名の下、映像が単なる情報と捉えられ、映像の構造や視覚効果ばかりに重点が置かれることに違和感を抱いているようです。「映像を学ぶことは映像の謎解きではありません」（小栗 2005：28）、これは映画制作者の視点です。

言葉は論理である。感覚は非論理である。このふたつは対立するものではなく、相互に鍛え合って、相互に深まる。この一点を見失わないで、映像表現の仕組み、技術を学ぶ。技術とはノウハウではない。表現そのものである。（中略）これらは実作で私自身が考えていることであって、特別に教育ということを念頭に置いていない。感覚のありよう、論理のありようを相手に投げて、促すだけである。私はこれで十分だと思っている。（国際文化交流推進協会 2006：68）

　小栗監督の映像教育指導者養成講座では、非常に興味深い課題を受講者に課しました。

・デジタルカメラで2分間の作品を撮る
・タイトルは『公園』『駅』のいずれかを選択
・編集をしてはいけない
・必ず三脚を使用する
・パンニングや、ズームで画像を動かしてはならない

（小栗 2005：51）

「編集をしてはいけない」という意図は、撮る前にどう撮るか考えさせる、ということでしょう。小栗監督は「こうした制限を課す狙いは、撮影はカメラという道具を小手先でいじることではなく、撮影者がどうやって被写体と向き合うかを探してもらう、考えてもらいたいという思いからです」（小栗

2005：51）と述べていますが、ここには映像作家としての根源的な姿勢が示されています。「撮影するとは、被写体と向き合う」ということです。向き合った結果、何を感じたのか、なぜそれにカメラを向けたのか。こうした「世界と対峙するツールであるカメラ」「それによる自己発見」という要素は、諏訪監督や是枝監督の考えとも重なります。こうしたアーティストの視点はメディア教育の中ではあまり語られず、むしろ「主観は測れない」「ルーブリックにしづらい」との理由で排除されてきました。しかし、小栗ら映画監督の視点からは、技術や映像情報分析としてのリテラシーを超えて、映画教育はどうあるべきかを考えさせられます。論理的分析としてのリテラシー教育の視点、非論理的感性としての表現教育の視点、この二つを映画教育の中で、子どもの創造的な活動になるように考えていきたいと思います。

2.4 ドキュメンタリー映画とは

　映画とは何か。第 62 回アカデミー賞特別名誉賞での黒澤明のスピーチ「私はまだ映画がよくわかっていない。だからこれからも映画を作り続けます」という言葉はあまりにも有名です。映画監督にとっては、「映画とは何か」を追求することが一つの制作動機なのでしょう。BFI では、映画の定義は多様で捉えどころのないものであるとしつつ、以下のように定義しています。

> 「映画は、125 年以上にわたって発展してきた独自の言語、文法、システムを持つ
> 芸術形態であり、表現媒体である」
>
> 　（Future Learn：Film Education:A User's Guide「1.4 Defining Film Education」2020）

　ではドキュメンタリーの定義とは何でしょうか。「ドキュメンタリー」という言葉を最初に使った人物は、英国の映画監督ジョン・グリアスンと言われ、日本では「記録映画」と訳されてきました。ドキュメンタリー映画監督佐藤真氏は著書『ドキュメンタリー映画の地平』[21] の中で以下のように定義しています。

ドキュメンタリーとは、映像表現によって、世界のあり方を批判的に受け止めようとした映像作品のことである。ドキュメンタリーを撮ることで、現実を映し撮った記録映像を見ることで、作り手側の考え方や主張が撮る前と少しもかわらないのだとしたら、どうしてドキュメンタリーを撮る必要があるのだろうか。ドキュメンタリーとは、現実を知り、その記録映像を徹底して見つめることによって、映画作家自らの世界観が問い直されることで生まれる「世界の新しい見方」である。（佐藤 2009：16）

　この佐藤監督のドキュメンタリー論は大島渚監督 (1932-2013)、是枝監督のそれと重なります。

映像記録においては、記録する対象との対決によって、記録者自身が破壊され変革されなければならない。そして、そのことの記録が全体としての記録の中に含まれていなければならない。（大島 2008：89）[22]

少なくとも僕はドキュメンタリーからスタートしているので、決して作品が「私」の中から生まれてきているのではなく、「私」と「世界」の接点から生まれて出てくるものだと認識しています。特に映像はカメラという機械をとおすので、それが顕著です。自分のメッセージを伝えるためではなく、「自分が世界と出会うためにカメラを使う」ということこそ、ドキュメンタリーの基本であって、それがフィクションと一番大きくちがうところなのではないでしょうか。（是枝 2016：234）

　カメラは他者に向けるものです。カメラを向けて初めてわかることがあります。それは対象との関係性の中に位置する自分自身です。佐藤、大島、是枝、諏訪監督らは、対象と制作者自身との関係性の中にドキュメンタリーをとらえています。その関係性においては、ドキュメンタリーとフィクションの境目は曖昧です。つまりあるリアリティを撮影しても、何をどう撮るか撮り手の意図が入り、さらにそのリアリティは断片的な素材にすぎません。そしてその断片を編集によって再構成する中で、意味は変質していきます。そうして生み出されたものは、もはやフィクションともいえるでしょう。その意味においてフィクション映画もドキュメンタリー映画も根本的な違いはない、と考える映画監督は多くいます。「ドキュメンタリーは、不可解なこの世

界についての、一人の映画作家の私的な見取り図であり、映像に映った事実の断片を再構成して生み出される、『私』のフィクションなのである」（佐藤2009：21）という佐藤監督の言葉は、「ドキュメンタリーとは何か」という核心をついています。

　大島渚監督はドキュメンタリーの原則を、「対象への愛」「長期間の記録」に求めました。大島監督によれば、ドキュメンタリーの傑作はすべてこの二つの要件を満たしているといいます。（大島 1978：56）[23]

　佐藤監督はこれを引き継ぎつつ、３番目の原則として「対象への責任」を提言しました。これはフィクションを内包しているドキュメンタリーというものが、他人にカメラをむけることにより、暴力装置になることを危惧したからです。このカメラの暴力性の点は諏訪監督も指摘しています。ありのままを捉えてしまうカメラであるがゆえ、撮られる側への誠実な眼差しの姿勢や、撮影・制作における倫理観を教えることは映画教育において重要です。この「ありのままを捉えてしまう」というカメラの性質によって、映像には、常に撮影者の意図を超えて何かが映り込んできます。セットアップした撮影ができないドキュメンタリーでは特にそうです。佐藤監督はそこにドキュメンタリーの本質をみています。言語を超えた、カメラが捉えてしまったものの中にこそ、貴重なものが写り込んでいるのだと。表情の変化、場の熱気、あるいは写り込んでしまった想定外の現実です。ドキュメンタリーというとメッセージや主義主張を伝えるものとして考えられがちですが、「意図せずカメラが捉えてしまった現実の何か」に対して制作者が対峙する時に、「世界との接点」「世界の新しい見方」が生まれるのです。

　ドキュメンタリーは、カメラというリアリティをキャプチャーする機械を介して、世界と向き合うことから生み出される「私」のフィクションであり、「対象への愛」「長期間の記録」「対象への責任」という原則のもとで制作される映画である、という考えは、グローブの大きな柱となりました。グローブでは、何かの情報伝達を目的としたテレビ・ドキュメンタリー的なものではなく、このような映画の文脈の中で語られるドキュメンタリー、つまり作家性を前面に出すドキュメンタリーをモデルとしています。このような自己探

究的な制作、制作過程の中で自己の変革がもとめられるプロセスは、教育に
応用できるのではないでしょうか。

2.5 | 映画の美学

　ここでは映画制作者ではなく、批評家や哲学者の考える映画をみていきたい
と思います。映画は、雑誌というメディアの批評によって鍛えられてきたとい
う経緯があります。代表的なものとして、米国には 1909 年創立のナショナル・
ボード・オブ・レビュー（米国映画批評会議）が存在します。映画批評機関誌『フィ
ルムズ・イン・レビュー誌』を発行し、機関誌にはヒッチコック、テネシー・ウィ
リアムズなどの著名人も寄稿してきました。会員は映画関係者、大学教授、映
画史家などからなり、幅広い活動を通して米国の映画文化に貢献してきました。
　フランスでは、ヌーベルバーグを産んだ『カイエ・デュ・シネマ誌』が世
界のアートシネマ界に、圧倒的な影響力をもってきました。アンドレ・バザ
ンを中心に作家主義を重視し、ロメール、リヴェット、ゴダール、トリュフォー
ら後のヌーベルバーグの監督たちが、旧態依然の映画を批判し執筆活動を繰
り広げてきたのです。
　そして、フランスでは、バルト、メッツ、ドゥルーズら哲学者が、言語学、
記号学、構造主義の視点から映画に関心を寄せたという歴史があります。彼
らは映画独自のアイデンティティを、その構造の中に見出そうとしました。
そうした哲学者の言説は、映画学の理論的側面に現代思想の深みを与えてき
ました。特に 50 〜 60 年代のフランスでは、ポストモダニズムの動きと連動
し、制作理論においても芸術的志向を強め、映画が「第七芸術」として芸術
運動全体を牽引してきたことは無視できません。これも視覚、テキスト、音響、
身体表現を合わせ持つ総合芸術の側面が、美学、言語学など様々な学問領域
と接点を持ちやすいこともあったのでしょう。批評家だけでなく、多分野の
学者達をも惹きつけたのです。
　大衆を対象としたストーリー主義のハリウッドの映画理論と、インテリ層
を刺激する構造主義的映画理論という軸は、映画の２つの異なる指向性を示

しました。その後の教育方法を見る限り、米国における映画教育、ヨーロッパの映画教育の違いにも大きな影響を及ぼしたと言えます。

　グローブのカリキュラム・デザインの過程では、諏訪監督と会話から、バザンや、バルト、メッツらの言説や、それに影響をうけたベルガラの映画教育の方法論を取り入れました。諏訪監督の映画論、映画教育論を理解するには、フランスの映画学の視点は欠かせません。ここではカイエ派の創始者であるアンドレ・バザンにフォーカスして少し述べたいと思います。

2.5.1　アンドレ・バザン

　バザン（1918-1958）は『カイエ・デュ・シネマ誌』の創刊者であり初代編集長です。戦後から1958年の死去まで、映画批評家として大きな影響力をもちました。ヌーベルバーグの精神的父親とも言われ、特にフランソワ・トリュフォー（1932-1984）との関係が強かったことでも知られています。バザンの論考は没後集められ、『映画とは何か』[24] のタイトルで出版されました。以下、『映画とは何か』から、バザンの映画論をみていきます。

　「他方、映画はひとつの言語でもある」（バザン 2015：上巻21）という名言からもわかる通り、バザンの映画美学には言語的側面が意識されています。言語は、映画史初期からの映画のアイデンティティなのでしょう。ソ連ではエイゼンシュテイン（1898-1948）、米国では D.W. グリフィス（1875-1948）が、カットとカットの映像の配置によるモンタージュ[11] によって意味が生成されることを作品のなかで実証し、それが映画的ストーリー表現の重要な要素になっていきました。それは当時の記号論の中でも議論となり、映像カットを記号と捉え、その構成によって意味が生成されるのであれば、それは言語ではないか？ならば映像には文法があるのではないか？と言うことが指摘されてきました。バザンも、モンタージュ理論の映画史に果した重要性について言及しています。同時にモンタージュからの脱却に映画の未来を見まし

11　映画の初期に発明された映像形式の方法論で、複数の映像のカットを組み合わせてひとつの連続したシーンを作るための映像編集技法。戦後の映画学の中で、リアリズム対モンタージュという対立構造で捉えられることもあった。

た。どういうことでしょうか。トーキーが映画をそれまでとは別の形態のアートフォームに変えてしまったのです。

　サイレント映画時代に極限に達したモンタージュ理論と、舞台装置と照明を駆使した表現主義的な映像の造形的表現は、トーキー、つまり映画の音声の出現によって徐々にその力を失っていきました。映画史の初期において、重要な映画言語の核と見なされてきたモンタージュ理論と表現主義が、言語を音声として直接表現できるようになってから排除されていったことは、ある意味、映画が映画であったことを自己否定するようなことでもありました。このことは、単に音声をフィルムに記録することができるようになった、と言う技術的側面以上に、トーキーは映画の内的構造を変えてしまった、という意味において革命的なのです。そして映画は新たなアイデンティティを模索し始めます。バザンはトーキーによる脱表現主義が、結果としてリアリズムに向かわせたと言います。リアリズムは、単なる映像表現方法のリアリズムではなく、カメラが捉えた現実との関係性の中に浮かび上がる「美学としてのリアリズム」を示唆しています。バザンの下、カイエ派からヌーベルバーグの監督たちが輩出されたことは偶然ではありません。彼らはスタジオを否定して、街に出てゲリラ的に街頭撮影するなど、既存の形式の破壊に挑戦し続けました。映画が内包していたリアリズムを、イタリアのネオレアリズモ [12] よりも極端な表現形式で拡張し実験した、とも言えるでしょう。彼らの映画からは、「そもそも現実とは何か」「虚構との境目は何か」という問いが読み取れます。

　バザンは、モンタージュ理論の縛りから解放されたことに、新たな映画表現の可能性を感じました。意味を押しつけ、リアリティを演出するモンタージュや映像による造形的表現よりも、むしろカメラが捉えた現実の「曖昧さ」を尊重したのです。その意味でも、バザンは、モンタージュに囚われないオーソン・ウェルズのワンシーン・ワンカットやディープフォーカスを評価し、ロッセリーニらによるネオレアリズモの運動に注目しました。バザンがもとめる映画は、作り手に操作されたものを見せられるメディアではなく、操作しき

12　第二次大戦直後に現れたイタリア映画の新現実主義。現実を客観的に凝視し、ドキュメンタリー風に描写した。ロッセリーニ『無防備都市』、デ＝シーカ『自転車泥棒』等が代表作。

れない曖昧さの中に、鑑賞者が主体的に参与することによって、共同で作品を完成させることができるメディウムなのです。このことは映画教育においても非常に重要な視点となります。

　バザンによる「レンガの映画と岩の映画」という有名な比喩。バザンは、伝統的な映画について、川をわたるのにレンガで橋を立てるように作る芸術形式であるとし、それに対して川に点在する岩を飛び渡って対岸に行く方法もあるのだ、と比喩的に表現しています。

　伝統的な映画表現は、世界を基準や技術的方法論に従って規格化するという、レンガを積み立てるようなものであり、ネオリアリズモのそれは、岩を飛び渡るように、観客が主体的に関わり、解釈をともなうことによって意味が作り上げられると述べています。諏訪監督もまた、ワークショップで子どもたちに対して、このバザンの話を紹介しています。「岩の映画」を制作者の発見と探究の活動からできあがる映画の例えとして言及し、子ども達に感性のまま制作を体験することの大切さを伝えています。

> まずお話を考え、必要なものをそろえ、計画にもとづいて、ひとつずつレンガを積むように、カメラで映画の部品（レンガ）を撮影してゆくのです。そのバラバラな部品を編集で積み上げると映画になるというわけです。では「岩でできた映画」とはなんでしょう？（中略）そのとき、その自然の岩たちはあなたがジャンプした一瞬だけ、あなたの「橋」になったのです。（中略）みんなは目や、体や、頭を使って、話し合って、次の岩を見つけてまたジャンプする（中略）レンガの映画をつくる大人たちには、とても岩の映画をつくることはできません。勇気がないのです。
>
> （諏訪 2020：292-294）

　その他、ロラン・バルト、クリスチャン・メッツ、ジル・ドゥルーズなど知の巨人達が研究対象として映画を扱ってきました。特にフランスを中心に、映画はひとつの言語であるのか、否か、という軸から映画学が発展してきた歴史があります。構造主義の流れと結びついて、哲学者を交えて高度な論争が展開され、それがまた映画監督たちに影響を与えてきました。諏訪敦彦、黒沢清など理論派の監督たちは、映画と言語や記号との関係についてしばし

ば言及しています。

　映画はひとつの言語なのでしょうか。映画に固有の話法とは何でしょう。ショットは記号なのか。映画が映画である構造とは何か。これらは、映画教育においても生徒たちに知的刺激を与える視点です。映画学が「映画とは何か」を追及する学問であるように、中高生の映画教育においても「映画とはこういうものだ」と教えるのではなく、「映画とは何か？」を子どもたちが自ら追及したくなるようなカリキュラムを考えたいと思います。

2.6 映画教育の未来に向けて

　映画制作をツールとしたカリキュラムをデザインする中で、より中高生に適した教育内容にデザインしていくためにはどうしたらいいか、ということを、先行する事例や映画監督、学者の言説からヒントを得ました。映画教育といっても学習目的や、文化的な背景に基づき異なる方法論があることがわかります。映画を芸術として扱うヨーロッパの映画教育、そしてアート映画の監督たちによる個性を重視する映画教育の考え方からは、構成主義的な傾向がみられました。この傾向は国際バカロレアの理念や、総合的な探究の時間が目指す学びと重なります。また、理論書や指導書を通して、日本のメディア教育に大きな影響を与えている米国の映画教育のメソッドは、米映画業界の論理的でシステマチックな方法論に沿い、より職能的技術習得の傾向を示していることも確認できます。この違いは、映画教育を芸術教育としてとらえるのか、あるいは映像原理を解析するメディアリテラシー教育に寄るのか、という学習の方向性の違いにも影響を与えています。また芸術であれ、映像リテラシーであれ、それらを体系づけ深みを与える視点として構造主義的映画理論の扱いについてもみてきました。こうした映画美学・芸術哲学が中等教育でどこまで踏み込めるか、実践をとおして研究価値がありそうです。

　それぞれの文化的な背景や、産業の大きさの違い、また学習目的の違いにより、教育のあり方も異なるのは当然のことです。どの方法がより優れているのかではなく、こうした多様性が、まだ発展途上にある映画教育をより豊

かにするのではないでしょうか。

第3章　映画制作アクティブラーニングのデザイン

3.1 | 映画制作アクティブラーニング「グローブ」の構造

3.1.1　グローブの概要

　映画が教育にもつであろう可能性や価値、そして課題点は第2章の様々な事例からみてきました。本章では、私自身の授業実践を例に、学校教育の中で映画制作をツールとしたカリキュラムが、どのようにデザインされてきたかについて述べていきます。

　前述の通り、「グローブ」は、ドキュメンタリー映画制作をツールとしたアクティブラーニング型の特設科目（高1必修）であり、総合的な探究の時間と合わせて毎週合計2時間（年70時間）行ってきました。映画制作を体験する中で、「総合的な探究の時間」の目標である「探究的・横断的・総合的な学習を行うことを通して、『自己の在り方生き方』や、『自ら課題を発見し解決していくための資質・能力』の育成」を目指す授業です。従来のメディア教育で重んじられがちな映像技術や映像情報の視点に偏らず、芸術としての側面を重んじてきました。まず、授業のアウトラインを述べてから、4章のケーススタディで詳しく見ていきます。

　表 3.1 は、現在のグローブの概要です。

表 3.1　グローブの概要

ぐんま国際アカデミー高等部　ドキュメンタリー映画制作授業「グローブ」	
科目	特設科目グローブ（1 時間）＋総合的な学習の時間（1 時間）
対象者	高 1 全員必修（平均 60 名前後）
制作	ドキュメンタリー映画制作
期間	通年（週 2 時間・70 時間）＋課外活動
目標	学習指導要領「総合的な探究の時間」に準ずる (1) 探究の過程において，課題の発見と解決に必要な知識及び技能を身に付け，課題に関わる概念を形成し，探究の意義や価値を理解するようにする (2) 実社会や実生活と自己との関わりから問いを見いだし，自分で課題を立て，情報を集め，整理・分析して，まとめ・表現することができるようにする (3) 探究に主体的・協働的に取り組むとともに，互いのよさを生かしながら，新たな価値を創造し，よりよい社会を実現しようとする態度を養う
具体的な学習目標	映像創作活動を通して自己表現のあり方を広げ，技術を身につけ，協働的に作品を制作できる。 [目標知識・スキル]： A. 映画制作のスキル／映画美学 B. 創造的思考／問題解決能力 C. 探究スキル／課題設定能力 D. コミュニケーションスキル／社会との交流 E. 協働スキル／チームビルディング
学習観点	①「知識・技術」映画芸術の知識や映画制作の技術が高まる (A) ②「思考・判断・表現」 　制作上の問題を解決しながら，文脈から解釈し，想像的でオリジナリティな表現ができる (B,C) ③「主体的に取り組む態度」 　チーム内，社会との交流でもコミュニケーション能力を駆使し，協働で自らの制作に取り組むことができる (D,E)
授業内容	[前期] 後期の半年間のドキュメンタリー映画制作を行うためのエクササイズ。撮影・編集を通した，映画的発想・視点を伸ばすためのワークショップ形式の演習や課題が中心。リフレクションの中で映画芸術について講義。 [後期] 企画から完成・上映会企画実施までの全プロセスを各班で行う。完成ドキュメンタリー映画作品は 8 ～ 15 分以内。 2019 年度はデザイン思考の手法を意識して取り入れた。

ドキュメンタリー映画制作体験行程（後期）	ドキュメンタリー企画から取材依頼・交渉、撮影、編集、英語字幕入れ、完成、上映、リフレクションまでの全行程（役割分担・分業の指定なし。誰かが監督になって指示を聞くのではなく、全員が監督となって意見を出し合うように指示）
グループワーク	[前期] 個人・ペア・グループでのエクササイズ [後期]1 班 4 名前後
学習評価方法	①自己評価 ②ポートフォリオ（プロファクションノート等制作プロセスに関わる記述、中間発表、完成作品、リフレクション記述、メイキングビデオ・写真） ③班内他者評価
環境	教室：大教室使用（学年全員合同授業）／教室設備：大型スクリーン、プロジェクター（校内 Wifi あり） その他：教室を出てキャンパス内で撮影、週末など校外で取材撮影活動あり *2020 年度前期はコロナ感染予防のためオンライン授業実施
教材・機材	生徒個人所有：スマートフォン、ノート PC、タブレット 学校貸し出し：一眼レフカメラ、マイク、三脚、SD カード／ DVD（学校図書館所蔵） オリジナル教材：筆者監督作映画、取材ハンドブック、ピッチシート、ペルソナシート、編集演習用写真、クレイアニメ用粘土

（出典：小田（2020）「リモートによる映像制作アクティブラーニングの実践」『メディア情報リテラシー研究、第 2 巻第 1 号』、p15-16 [25] の表を基に加筆）

3.1.2　カリキュラムの基本デザイン

　GKA は、年度を前期・後期の 2 期制に分けており、前期では「映画制作基礎としての演習」、後期では「ドキュメンタリー映画制作」に分けました。

　4 〜 5 月は、年間授業計画と評価について説明したあと、「映画」という芸術の独自性を美学の視点から、モンタージュや映画言語を交えて、「プリ映画制作」を通して学びます。

　6 月からは、「ミニ映画制作」です。実際にカメラをもって班に分かれて、小規模な制作演習を行います。その中で、映画的な視点や、技術・協働スキルを学びます。

　9 月で前期が終了し、10 月から後期が開始されますが、この間は、各班にわかれてドキュメンタリー映画制作の「プリ・プロダクション」、つまり取材依頼・交渉、企画書の作成、撮影計画立案などを行います。

　11 〜 1 月は「プロダクション[1]」期間です。対象者のもとへ出向いて取材・撮影を行う最も重要な制作過程です。取材・撮影は 1 回だけでなく、素材を確認しながら、何度も何件も取材を重ねるというサイクル的な活動になります。途中冬休みが入りますが、この期間に普段学校がある時にはできない撮影など行う班も多く見られます。

　2 〜 3 月は「ポスト・プロダクション[2]」の期間であり、3 月の完成上映を目指して、編集を行います。各班の進行状況に合わせて、必ずしも明確に線引きをしているわけではないのですが、だいたいこのスケジュールで進んでいきます。

　図 3.1 は年間授業計画の基本モデルです。この年間授業計画モデルを型に、それぞれの内容に関しては年度ごとに改良を重ねました。

図 3.1　年間授業計画の基本モデル

　図 3.2 は、学習指導要領の評価の 3 観点をドキュメンタリー映画制作を通した学びに応用した図です。学習指導要領が「総合的な探究の時間」にもとめる 3 観点、すなわち「主体的に取り組む態度」「思考・判断・表現」「知識・技能」を、映画制作というフォーマットに応用して、制作体験の中から学ん

1　映像制作を行うことをいうが、プリとポストの間の工程という限定的意味合いでは、取材・撮影のフローを指す。
2　撮影が終わってから作品を完成させるまでの作業（編集や音入れ等）。

でいくモデルに変換したものです。

　3観点の中で、ドキュメンタリー映画制作を通して、期待される具体的な学びは以下です。

> ・協働性・コミュニケーションスキル
> ・社会との接触体験
> ・クリエイティビティ
> ・課題発見・問題解決
> ・映画美学・芸術
> ・映画制作の技術

　また、育てたい学習者像として、「制作をとおして、自己の在り方生き方や、自ら課題を発見し解決することに挑戦する探究的表現者」を設定しました。この一つのモデル像として映画監督をあげたいと思います。

図 3.2　評価の 3 観点の映画制作への応用

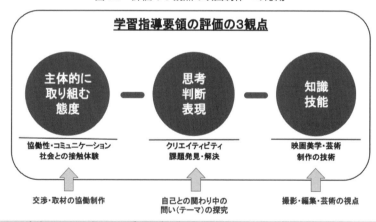

　映画制作の各プロセスは、組織化されたロジックに従っているという構造があります。特定の順序（プリ・プロダクション ⇒ プロダクション ⇒ ポスト・プロダクション）に配置された制作工程上の各コンポーネントに分類され作られ

図 3.3　ドキュメンタリー映画制作授業カリキュラムの実践・批評・開発モデル

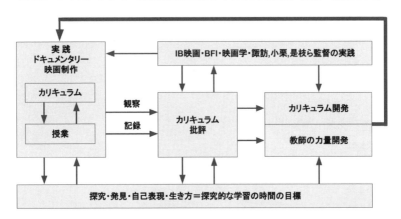

　ます。これには、取材交渉、企画書の送付、撮影のスケジュールや編集、音入れに至るまでの作業が含まれます。フィクションであってもドキュメンタリーであっても、既存の映画教育の多くは、撮影前までの段階で計画した内容や構成に関して、如何に計画通りに実行し撮影できるか、計画した主張を伝えることができるかに力を注いでいます。職能教育としてはスタジオで即戦力となる能力を鍛えることができるでしょう。

　しかし、実際には、計画通りに行かないのが映画です。これはプロの制作であっても、様々な要因で計画通りには進まないものです。特にドキュメンタリーであれば、全てが当初の計画通りに予定調和で進むならば、もはやドキュメンタリーではなく、プロモーションビデオになってしまいます。グローブでは、むしろ制作の過程で現れる現実とのギャップの中に真のクリエイションが必要となってくると考えています。計画通りに行かない現場の現実にどう対応するのか？そこから何を発見できるのか？思いがけない事態に直面した時の思考と乗り越えるための想像力の蓄積が教育的価値を生むのです。全てがある計画の再現であって、撮る前から完成形がはっきり見えていたとしたら、映画が映画であるための何かが欠落してしまうでしょう。芸術は再現を試みる実験ではありません。

その意味において、グローブはユニークな映画制作プログラムであり、映画芸術のアクティブラーニングです。

佐藤学氏の実践・批評・開発モデル（佐藤1996）を応用して、ドキュメンタリー映画制作の学びと指導の構造を図式化してみました（図3.3）。カリキュラムがどのようなサイクルで開発・修正されたのかの理解の助けになればと思います。

3.2 │ 年間のフロー（前期・後期）

3.2.1　前期：制作演習のフロー（4月〜8月）

前期の授業は、ドキュメンタリー制作を行うための基礎的な能力や映画的な見方、発想方法を主に演習形式で学びます。以下の図は前期の「制作の演習」の基本モデルです（図3.4）。

図3.4　前期「制作演習のフロー」（4月〜8月）

映画とは何か、という問いから1年間の授業が始まります。短編映画や映画作品の抜粋を見せながら、映画という芸術フォーマットの構造的特徴について意見交換し、文化的・社会的文脈からも映画について考えてもらいます。またモンタージュの特性による「意味の生成」に着目して、映画とは言語な

のか、という問いについてはクラスでディスカッションを行います。視聴により映画の見方や分析について学習しつつ、複数の制作演習を体験し、インタラクティブな授業を展開します。

　第1回の授業では、モーション・イメージによって作り出されたものは何であるのか？という点と、それは言語活動であるのか？という点について、生徒と共に考えます。

　学習目標は、「映画制作とはイメージによる『意味の創造』であることを、映像原理・映像の本質を考えることで知る」ことです。

　映画制作を通して得てほしい学びの確認とともに、年度はじめに「映画とは何か？」「君たちは本質的にはこれから何を作ろうとしているのか」を授業で問いかけることにしています。そして映画制作は像（イメージ）を媒体とした「意味の創造」であることを生徒との議論の中で共に確認していきます。

　マイケル・ライアンは『Film Analysis 映画分析入門』[26] の中で以下のように述べています。

> 映画とは技巧（テクニック）と意味の結婚である（中略）映画製作者は単に物語を語っているのではなく、「意味」を作っている。
>
> （M. ライアン・M. レノス 2014：6）

「1. 犬のイラスト／ 2. 点滅する信号機／ 3. 空っぽの犬小屋」のイラストを3秒ずつ順に見せ、何を想像するか尋ねたところ、「散歩に行った犬」「交通事故にあった犬」などの発言がありました。なぜそう思うのか聞いたところ、どの生徒もその理由として「前後のイラストの関係で、そう感じた」といいます。では、イラストの並びは一体何を生んだのか、聞きました。「ストーリー」という答えが返ってきました。更に、もっと根源的には何か？と尋ねたところ、「ある意味がうまれたと思う」という発言に至りました。「では意味は通常何によって伝えられるのか」と質問をなげかけると、「言葉や文字」という

発言があり、ディスカッションのなかで「言語である」と導き出されました。つづけて「では、意味が言語によって伝えられるのであれば、映画は言語であると言えるのか？そう思う人は挙手してください」との質問には3分の1程度が手を挙げました。言語ではないと思う生徒は約4分の1、残りは「わからない」「状況によってそうとも言える場合があるかもしれない」と。言語ではないという生徒に理由を聞いたところ「文法がないし、単語がないから」と答えました。なるほど、面白い視点です。

　生徒には、フランスを中心に、「映画は言語である」「いやそうではない」という議論が展開されてきた歴史があったことを話しました。そのことを頭の片隅において、「カメラという機械をつかった物語の創造」を体験するなかで、クリエイティビティと協働スキルを伸ばしてほしい、と伝えました。高校生には挑戦的な内容ですが、映画学の話に知的刺激を受けている生徒の姿が印象的でした。「単に物語るだけでなく、意味をクリエイションするのだ」というメッセージは高校生にも十分に伝わります。そしてこのあと制作体験から学ぶ演習に入っていきます。

> **プリ映画制作の演習：映画の分析・文化圏によるスタイルの比較（4月）**

> 視聴映画：(1)『フード・インク[3]』(米) (2)『いのちの食べかた[4]』(独)
> 討論ゲーム：3グループにわかれる
> 時間：計35分（映画抜粋視聴20分・ゲーム15分）

　生徒には2つの同じテーマ（大量生産食品産業に潜む問題点）を扱った社会派ドキュメンタリーの抜粋を10分ずつ視聴し比較させます。抜粋箇所は、両作品とも、「工場方式で養鶏場から卵の大量生産が行われる過程」のシーンです。

　説明的でメッセージのわかりやすさを重視し、同時に軽妙なテンポやBGMを多用することにより、飽きさせない技法を駆使する米国の映画文化。芸術

3　ロバート・ケナー『フード・インク』2008年。
4　ニコラウス・ゲイハルター『いのちの食べかた』2005年。

的志向が強く、しばしば商業エンターテイメント的な要素に否定的な態度を
とり、わかりやすい表現をあえて避ける傾向があるヨーロッパ映画文化。こ
の違いはドキュメンタリー映画においてもみられる、という具体例として
『フード・インク』（米国）と『いのちの食べ方』（独）を選びました。

　『フード・インク』は米国らしく、ナレーション、インタビューを交えながら、
説明的、センセーショナルな演出、早いテンポ、意図的な対立構造による明確
な構成など、ドキュメンタリーながらエンターテイメント的なスタイルを持ち、
視聴者を飽きさせない工夫を至る所にちりばめています。第 82 回アカデミー
賞ドキュメンタリー長編賞ノミネート作品らしく、米国のドキュメンタリー映
画制作のテキストに模範例として載るような、非常に上手い作りです。

　一方『いのちの食べ方』はヨーロッパ映画的な、静的なスタイルで、ナレー
ション、インタビューは一切ありません。養鶏場から卵が食卓に並ぶまでが
淡々と映されます。そこには明確な余白的な時間が共にあり、鑑賞者に思考
する時間を与えているように感じます。今作もヨーロッパを中心にいくつも
の映画祭で受賞した秀作です。おそらく米国の映画制作のテキストでは紹介・
分析されることがあっても、モデルとして取り上げられることが難しい強い
個性を放っている作品です。視聴後、以下の発問の後、討論ゲームを行います。

［生徒への発問（挙手・意見の発言）］

（1）言葉による説明（ナレーション、インタビュー）がないと意味は伝わら
　　ないですか？

（2）最初の米国のドキュメンタリー映画の方と、2 番目のドイツのドキュ
　　メンタリー映画の方、どちらがよりメッセージが伝わりましたか？

［討論ゲームのルール］

（1）「最初の米国のドキュメンタリー映画が良いと思った人」は教室の右
　　側、「2 番目のドイツのドキュメンタリー映画が良いと思った人」は
　　教室の左側、「どちらとも言えない」人は中央に全員移動してください。

（2）右側の人の中から、中央の人に向かって、よかった理由を「こうい

う理由でこっちの映画の方がいいよ」と短く訴えてください。

（3）左側の人も、同様に訴えてください。反論でもかまいません。

（4）どんどん交互にアピールしましょう。

（5）中央の人は、気持ちが固まったら左右どちらかに移動してください。
全員どちらかに移動して終了です。

プログラムを実践してみて、どういう反応があったか、どのような発言があったかみてみましょう。

米国の作品を選んだグループは「明確に言葉として主張が述べられているし、BGM などで強い印象を残している」と主張します。一方ドイツの作品を選んだグループは「確かに言葉がないので明確ではないけど、食品産業のあり方を皮肉った表現の仕方は、むしろこっちの方が強烈。米国の作品は、確かにインタビューとかあるけど、それは答えた人の主観であって、断定されないメッセージの伝え方の方が面白い」と反論。まだ決められないグループを引き寄せたいので、討論は白熱します。結果、毎回ドイツの作品の方がやや支持層が多くなる傾向にありますが、正解はありません。優れた作品であればどちらも強く訴えかける何かがあるものです。大事なことは「あなたはどう思ったのか？」。そのことを伝えてゲームは終了です。

編集演習：写真編集エクササイズ（5月）

使用素材：A4 サイズの写真・20 枚 1 組（6 人 1 組ごとに 1 セット配布）

使用写真：様々なジャンルの映画からのランダム抜粋

編集：ランダムに 6 人 1 組のグループにわけ、班で話し合いながら 10 枚の写真を選択し、並べ替えてストーリーを生成する

創作時間：10 〜 15 分

発表：完成後、各班ストーリーを発表（各班 3 〜 5 分）

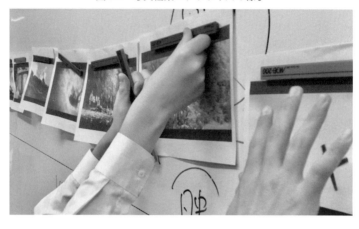

図 3.5　写真編集エクササイズの様子

　写真の並び替えという容易な方法ですが、言葉によらず、イメージを組み合わせてストーリーを生成する演習です（図 3.5）。

　一枚の写真を一つの圧縮されたショットと見立て、写真を並び替えることにより、モンタージュの原理を創作体験を通して学ぶことを趣旨とします。イメージの繋がりにより、多様な意味が生成されるということは、次のバザンの言葉にもあるように、映画学でも中心的なテーマです。

　「意味」は映像の中にあるのではない。それはモンタージュによって観客の意識の面に投影された映像の影なのだ（バザン 2015：上巻 108）

　個人ではなく、グループでの創作体験にこだわる理由は、映画はチームで制作する芸術である、ということの基本姿勢を定着させるためです。協働作業は、後期のドキュメンタリーで重要な要素になるので、前期でも訓練としてグループワークを繰り返します。

　また写真の並び替えという、アナログな演習ですが、撮影演習の前に紙媒体で「編集」を先に体験させることには意味があります。映画はモンタージュによって成り立つということを知れば、どのようなショットが必要になるか、編集をとおして先に理解できるからです。写真には、人物の表情のアップも

あれば、ロングショットもあり、また風景写真も用意しています。「引き＋引き」のイメージでつなぐより、「アップ」と「引き」のイメージが交じると、ビジュアル的にストーリーが立体化することなど、事前に教えるのではなく、創作を通して自ら発見して感じ取ることができれば、後の撮影演習の時にどんなショットを撮影すべきか思い出すでしょう。

制作演習：ミニ・ドキュメンタリー映画制作（6月）

撮影　：インタビュー取材を必ずいれる／グループメンバーでそれぞれ演出・撮影をシーンごとに担当・交代する

テーマ　：トピックは自由

助言　：撮影前に話し合い計画を練る／題材の中にストラグル（葛藤）を見つける

使用機材：個人所有のスマートフォン・カメラ

撮影場所：キャンパス内自由

撮影時間：2時間連続（100分）－授業時間内で撮影終了

編集作業：翌週2時間連続（100分）－完成しなければ宿題

禁止事項：BGM、編集ソフトのテンプレート、トランジッション[5]の使用禁止

アウトプット：2分ちょうどの映画作品として完成させ、次週までにデータで提出

上映会　：次週の授業にて各班作品上映し、上映後各班、作品・制作過程についてプレゼン発表

　これまで、映像制作を扱った教育実践の事例が少ない理由として、機材が高価である、という理由がありました。しかし現在は、スマートフォンを利用できます。全国的にも高校生のスマートフォン所有率はかなり高く、全国の小学4年生〜高校3年生の子どもを持つ保護者を対象とした、子どものス

5　ディゾルブやワイプなど、カットとカットを繋ぐための間に挟む効果。

図 3.6　インタビューの様子

マートフォン使用に関する実態調査の結果 [27] では、中学生の 50%、高校生の 90%がスマートフォンを所有しています（2017 年 4 月）。年々増加する傾向を考えれば、2021 年現在であれば、所有率は更に高くなっているでしょう。スマートフォンの持ち込みを許可するかは各学校の方針で異なりますが、所有環境としては、高校生が 4 人あつまって、だれもスマートフォンを所有していないということは無いでしょう。つまりこうした機器を利用した映像制作は、環境としてはどの学校でも可能なのです。

　この演習では、写真編集でおこなった、カットが繋がることによって生み出される意味の生成を、実際の映像制作の体験を通して確認する意味でも効果があります。同時にそうした映像による「新たな意味の創造」の驚きと、仲間との創作の楽しさを味わうことにおいても有効です。

　また、「グループメンバーでそれぞれ演出・撮影をシーンごとに担当・交代」という条件は、全員が監督とカメラマンの立場を体験する、という意味があります。監督・撮影などの役割を固定すると、グループ内でのヒエラルキーが発生します。つまり命令する側のメンバーと、命令される側のメンバーという関係性が築かれてしまう可能性があり、特に最初の撮影を通したワークショップでは、そうした関係性をもたせずに、全員に「意味の創造」の主と

しての体験をもたせる演習になるように考慮しています。

　そしてインタビュー撮影を入れることにより、カメラを通して人と向き合うことの体験は、「人間」を125年間テーマとしてきた映画というメディアにとっては原点に繋がる演習でしょう。

制作演習：抽象的なテーマのミニ映画制作（7月）

撮影　　：4人1組のグループにわけ、班で話し合いながら以下の与えられたテーマに基づいた映画の撮影を行う（ジャンルは問わない）

テーマ　：テーマは抽象的な用語をくじ引きで与え、以下のような各対義語を使用（「保守的 / 革新的」「危険 / 安全」「楽観的 / 悲観的」「個人的 / 集団的」など）

助言　　：撮影前に話し合い計画を練る／チームで協力しメンバーそれぞれのアイデアを結合する／編集できるのでたくさん撮ってみる

使用機材：個人所有のスマートフォン・カメラ

撮影場所：キャンパス内自由

撮影時間：1限目（50分）- 授業時間内で撮影終了

編集作業：2限目（50分）- 完成しなければ宿題

禁止事項：インタビュー撮影、BGM、編集ソフトのテンプレートの使用禁止

アウトプット：90秒ちょうどの映画作品として完成させ、次週までにデータで提出

上映会　：次週の授業にて各班作品上映し、上映後各班、作品・制作過程についてプレゼン発表

　ミニ映画制作は、いくつかのパターンをデザインしましたが、抽象的なテーマを設定したこの制作演習は挑戦的であり、より生徒のクリエイティビティを刺激するものでした。例えば、「保守的」というテーマで、キャンパス内で1時間をつかって高校生は何を撮るのでしょうか。あるいは「愛」や「美」をど

図 3.7　ミニ映画制作の様子

う撮るのでしょう。非常に興味深いテーマ設定でした。そもそも映像とはあるものの具体しか映せません。カメラはレンズの前のリアリティしか捉えることができないので、抽象という概念を機械工学的に撮影することは不可能です。これは抽象を筆によって表現できる、あるいは表現しようとしている絵画との最大の違いかもしれません。バザンが指摘したように、映画というメディアは徹底したリアリズムの芸術です。その特性を持つ映画は、抽象的概念をどう扱うのでしょうか。そこには抽象を具体に落とし込む変換の思考、具体の中に抽象を読み取る解釈の視点が必ず伴います。そしてその解釈は、制作者である作家の主観的な感性や閃きによるところが大きいのです。「愛」は撮影できない、しかし子を思う母の姿に「愛」を見ることができる。そういう抽象を具体的な事象に変換しながら映画のクリエイションが行われていきます。

　各チーム、制作後は上映会で上映と共にプレゼンテーションを行わせ、ちゃんと意図がつたわっているか、生徒の振り返りとなる時間を設けます。

3.2.2　後期：ドキュメンタリー映画制作のフロー（9月〜3月）

　後期は、メイン・プロジェクトであるドキュメンタリー映画制作を行います。映画的な考え方、芸術として作家性[6]をもった視点は、前期に体験をとおして、

図 3.8　後期「ドキュメンタリー映画制作のフロー」（9月～3月）

そのエッセンスを学びました。メイン・プロジェクトについては、4人前後という枠で、夏休み前に、生徒に自由にチーム分けを行わせ、9月にチームごとに制作を開始します。完成作品の尺が「8～15分」のドキュメンタリー映画、ということ以外、作品の題材や何を撮るかは自由とし、「表現は自由である」という事を、教える側としても最も大事にしています。「自由な創作」「生徒の主体性」「キャンパスの外の世界との出会い」はグローブの中心的理念です。**図 3.8** は、後期の「ドキュメンタリー制作」の基本モデルです。以下、後期のメインプロジェクト「ドキュメンタリー制作」の学習について紹介していきます。

撮影場所：撮影許可された場所なら特に制限なし（関東圏がほとんどだが、
　　　　　海外修学旅行時の撮影なども奨励している）

制作期間：9月～3月

制作時間：授業時間以外にも課外時間・休日も含む

6　グローブでは、作家性を「個人・集団を問わず、作品につくり手の主体的意思や思想、パーソナリティが投影されることで生まれる性質であり、他者との差異化で顕著に表れるその作家独自の特質」の意味で語っている。

使用機材：学校購入のマイク端子付き一眼レフカメラ（Lumix シリーズ・Canon EOS シリーズ）・マイク（RODE Video Mic）。その他個人所有のカメラ、スマートフォン可

班構成　：4 人 1 組を基本としたチームにわかれる（生徒による自由班分け）

テーマ　：テーマとする題材は自由。チームで話し合いながら、自分たちの興味・関心に基づいたドキュメンタリー映画の企画を行う

制作工程：プリ・プロダクション ⇒ プロダクション ⇒ ポスト・プロダクションの工程で進み、特に「取材依頼・企画書」と「取材撮影・編集」の工程の間には、創作のサイクル活動が生じる

プロセス提出物：映画作品とは別に「ピッチシート / プロセス記述シート / ペルソナシート」などの記述、メイキングビデオや写真の提出あり

注意事項：安全・マナーに関すること多数（＊詳細は付録『取材ハンドブック』参照）

作品提出：8 〜 15 分のドキュメンタリー映画作品として、3 月初めまでに英語字幕付きで完成させ、データで提出

上映　　：GKA 映画祭[7]として校内または市のホールで行う（学校やコロナ禍の都合で行えない場合もある）

プリ・プロダクション（企画など撮影前の作業）のフェーズでの学び（9 〜 10 月頃）

　9 〜 10 月は、プリ・プロダクション、つまり撮影前の工程にあたります。ドキュメンタリー映画は、各チームに何を題材とするか 1 週間程度の時間を与えてから、ピッチ・シートという映画プロジェクトの計画書を提出させます。ピッチ・シート提出後、プロジェクトのピッチ[8]をチームごとに行わせ、教師による審査を行います。所要時間は質疑応答を含めて、各班 10 分程度です。ピッチ審査が無事通った班にはグリーンライト[9]を出し、その後の制作工程に進みます。企画が不十分であった班には、アドバイスと共に企画の練り直しを求めました。各班、独自の題材を取り上げるのですが、今までの題材と

しては「LGBT」「死刑制度」「18 歳選挙権」「築地（移転問題）」「ブラジル人コミュニティ」「認知症」「ロヒンギャ難民」「アニメオタク」など様々です。

　生徒には、取材ハンドブック[10]（＊付録参照）を基に、取材申込の方法、取材対象者へ送る企画書の書き方を指導します。各班は取材依頼先のメールや電話番号を調べ、9 月末ごろから取材依頼の交渉を開始します。取材依頼が受け入れられれば、取材・撮影がスタートし、受け入れられなければ、また別の対象者を探して何度もトライさせます。時には 10 件メールを送っても返事がくるのは 1 件ということもありえます。取材依頼も全て最初から最後まで生徒に行わせ、問題が生じた時のみ教師が対応するという体制をとってきました。

　授業では、ドキュメンタリー作品の抜粋を視聴し、プロフェッショナルの制作ではどういう工夫をしているのかを制作者の視点から分析させます。その上で、実際に取材に行く前に、練習として模擬取材撮影を授業内で行わせ、どういうインタビューの仕方がより良いか、カメラの配置や取材時における他のチームメイトの動きはどうあるべきか、などを班内で話し合わせます。また何班か、皆の前で模擬取材を実演させ、良かったところは何か、何が問題であったかをクラス全体で確認し共有する時間を設けます。

プロダクション（取材・撮影）のフェーズでの学び（10 〜 1 月頃）

　依頼が受け入れられたチームは、対象者と打ち合わせた日にちに取材・撮影に向かいます。撮影当日は、生徒が初めて大人社会と接する体験の時であり、この時の体験の印象が強かったことが、後に集計したアンケート結果からも

7　GKA 映画祭
　　2015 年度サイト：https://gkafilmfes.wixsite.com/film
　　2016 年度サイト：https://gkafilmfes.wixsite.com/film2017
　　2017 年度サイト：https://gkafilmfes.wixsite.com/film2018
8　ピッチ。欧米映像業界で、映画やテレビ番組の監督やプロデューサーがコンテンツのアイデアを出資者に売り込むプレゼンテーションのこと。
9　グリーンライト。欧米映像業界で使う、企画の GO サインのこと。
10　2015 年度の外部講師森本佳奈子氏（TV ドキュメンタリー・ディレクター）との共同執筆。

わかりました。交渉の末、プロスポーツ選手やテレビキャスターなど憧れの人への取材を実現させた班もあり、自分たちの力で取材を実現させたこと自体が成功体験として生徒に大きな自信をもたらしました。こうした取材・撮影活動は授業内では行えないので、ドキュメンタリー映画制作を行う上では、必然的に課外活動を行うことになります。

　課外活動での取材・撮影の総時間は各チームによって異なりますが、生徒が録画した撮影素材は各チーム、3〜10時間くらいです。また取材・撮影できたとしても、一度だけでは不十分であり、複数回にわたって足を運ぶこともあれば、同じ内容に関する別の対象者や、街頭インタビューをすることもあります。こうして「取材申込・企画書」と「取材撮影・編集」という工程の間には、制作のサイクル活動が生じていきます。このサイクルを何度も回して内容を深めていくのもドキュメンタリー映画制作の特徴です。このサイクルは、第2章で取り上げた学習指導要領で期待される「課題の設定 ⇒ 情報の収集 ⇒ 整理・分析 ⇒ まとめ・表現」という、探究学習の学びのサイクルの応用版としての位置付けが可能でしょう。サイクルの中で、「社会と向き合いながらチームとして協働活動を行う過程で、世界と自己を見つめ直す」という学びのプロセスは深まっていきます。また「まとめ・表現」のアウトプットとして、映画作品

図3.9　生徒の取材撮影の様子

という成果物も伴います。ドキュメンタリー映画制作は、学習指導要領が期待する学習モデルとしての価値を最大限に引き出すことができるでしょう。

　第2章で述べた諏訪、佐藤、是枝監督の指摘のように、計画通りに撮ることがドキュメンタリーではありません。作家は対象者と向き合うと同時に自己を見つめ直し、この過程における自己変革の中で制作を行うのが映画的なドキュメンタリーです。よって、構成ありきで、それに合致させることを目的とした撮り方はグローブでは良しとしません。このことについては、理解できる生徒もいれば、テレビドキュメンタリーの影響が強過ぎるのか、なかなか理解できない生徒も存在します。そこで、取材・撮影が始まる中で、これら映画監督の言葉を積極的に紹介し、「自己と向き合いながら世界を発見する制作とは何か」という話をおこなってきました。

　特に、諏訪監督がゲスト講師として生徒に語った「テーマは最初から設定して撮るのではなく、制作過程の中で真のテーマが見えてくるもの」という言葉が、生徒達に大きな影響を与えてきました。学校でも授業や行事の取り組みで「テーマを立てよう、テーマを設定しよう」という問いかけがありますが、それはテーマでなく、単に題材・モチーフである、という気づきが生徒だけでなく、見学にきていた教師達にもあたえられました。考えてみれば、活動する前に「こういうストーリーになるように撮ろう」とあらかじめ設定して制作するのは、第2章で述べたドキュメンタリーの定義からは外れます。世界と接する中で作家が変化するのがドキュメンタリーです。しかし、テレビドキュメンタリーでは事前に作り出したストーリーに合わせた作り方が広く行われており、その点は諏訪、是枝、佐藤監督らが疑問を投げかけるところです。諏訪監督や、是枝監督のTVドキュメンタリー・ディレクターとしての経験によると、テレビの場合、「お茶の間の人々が誰でも理解できるストーリーで、視聴者が（ある種の）主人公として楽しめること。よって制作者の存在は目立ってはいけない」ということが作り手に要求されてきたと言います。テレビでは作家の視点は余計なものとされ、否定されてしまいます。これがグローブで敢えて、ドキュメンタリー「映画」と強調している点であり、テレビではないものを目指す理由です。「テーマとは見つけるものだ」という気

づきは、作品制作の自由な表現を支えてきました。取材・撮影を進める中で「対象物・対象者と自己の関係性」を深めていき、「真のテーマ」を見いだして掘り下げる。このことは生徒に浸透し、テーマを深めるための一つの指針となっています。グローブでは普段よく学校で言われている「テーマ」と区別するために、「真のテーマ」という言葉を使っています。

> ## 中間発表（撮影した素材の発表とフィードバック）
> ### での学びの確認（11 〜 12 月頃）

　秋から冬にかけて中間発表を行います。これは今まで取材して撮りためた未編集の映像素材を、各班プレゼンテーションと共に一部ラッシュ[11]上映し、ゲスト映画監督から直接指導を受ける貴重な時間です（2015 〜 2017 年度のゲスト監督は諏訪氏。2018 〜 2020 年度は山﨑達璽氏）。各チームは、撮影活動の振り返りのプレゼンテーションとともに、撮影してきた映像素材の抜粋を 5 分上映し、その後ゲスト監督からアドバイスを受けると共に、監督に質問をぶつけるという時間を持ちます。そこで得たアドバイスをもとに、どう素材をつなぎ合わせて編集したらいいか、知恵を得ることが目的です。その後チームによっては、テーマを練り直したり、追加撮影の必要性を感じたり、それぞれの制作状況において様々です。

　制作は各チーム、それぞれのドラマがあります。制作の各段階で生徒の活動の様子をチェックして活動状況を把握し、各チームの成長過程を記録します。また生徒には、取材対象者を分析させた「ペルソナシート」や、取材対象者とのやりとりや関係性の構築過程の様子を記述させた「プロセス記述シート」を提出させます。こうして各チームの様子をみながら、それぞれのチームに適した助言をおこないます。同時に、「こうすべき」「これは良くない」など、指示や方向性の押し付けを避け、生徒の作家性・主体性を奪わないように気をつけています。

11　ラッシュとは編集前の取材素材・映像素材のこと。

図 3.10　生徒の発表の様子

ポスト・プロダクション（編集と仕上げ）のフェーズでの学び（1〜3月頃）

　撮影から編集に作業の中心が移っていくのは、冬休みあたりからです。撮影でキャプチャーした世界を、構成し直すのが編集。それは発見した世界を自分の視点で再構築するクリエイションです。ストーリーテイラーとしての作家性が強く求められ、その作家性は制作者のアイデンティティと深く結びついています。

　指導においては、生徒の創造性や自ら課題を乗り越える力をサポートするような形で行います。基本的には各チームの自主的な活動を励まし、ちょっとした発想でも積極的に褒めることにしています。

　助言は質問を受けたときにこたえる、というスタイルをとり、指示的な表現を避け、具体的な答えは与えません。例えば次のように敢えて曖昧な言い方をして、思考する余地を持たせます。「全体的に綺麗にまとめすぎていて、なぜ君たちがこの問題にこだわるのか君たちの本音が見えなかった。どうやったら作品に自分達の個性が出せるのかもう少し考えてみてもいいね。取材者と自分たちの関係性にそのヒントがあると思うよ。その関係性を見つめ直して、もう少し掘り下げて皆で話し合ってごらん」、という具合です。

図3.11　生徒の取材撮影の様子

　映像メディアの技術のティーチングではなく、どうしたら芸術的にインスピレーションを与える指導になるかを目指しています。つまり、「この作品を制作しているあなたは何者か？」という問いに向き合わせるためのファシリテーションです。そうして各チーム、半年間のドキュメンタリー映画制作活動の成果作品として、3月初めに「8～15分」の個性的なドキュメンタリー映画を完成させるのです。高校生の作品であってもこのようなプロセスで完成した作品は、佐藤真監督が言う「『私』のフィクション」である本物のドキュメンタリーになるでしょう。

映画祭（成果の共有とフィードバック）での学びのアウトプット（3月）

　生徒の指導と並行して、12月ごろから3月の映画祭の準備を進めます。学校主催の映画祭は体育館や市のホール等で行ってきました。中高等部生徒全員を招いて高1生の映画を上映する一日がかりの大きなイベントです。生徒・保護者など学校関係者だけではなく、地域への還元として近隣の市民も招いて成果発表の場としてきました。映画祭は各チームの映画作品を発表する1年間の最大のイベントであり、生徒達は期待と緊張をもって当日を迎えます。総合指揮は教師ですが、舞台の司会など、生徒が自ら制作した映画を、自分

図 3.12 A　GKA 映画祭の様子

たちの力で発表する場を作ることに務めました。イメージは米アカデミー賞です。司会生徒によるパフォーマンス、ゲスト監督のトークや会場のフィードバック Q & A を挟みながら会場を盛り上げます。映画を上映した後は、制作者である各チームの生徒をステージに上げて、制作の苦労話のエピソードなど、半年間の制作活動の感想を語らせます。映画祭の最後に最優秀作品、優秀作品などをゲスト審査員の映画監督・有識者から発表し、一日の映画祭を締めくくります。さて、バザンは観客と映画の関係性について、ジャン・コクトー（1889-1963）の映画を例に以下のように述べています。

　彼（コクトー）の映画において重要なのは、自分は出来事に完全に立ち会っているのだと観客が実感することである（バザン 2015：上巻 243）

　コクトーの映画に限らず、「映画をみる」という行為に対して、核心をついた言葉ですが、ドキュメンタリー映画の上映では、観客もノンフィクションの「立会人」として実感できるような映画祭を目指しました。生徒たちが半年間キャンパスの外の実社会と向き合い制作したドキュメンタリー映画という冒険の成果結晶を、その立会人として皆で鑑賞し、劇場という連帯性を帯びた空間で、各々多種多様な感性で作品を共有するのです。ドキュメンタリー

図 3.12 B　映画祭での生徒司会

図 3.12 C　諏訪監督とステージで

　映画制作活動のアウトプットの場としての映画祭という形態は、生徒にとって成果発表の大きな舞台となりました。また関係した取材対象者、指導者、保護者だけでなく、地域にとっても、教育成果の還元、学びの共有という公共性を帯びた文化的な催しになったと思います。

　映画祭で、最優秀作品を受賞した生徒作品は、積極的に国内外の映画祭に応募しました。海外、特に米国では、学生を対象とした映画祭、高校生部門をもつ映画祭も多数存在します。中には、ロードアイランド国際映画祭など、アカデミー賞公認映画祭で高校生部門をもつ有名映画祭もあり、生徒作品は複数、そうした映画祭で入選、受賞を果たしてきました。

　GKA 映画祭というユニークな教育成果発表の取り組みや、その後の生徒作品の海外映画祭での受賞のニュースは、メディア [12] でも取り上げられ、保護者・地域からの評価も年々高まっています。

3.3 学習評価方法

3.3.1 パフォーマンス評価・ポートフォリオ評価

　学習評価方法について述べます。学習指導要領「総合的な探究の時間」が示す「主体的に取り組む態度」「思考・判断・表現」「知識・技能」の3観点の中で、ドキュメンタリー映画制作を通して得られる学びについては前述してきた通りです。すなわち、「協働性・コミュニケーションスキル」「社会との接触体験」「クリエイティビティ」「課題発見・問題解決」「映画美学・芸術」「映画制作の技術」の学びです。これらの学びは、どのように評価することができるのでしょうか。

　グローブでは、「記述テストによる評価形式以外の評価方法を行う」ということは計画当初から方針として決めていました。最終的に記述テストという形式ならば生徒の活動全体が萎縮してしまい、アクティブラーニングが期待する主体的な学びは難しい、と考えたからです。模範解答とすべき解を探るような学習にはしたくありませんでした。アイスナーが言うように、教師が設定した学習観点だけでは拾えない生徒が体験した学びも含めて評価したいと考えました。

　こうしたアクティブラーニング型の学びではどのような評価方法が良いのかを、過去の研究や事例に求め、西岡加名恵氏のパフォーマンス評価・ポートフォリオ評価（西岡 2016:83）[32] をモデルベースに、国際バカロレア「映画」の評価法も参考にしました。そして諏訪監督からの「自己評価」を採用すべきだ、という助言は、評価においても大きな方向性を決定づけました。その中で、学習プロセスの記述を中心としたポートフォリオ評価と、制作し

12　毎日新聞－群馬（2017）「国際映画大会 映画が好き ＧＫＡ高等部、米で招待上映 短編ドキュメント高評価」、2017 年 9 月 29 日 [28]
　毎日新聞－群馬（2018）「ＧＫＡドキュメンタリー映画祭 生徒の力作１５本上映 太田で8日」、2018 年 3 月 4 日 [29]
　小田浩之（2018）「映画制作を通したグローバルなアクティブラーニング (Vol.89)」『朝日ぐんま』、2018 年 5 月 11 日 [30]
　毎日新聞－群馬（2019）「高校生、二つの米映画祭で受賞 ＧＫＡの4人」、2019 年 3 月 21 日 [31]

図 3.13　ドキュメンタリー映画制作をツールとした総合的な探究の
学習の評価モデル（西岡 2016：83 の図を応用）

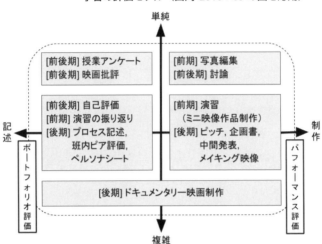

た作品や発表を中心としたパフォーマンス評価、という2つの評価の軸をもったドキュメンタリー映画制作に応用した評価モデルが出来上がりました（図3.13）。　ポートフォリオ評価は以下の記述による提出物が中心となります。

［前期・後期］：授業アンケート

［前期・後期］：映画批評

［前期・後期］：自己評価

［前期］：演習の振り返り

［後期］：プロセス記述シート、チーム内ピア評価、ペルソナ・シート

パフォーマンス評価は制作した作品の提出物や発表が中心となります。

［前期・後期］：討論

［前期］：写真編集

［前期］：演習（ミニ映像作品などの成果物）

[後期]：ピッチ、企画書、中間発表、メイキング映像

　後期のドキュメンタリー映画制作そのものは、総合的な評価対象です。
後期記述課題提出物は、「プロセス記述シート」「ペルソナ・シート」「授業ア
ンケート」「映画批評」などがありますが、以下それぞれ補足説明します。

[プロセス記述シート]：

　　プロダクションの工程を終えたあたりで提出させる。制作過程を詳しく
　　記録させた記述シート。

[ペルソナ・シート]：

　　取材対象者（ペルソナ）についての所謂「厚い記述」にあたる。ペルソナ
　　同士の関係性、ペルソナと社会の関係性など、ステークホルダー的な記述。

[授業アンケート]：

　　Google Form で行う授業後のアンケート。学びの定着化として宿題とし
　　て実施。質問内容は、その日に自分が得た学びの振り返りや、体験した
　　演習の感想、視聴した作品や、クラスメイトの発表の講評を含む。

　以下、ポートフォリオ、パフォーマンスにおける各評価項目の評価の割合
を示しました（表 3.2）。

表 3.2　評価の割合

前期評価の割合	課題提出物 (記述・演習作品) ＝ 50% 自己評価＝ 50%
後期評価の割合	自己評価＝ 25% 完成ドキュメンタリー映画＝ 25% 以下の合計＝ 50% ・課題提出物（記述） ・中間発表 ・メイキングビデオ ・チーム内ピア評価

　このように、成果物より、プロセスを重視して評価します。自己評価については、前後期の定期試験中に実施し、各自、自己評価シートに記述させます。詳細な項目を設け、それぞれについて評価理由と共に答える記述形式をとり、客観的に自己評価できるようにしました。前期では30分、後期では50分をかけて記述できる分量の項目です。自己の提出状況と照らし合わせる構成になっており、意図的に過大評価できないように工夫しています。（＊前・後期自己評価シートは『中等教育におけるドキュメンタリー映画制作をツールとした授業の実践と研究』の付録を参照）[33]

　前期の演習の作品提出物については、作品のクオリティでの評価は行わないこととしました。演習まで評価すると、「創作活動を楽しむ」という、もっとも大事な要素が失われ、「教師に評価されるような模範解答を探る」ようになるからです。ミニ映画等の演習作品については、期限内に提出を守れたかどうかを評価の線引きとしました。後期の中間発表については、発表内容から進捗状況がわかるので、中間発表時までの取り組み姿勢として評価しています。

　メイキングビデオは、生徒自身の活動の振り返りのためにもおこなっているものです。プリ・プロダクション、プロダクション、ポスト・プロダクションのそれぞれのメイキングビデオを記録するように課しています。

　チーム内ピア評価については、「チーム内での貢献度の差があり、チームとして一まとめで評価されることは不公平だ」という生徒の指摘があり、導入するに至りました。年度末に、複数の項目にしたがってチームメイトの評価を行います。チーム内で、お互いを評価理由と共に評価するシステムを設けたことは、賛否ある方法かもしれませんが、実施してみると上手く機能しました。

3.3.2　完成映画作品の評価の観点

　完成したドキュメンタリー映画作品の評価について述べます。1年間の集大成としてのドキュメンタリー映画作品そのものは、後期全体の評価の25％しか反映させません。プロセスに重きを置いているからです。しかし同時に努力の過程は作品にも表れるものです。完成作品は「オリジナリティー」「ストーリー性」「パーソナリティ」という3つの評価観点で評価を行います（**表3.3**）。

表 3.3　完成ドキュメンタリー映画作品の評価の観点

①オリジナリティ	②ストーリー性	③パーソナリティ
○今までにない表現の挑戦	○一貫した流れがあり、物語として成長(発展)する	○対象との関係性の中で築かれた「私」の視点がある
×テレビ番組等の模倣・コピー	×ただのインタビューの寄せ集め ×ただ各シーンを繋げただけ	×「誰が撮っても同じ」と感じられるもの

　グローブが追求していた作家性のある映画を考えた時、カンヌ国際映画祭など作家性を評価する映画祭に、作品評価の手がかりを求めました。映画祭には、明確な基準やルーブリックは存在しないのが一般的です。例えば、カンヌ国際映画祭では、過去の受賞者が審査委員長として就任し、審査委員長のポリシーに沿って、複数の審査員たちの議論の末、受賞作を決めます。カンヌ、ベネチア、ベルリンの三大映画祭をはじめ、サンセバスチャン、サンダンスなど、個性豊かな映画祭は、「芸術色が強い」「社会派作品が多い」など、それぞれ特色と傾向はありますが、「監督の思想が現れ、作者独自の映像文体で表現された芸術性豊かな作品」を選ぶということでは共通しています。グローブではこの方向性で作品の評価観点を模索してきました。

　「イマジナリーラインがあっている」などの具体的な映像メディア的技術については、観点項目としてあげていません。しかし、「オリジナリティ・ストーリー性・パーソナリティ」が観点であれば、「ただ漠然と撮って繋げる」だけには収まりきれないので、技術も作品の中で自ずとみえてくるでしょう。同時に、教師が意図したこと以上の自由な学びの発見が、生徒の作品に現れるはずです。

　作品評価者には生徒も含めます。指導者50％、受講生徒全員の合計50％の割合を基本に、記名式投票制をとります。3つの項目(オリジナリティ・ストーリー性・パーソナリティ)ごとに、それぞれの項目で「良・普・悪」の3段階評価をつけるのですが、各項目「良」をつけることができるのは全体の30％、「普通」は50％、「悪い」は20％と決めました。また自分のチームの作品には投票してはいけないルールです。こうして最後にそれぞれの作品の合計ポイントを出し、集計することによって、順位をつけました。上位半分の作品には、完成作

品評価（25％配分）の項目で5段階評価の5とし、下位半分は、完成させたことも含めてこの項目の評価を4とします。ただし条件である「締め切りまでに提出」「8～15分の作品」「英語字幕をつけること（作中言語が英語なら日本語字幕）」を満たせなければ、評価は3とし、未完成は2、未提出は1と定めました。しかし、6年間の実践の中では、苦労して制作して来たからでしょう、未完成、未提出はありません。逆に制作に熱心になるあまり、提出後も修正を加えたいという希望は多々ありました。「生徒も全員評価者として参加する」という方法は、生徒も非常に納得がいったように感じられます。そしてこの評価方法で生徒がつけた作品評価の合計と、指導者である私とゲスト講師らがつけた作品評価はほぼ重なっている、という結果が毎年度出ています。このことは非常に興味深く感じます。カメラやIT機器が得意な生徒によるプロモーションビデオのような一見見栄えの良い映像も、やはり「作家性」を感じられない作品ならば、評価は決して高くない結果が出ている、ということも、映画芸術の評価の視点としては、制作体験を通して映画を見る目が養われたのでしょう。

　表3.4, 表3.5, 表3.6 は、生徒に口頭で説明した詳細なルーブリックの補足をまとめたものです。5段階評価の「5」をS・A・B、「4」をC・Dに細かく分けて説明しました。作家性をルーブリックで示すこと自体、映画関係者からは異論もあるかもしれませんが、表で示された視点をもって評価しました。なおそれぞれの観点で、作家性をもった良き例として、ゴダール『映画史』[13]、市川崑（1915-2008）『東京オリンピック』[14]、ヴェンダース（1945-）『東京画』[15] をあげ、同時に羽仁進（1928-）[16] や大島、佐藤、是枝、ジム・ジャームッシュ（1953-）[17] ら優れた監督によるドキュメンタリー作品をいくつか授業で紹介しました。

13　J.L. ゴダール『映画史』1989-1999 年。
14　市川崑『東京オリンピック』1965 年。
15　ヴィム・ヴェンダース『東京画』1985 年。
16　羽仁進（1928-）。映画監督。『教室の子供たち』（1955）などの作品は是枝らにも大きな影響を与えた。
17　ジム・ジャームッシュ（1953-）。映画監督。『ストレンジャー・ザン・パラダイス』（1984）で第37回カンヌ国際映画祭カメラドールを受賞。ドキュメンタリー作品では『イヤー・オブ・ザ・ホース』（1997）『ギミー・デンジャー』（2016）を手がける。

表 3.4　完成作品観点 1：オリジナリティ

	完成作品　観点 1：オリジナリティ
S = 5	映画学の文脈的に新しい視点をもち、また他分野の視点から解釈するなど、クリエイティブでイノベイティブな表現方法に意識的に挑戦し、独自の映画表現スタイルをもつ。（例：ゴダール『映画史』）
A = 5	うまく表現仕切れなかったが、新しい表現に挑戦し、個性的なスタイルがある。
B = 5	新しい表現には挑戦できなかったが、個性的なスタイルを意識して創作できた。
C = 4	スタイルと呼べるような個性ある表現形式を出すことはできなかったが、テレビ番組等の模倣を意識的にさけ、テンプレートにも頼らなかった。
D = 4	特定のテレビ番組等の構成・表現の明らかな模倣やコピー。テンプレートの使用、あるいはテンプレートの模倣。

表 3.5　完成作品観点 2：ストーリー性

	完成作品　観点 2：ストーリー性
S = 5	被写体との信頼関係や取材活動の中で得られた被写体の内面や関係性の変化が描かれ、そこから発見できた真のテーマが、一貫した流れの中で物語的な起伏を経て浮き彫りになっていく。サブプロットなど多様な層の構造の中で、レトリックを駆使して立体的に語られる。（例：市川崑『東京オリンピック』）
A = 5	物語の層が薄く、物語的な起伏や流れのラインが弱いが、被写体との信頼関係や取材活動の中で得られた被写体の内面や関係性の変化が描かれ、軸となるテーマも読み取れる。
B = 5	構成的には流れ、起伏もあり、よく練られている。しかし取材活動の中で得られた被写体の内面や関係性の変化が捉えきれず、主張を成立させるため、あらかじめ設定したストーリーに取材・撮影したことを無理矢理当てはめてしまった。
C = 4	カットやシーンのつながりはできているが「わかりやすすぎる」マニュアルに沿ったような物語構成。あるいは説明ビデオ、PR ビデオ、イメージビデオ的な構成。
D = 4	ただのインタビューの「寄せ集め」。ただ各シーンを「繋げただけ」。

表 3.6　完成作品観点 3：パーソナリティ

	完成作品　観点 3：パーソナリティ
S = 5	取材を通して内的に変化した作家の視点を背景に、作家のアイデンティティと、被写体と作家の関係性が作品に現れた代替不可能な作品。（例：ヴェンダース『東京画』）

A = 5	取材を通して内的に変化した作家の視点があり、作家のアイデンティティとの関係性のなかで作品を語ろうと試みた。
B = 5	被写体と作家の関係性や、作家のアイデンティティは浮き彫りにされなかったが、取材を通して内的に変化した作家の視点をいれようと努力した。
C = 4	取材を通しても作家の視点は内的に変化することはなかったが、少なくとも自分の視点や、自分が属する世代やカルチャーの視点を描こうと試みた。
D = 4	自己や自己が属する世代やカルチャーの視点も全くなく、「誰がとっても同じ」「プロが撮ればよりよくなる」と感じられるもの。

3.3.3　芸術作品創作活動をツールとした評価の意味

　映像メディア系教育の評価観点やルーブリックについては第2章ですでに言及しましたが、これらは中等教育における総合的な探究の時間の評価方法として、そのまま当てはめることには課題が残るでしょう。「3分間の作品中に、ある異なる映像テクニックを3回使用すれば評価A、2回ならB」など、映像メディアの学習でみられる評価方法は、ある技術の習得の検証ということ以外にどのような意味を持つのでしょうか。ここから生徒は何を学べるのでしょう？制作スタッフ育成の技術確認チェックにはいいかもしれません。しかし諏訪監督らが指摘するように、映画教育に求められることはこういう視点なのでしょうか。

　むしろ専門家や教師が設定した枠を超えて、「制作体験から生徒が何を発見し、何を学んできたのか」に注目すべきです。特に総合的な探究の時間では、こうした視点が求められているのではないでしょうか。BFIが映画教育の参考にすべき研究者として挙げたアイスナーの言葉を再度引用します。

> 評価は生徒の作品や行動をあらかじめ明示された評価基準に合わせることによって生じるのではなく、生徒の作品や行動の中に、様々な価値を発見しようとする試みによって生じる。つまり「生徒は当初の意図通りに学んだのか」ということと「生徒は何を学んだのか」ということとは、全く別のものなのである（アイスナー 1986：247）

　アイスナーが言うように「多くの成果、最も重要なものは、学習目標とは関係ないかもしれない」と言うことがグローブでもおこったのか、4章のケーススタディの中で見ていきたいと思います。

第4章　ケーススタディ：生徒の活動の記録と発見

4.1 | Action1（2015年度の実践）

4.1.1　Action 1（初年度）のコンテンツとコンポーネント

　初年度2015年度を Action 1とし2020年度まで4段階のサイクルでカリキュラムの改善を繰り返してきました。演習など授業コンテンツと、評価方法など指導のコンポーネントについて、各 Action を見てみたいと思います。以下は、Action 1のまとめです（表4.1、表4.2）。

表4.1　Action 1（初年度）の「コンテンツ」

Contents	Action 1：2015年度（初年度）
映画読解（Input）	ドキュメンタリー視聴
映画言語（Input）	イマジナリーライン、モンタージュ等技術的な講義
制作演習（Out/Input）	・写真編集　・ミニ映画
ドキュメンタリー制作 （Out/Input）	取材ハンドブック 計画書・ピッチ 交渉・企画書 撮影・編集・上映

表4.2　Action 1（初年度）の「コンポーネント」

Component	Action 1：2015年度（初年度）
指導法	教える・教わるの関係（知識・技術の伝授）
評価方法	自己評価・課題提出・作品提出
生徒の関心態度	発見：フリーライダーの問題

　初年度は手探りの状態でした。映画をツールとしたアクティブラーニング
を目指していましたが、前期は講義形式、技術指導に偏ってしまい、後期は
各班の活動状況の把握ができなかった、という反省点があります。それでも
生徒たちは個性豊かな作品を作り上げました。

　初年度は、特別ゲスト講師として諏訪監督に多く関わっていただいた年度
です。ここでは、諏訪監督の言葉と生徒の作品を中心に紹介します。

4.1.2　Action 1（初年度）の生徒作品の例

　さて、Action 1 における生徒制作のドキュメンタリー映画作品の中から 1
作を例として挙げます。タイトルの後に生徒が書いた作品紹介文、つづけて
私の観察記録を 4 つの項目に分けて記します。

> ●『湯けむりタトゥー〜露わになりはじめた文化同士の衝突』
> 有力な観光資源である温泉で、タトゥーを文化やファッションとして入れている外国
> 人が温泉に入浴することが出来ないという問題が浮かび上がってきた。元々日本では、
> タトゥーがあると「反社会的組織」とみなされていた。この問題に対処しだした温泉
> もある。私たちは、専門家の方々の意見を中心にこれからグローバル化が進む中で人々
> はどのようにして文化の違いを乗り越えていくべきかを探ろうとしている。

図 4.1　映画『湯けむりタトゥー〜露わになりはじめた文化同士の衝突』より

(1) チームはどのような取り組みをおこなったか
　生徒は、温泉では「刺青の方の入浴禁止」の札が必ずあることに対して興

味を持ちました。学校の正規教育では教えられない裏社会の要素に惹かれて、取材した作品です。

（2）指導、投げかけの例（その狙い）

タトゥーと言うのが、面白いと思いました。高校生らしい刺激を喚起するトピックです。生徒には、率直に意欲的なテーマである、ということを述べ、タトゥーに関しては、国によって認識が異なるので、グローバルな視点でアプローチしても面白いのではないか、と助言しました。「タトゥー＝反社会的人物」という構図では割り切れないほど国際化が進み、タトゥーに関する意識が多様化しているからです。GKA生であれば、得意の英語で、外国人にも取材の幅が広がるのではないかと思いました。

（3）どのような反応・変化があったか（発言や行動）

「実は私たちも、外国人のタトゥーはファッションで許される、日本人の刺青はヤクザ者という認識で非難される、そのダブルスタンダードが変だと思ったから、それをドキュメンタリー作品にしたい」という発言がありました。スーパー温泉に取材交渉を行い、最初は「お客さんがいるから撮影は許可出来ない」との返事でしたが、生徒たちは粘って交渉し、温泉を掃除する早朝なら撮影をしてもいい、と言われ大喜び。さらにタトゥー文化を研究している大学教授を見つけ、アポをとって会いに行きました。生徒たちが聞いた話では、もともとは「刺青＝ヤクザ」という認識は日本にはなかったと言います。その認識が出来上がってしまったのは、戦後のヤクザ映画の影響だと。そのような話を、「先生、知らなかったでしょ？」と得意げに話してくる姿には、「先生が知らない世界を私たちは知っている」という自信に満ち、指導者としては手応えを感じました。このチームは取材依頼のメールのやりとりで、もっとちゃんと詳しく書きなさい、と取材を受けてくれたタトゥー文化研究の大学教授から注意を受けたことがあります。こうした指摘をいただいたことは、それまで順調に進んでいた生徒にとって強く残っている思い出となりました。生徒達はその時はしょげていましたが、「一番勉強になった」と後で振り返っています。

（4）作品にみられる生徒の学び

　このチームでは、家族で海外旅行に行ったときにも、現地で街頭インタ
ビューしたことには、驚かされました。外国で英語でのインタビューです。
「タトゥーは日本では、マフィアの一員であると見なされているが、どう思う
か？」といった質問に対して、「私もここにタトゥーあるわよ。でもマフィア
じゃないわ（笑）」という映像が映し出されています。また政府系の観光促進
団体のアドバイザーにも、「タトゥーお断りは、日本の観光産業にとってマイ
ナスか？」など取材し、多様な視点で構成されている作品です。全体を通し
て「高校生の素朴な疑問・好奇心・皮肉」が見え隠れし、ユニークでポップ
なスタイルで描かれており非常に個性的です。ドキュメンタリーそのものが、
ダブルスタンダードのバランスで成り立っている大人社会に対する問いかけ
のような形でオープンエンドで締めくくられ、何か高校生の声（VOICE）を感
じさせる映画でした。この作品は審査委員長の諏訪監督からも高い評価を得
て、最優秀賞に輝きました。

4.1.3　諏訪監督の助言

　11月に中間発表を行い、今まで取材して撮りためた未編集の状態の素材か
らピックアップしたものを、各班プレゼンテーションと共に一部上映しまし
た。ゲスト講師である諏訪監督、外部講師のフリント氏らから講評やアドバ
イスを得る時間です。生徒たちは、そこで得たアドバイスをもとにテーマを
練り直したり、追加撮影の必要性を感じたり、どう素材をつなぎ合わせて編
集したらいいかの知恵を得ました。

　その時の諏訪監督の生徒に向けた助言、そして授業後の会議で教師に向け
た助言を記します。

> **＜生徒へのアドバイス＞**
> ●「ＴＶドキュメンタリーではできない『自分達ならではの表現』にすることに
> 　君たちが作る意味がある」
> 　⇒ 撮影対象と自分達の関係性を常に考える

　　⇒ 自分達がカメラに写り込んでもいい
● 「インタビューに頼り過ぎて『インタビューの寄せ集め』にならないように」
　　⇒ ドキュメンタリー映画は 2 つの要素で成り立っている
(1)『作る』という人の手による作業（構成、インタビュー）＝相手・観客を納得
　させるもの。
(2)『発見』、つまり予期せずカメラに写ってしまうもの（何気ない人の表情、風
　になびく着物）＝驚きがある。
　この 2 つを組み合わせる工夫をするとよい。
　（1）の方は話を観客に理解させるのに重要だが、驚きや感動を呼ぶのは（2）の
方。人は何かを納得したからといって感動しない。しかし理解できないと何を言
いたいのかわからない。
　　⇒ 主張を言いたいだけなら論文（文字）でよい。でも映画制作なので、文字だ
けでは表現できない「映像と音」を使わないと表現できないものにすべきだ。
● 「必ずしも YES ／ NO という答えをださなくとも、問題提起などの形もある」
　　⇒ 取材撮影して「自分達」は何に気づいて、何をおもしろいと思ったのか、心
にとめる。
● 「編集する前に、皆で撮ったものを見る」
　　⇒ 何度も見ることになるが、いかに「新鮮な目で見続けることができるか」が
難しい。
● 「映画を作ると言う事は、人と出会うこと」
　　⇒ 取材でアポをとって、普通なら会えないような方々に取材したり、撮影を通
していろいろな人達と出会うことが人生を豊かにする。そうした人との出会い
によって、自分を取り巻く社会、そして自分自身に気づく。それが映像に映れば、
プロでない高校生でも価値ある作品になる。

＜教師へのアドバイス＞

「『正解は何か？』という発想でないところに、アートがあり、その中にクリエイショ
ンや感性がある。子どもたちも含め人間には『（表現できないけど、数値やデータ
に表せないけど、言葉で説明できないけど）何かよくわからないが、すごい！いい！』
と感じる、というようなことがある。映画制作を通して気づいてほしいことは、明
確な言葉や数値を追い求めることや、『正解は何々である』ということではないと
ころに何か大事なことがあるということ。『自分の"言語"をつくる』という事が
クリエイションである。」

「先生たちはついつい教えてあげたくなってしまうと思うが、なるべく我慢し、大人の価値観で生徒の表現を修正しないように注意した方がよい。『ここはこうすべき』とあまりに具体的に指導すると、完成した作品はもはや生徒の作品でなく、先生の作品になってしまう。このプロジェクトはそういう見た目が美しい、分かりやすい、ということを目指していないはず。自由の中での生徒の成長プロセスが大事であり、教師の役割は『寄り添い、励ます』ということが求められると思う。」

「カメラで誰かを撮るということは、まるまるその人を肯定するということであり、その人を愛するということである。ドキュメンタリーとして撮るということは、たとえ対象が敵であれ、その人（こと）を受け入れるということだ。この『代替不可能性』を育てていく、代替不可能性を体験する、ということが教育における映画の魅力である。カメラは、『まなざし』であり、まなざしは愛だ。同時にカメラは残酷な部分もあり、人間を傷つけることもある。しかし傷つくことも含め、代替不可能な存在として確認されるという経験をすることは人間の成長に必要なことではないか。」

（以上、会議での発言。2015 年度）

「一見よく見える映画の構成、よくテレビなどでも一般的に使われるような型のようなものを教えれば、多くの人がみたときに『よく出来ているね』と思われるようなものができるが、それがあるべき映画の教育なのであろうか？」

（諏訪 パーソナルインタビュー 2015）

4.1.4　Action 1（初年度）の実践前と実践後

［実践前］
1. ドキュメンタリー映画を見せる必要があるだろう
2. 生徒はカメラの操作方法、編集ソフトの操作方法を学ぶ必要があるだろう
3. 生徒は撮影テクニックを学ぶ必要があるだろ
4. 生徒は編集テクニックを学ぶ必要があるだろう
5. 生徒はその他の映画制作の技術理論を学ぶ必要があるだろう

［実践後］

1. ドキュメンタリー映画の視聴や宿題が多すぎると、「驚きと感動」は失われ、「お勉強」になる

2. すでに知っている生徒にとっては退屈であり、特別な時間を取らなくても、操作しながら使えるようになる。むしろやりながらチーム内で生徒同士で教え合う方が機器の扱いに対する学習意欲は高まる。

3. 講義が長いと、目の前のカメラを実際に使ってみたくてうずうずし、頭に入らない

4. 手元のノート PC を前にしたときに、生徒は「まず自分でやってみたい」と思う。講義形式で編集の構造を教えても、集中できない。

5. 「こういう技術理論に則らなければならない」と強調すると、映画が「強制されたお勉強」として受けとられ、一番大事な「創作における自由」の魅力を奪い取る事になる

4.2 | Action 2 （2016 〜 2018 年度の実践）

4.2.1 Action 2 （2016 〜 2018 年度）のコンテンツとコンポーネント

表4.3 Action 2 （2016 〜 2018 年度）の「コンテンツ」

Contents	Action 1：2015 年度	Action 2：2016~2018
映画読解 (Input)	ドキュメンタリー視聴	⇨比較や討論の視点の追加
映画言語 (Input)	イマジナリーライン、モンタージュ等技術的な講義	⇨技術的な話を減らし制作に時間を割いた
制作演習 (Out/Input)	・写真編集 ・ミニ映画	⇨演習コンテンツの追加開発 ・写真編集 ・抽象的なテーマのミニ映画 ・クレイアニメなど
ドキュメンタリー制作 (Out/Input)	取材ハンドブック 計画書・ピッチ 交渉・企画書・撮影・編集・上映	⇨完成作品の評価項目の追加開発

表 4.4　Action 2（2016 ～ 2018 年度）の「コンポーネント」

Component	Action 1：2015 年度	Action 2　2016~18
指導法	教える・教わるの関係（知識・技術の伝授）	⇨ファシリテーターとして教える
評価方法	・自己評価 ・課題提出 ・作品提出	⇨完成作品のルーブリック ⇨制作過程の評価の仕方 ⇨チーム内の評価の差別化の課題
生徒の関心態度	発見：フリーライダーの問題	⇨フリーライダーの問題に対する指導法開発 発見：学年のカラーの影響

　2016 ～ 2018 年度までの 3 年間を Action 2 として一括りにしました。指導者である私が、慶應義塾大学大学院メディアデザイン研究科で学ぶ前、つまりデザイン思考や学術的裏付けで考える前の段階の実践です。また諏訪監督に来校していただいたのも 2018 年度までです。生徒の作品や活動とともに諏訪監督の言葉を紹介しながら述べていきます。

4.2.2　諏訪監督の助言と生徒の気づき

＜諏訪監督による生徒演習作品講評＞

　ここでは前期に行った抽象的なテーマのミニ映画制作演習の作品上映会での、諏訪監督のコメントの一部を紹介したいと思います。

「『花』を撮ってください、といわれても、『花』という概念を全部カバーすることはできないんですね。映像でとれるのは、『花』ではなくて、『"この"花』しか撮れないんです。（中略）『先生』というのも撮れません。でも例えば "小田" 先生という『先生』なら撮れるんです。映像は唯一のものをとる特性があるんです。皆がミニ映画のプロジェクトで与えられた（抽象的な言葉という）テーマでやろうとしたことは、実は "撮影した唯一のものを『概念』に替えていくためにどういう風に映像で扱ったらよいか" という事をやってみようとした訳です。唯一のものしか撮

れない。それを撮ってしまうのが映像の面白さ、映像の力なんですね。誰でも撮れる訳ですよ。カメラでボタンを押せば撮れる訳ですから。それを自分たちが表現しようとすることにどうやって結びつけるか、ということをやってみた訳ですね。」

（＊諏訪監督の講演の全体については、8 章「諏訪監督×高校生」講演集
『ミニ映画上映講評会 (2016 年 6 月 15 日)』参照）

＜中間発表での諏訪監督の助言からの生徒の気づき＞

●撮影を通して気づいたことは大事。自分達が事前に考えていたこととの違いを考える。
●私たちでなければ見えないもの、聞けないことがある。自分達の目線で聞きたいことをぶつける。
●大事なのは、自分達がどう感じるか。自分達でどう撮るか。
●映像だからこそ伝えることができるものがよい。
●誰が撮っているか、を感じさせるべきである。
●やって駄目だったらやり直せる。
●自分達の視点で何が見えてくるのか。相手にどう伝わるのか。
●煮詰まったら視点をかえてテーマを見直していく。
●インタビューを利用しながら作品を作るのであって、インタビュー自体がメインではない。
●映画には 2 つの脳が必要である。(1)「言語能力」＝筋道をたてる。(2)「感覚」＝映像のインパクト。
●結論は出さなくてもいい。考えを深められればいい。
●やっていて「楽しい」ということは大切なこと。
●自分の世界をどうつむいでいくか、を考える。
●映画制作って何なのか？を考える。自分は何を目指しているのか？を。
●教科書は無い。感じる。

（生徒提出ノートより。2016 年 11 月 9 日）

4.2.3 Action 2（2016 〜 2018）の生徒作品の例

さて、Action 2 における、印象に残る作品 1 作を例に挙げて紹介します。タイトルの後に、生徒が書いた作品紹介文、そして（1）〜（4）の生徒観察の記録と続きます。

●『ブレイク・ザ・ウォール』[1]

「日本のブラジル」と呼ばれている群馬県大泉町。ここではブラジル人と日本人が当たり前のように暮らしています。日本の反対側にあるブラジルは、見た目も性格もまったく違います。しかし、この町の人々はとても仲が良いのです。日本の生活に困っているブラジル人もいるはずですし、ブラジル人とどう接していいかわからない日本人もいるはずです。この二つの国を繋げているものはいったい何なのでしょうか。私たちのドキュメンタリーをお楽しみください！

図 4.2　映画『ブレイク・ザ・ウォール』より

（1）チームはどのような取り組みをおこなったか

　群馬県太田市から邑楽郡大泉町に広がる在日ブラジリアン・コミュニティを取材したドキュメンタリーです。生徒はブラジル人学校にコンタクトをとり、同年代のブラジル人と交流をかさね、また町のサンバ・フェステイバルに参加し、取材撮影をおこないました。

（2）指導、投げかけの例（その狙い）

　女子4名のチームです。カメラやPCの知識はありませんが活発な生徒たちです。最初はブラジル人街の情報収集から始め、祭など町のイベントに合わせ

1　栗田理恵子、髙橋灯、ホッグ・知優・ジェーン、オカハン・リシャ共同監督『Break The Wall』2017年。https://www.imdb.com/title/tt6720038/

て取材を計画しました。指導としては、一貫して「ただインタビューを撮って
もつまらない」と言い続けてきました。単なる街の紹介ビデオにならないよう
にです。生徒達が如何に私事としてブラジル人コミュニティを捉えることがで
きるか、ということが鍵になります。「何か君たちとコミュニティの接点をみ
つけて、自分たちとの関係性を考えてみるといい」という助言をしました。

（3）どのような反応・変化があったか（発言や行動）
　生徒たちは、子どもだから見える視点を考えたようです。そこでブラジル
人学校へコンタクトをとり、学内でのブラジル人生徒たちへの取材撮影を許
可されて、ブラジル人生徒たちとの交流がはじまりました。その中で、日本
人が見えない「差別」という問題が見えてきたといいます。子どもには、大
人が気づかない子ども達だけの世界が存在します。交流の中で、外国人とい
うことで日常的に地元日本人少年グループから理不尽に絡まれてきたつらい
経験を、あるブラジル人少年から聞きました。大人にも取材してみると、だ
んだんと日本人側からも、ブラジル人側からも、お互いの溝が見えてきたと
言います。生徒たちは、コミュニティというものは実は「見えない壁」で覆
われていることに気づいたと言います。当初の「身近な異文化交流体験」と
いう視点から、日本で日本人として生活していたらわからない「壁」に注目
し始めました。生徒達は作品の方向性に関してチーム内で何度も衝突を繰り
返してきたといいます。「発見した社会の闇の部分を高校生の視点で告発した
社会派のドキュメンタリーでいこう」という意見。「いや、しかしそれでは自
分達らしさが表れない。グローブで言われている自分達らしさ（パーソナリ
ティ）はどこにあるのか。他の視点からも取材を続けるべきだ」という意見。
時にはチーム内が険悪な雰囲気になったといいます。そしてテーマを深掘り
する中で、サンバ・フェスティバルとの出会いがありました。「ブラジルだから、
視覚的にサンバは外せない」ということでブラジル人サンバ・グループに取
材を行った生徒たち。思いがけず地元サンバ・グループから一緒にサンバを
踊ろうと誘われ、ブラジル人ダンサーの指導のもと、スタジオでの練習を重ね、
フェスティバル当日は、ステージに立ってサンバを披露しました。課題や問題、

図4.3　『ブレイク・ザ・ウォール』ポスター

差別の壁があっても、それを乗り越えようとする人たちの活動、異文化理解のための様々な催しで努力する行政の思いにも気づいていく様子が映画には映し出されています。そしてこのチームのドキュメンタリー制作自体が、「壁」を壊す一つのアクションとなっているのです。この作品は、「ドキュメンタリーとは、映画作家自らの世界観が問い直されることで生まれる『世界の新しい見方』である」(佐藤 2009：16) ということを体現しているでしょう。高校生でもアマチェアでも作家的な視点をもって、ドキュメンタリーという探究的な映画制作を行える。そういうことを示してくれた作品です。

（4）作品にみられる生徒の学び

　諏訪監督、ディスカバリーチャンネルのプロデューサーら審査員からも高く評価され、2016 年度 GKA 映画祭の最優秀賞に輝きました。コミュニティの中に入って交流を重ねる中で人々の本音を引き出し、それに対して、自分たちの活動が変化していく様子が描かれた本作は、生徒達の成長の記録の物語というストーリー上のもう一つの層がみられます。外国人コミュニティの課題の発見を契機にアクションを起こしていく物語は、ドキュメンタリーとしても力のある作品として成立しています。生徒たちは、諏訪監督が述べた「真のテーマは制作活動の中で探究され初めてわかる」、ということを非常に意識していました。その「真のテーマ」を、最後まで自分たちとコミュニティの関係性の中で模索し、外部の出来事を内なる繋がりをもって、「私たちの物語」となって作品として提示できたことは大きな成長です。タイトルは完成直前につけられましたが、『Break The Wall（壁を壊せ）』というタイトルに半年のコミュニティでの活動の思いが表れています。映画祭には取材を受けた大泉町長も参加し、映画上映後には思わず壇上に登りサンバを披露するというサプライズもあり非常に盛り上がりました。この作品は複数の海外映画祭でも評価され、招待されたフロリダの映画祭には生徒家族で渡米し上映会と授賞式に参加しました。[34]

図 4.4　フロリダでの受賞式にて生徒とともに

4.2.4　Action 2（2016 〜 2018 年度）のコンテンツのファインディングス

［映画作品の評価のデザインについて］

　グローブでは、作品評価として何か明確な評価項目を設けて、「これができたら良い映画」ということはあえて避けたいという思いがあります。映画の評価とは、もっと曖昧な何かであるはずです。映画の評価を考える中で、文学にヒントを求めました。文学に置き換えて考えると、我々は文学作品の中になにを求めるのでしょう。人物描写の巧みなレトリックなのでしょうか。衝撃的などんでん返しの「よくできたストーリー」でしょうか。おそらくこれらでは言い切れない深さを求めているはずです。しかし映画となると、特に米国では、ストーリー構造の標準的なフレームを超えてしまっている場合、「わかりにくい」「主張がない」ということで片付けられてしまうことがあるようです。おそらくエンターテイメントとしての成り立ちが、そうさせてしまっているように思えます。そしてその価値観がそのまま教育に入ってくると、「良い映画とは、主張が明確で三幕で構成され、誰もが理解しやすい映画」と教えられてしまうのです。映画学の巨人は、良い映画をどう定義するのでしょうか。バルトはこう言っています。

　　教条主義を超え、主義主張を超えて、揺さぶりをかけてくる作品（中略）俗な言い
　　方だけれどもまさしく＜考えさせる＞作品（バルト 2005：109）［35］

　なるほど、おそらく我々がぼんやりとイメージする良い映画、のように思われますが、これで定義づけていいのでしょうか。もう少し考えてみたいと思います。この「良い映画とは一体何か？」という、我々が生徒たちにその定義を語ることができなかった問いを、フリント氏が諏訪監督に聞いたことがあります。返答は一瞬でした。

　　良い映画とは、誰も見たことがない映画（諏訪 パーソナルインタビュー 2016）

　この回答には驚かされたと同時に、非常に納得しました。オリジナリティと

は、こういうことなのです。映画が芸術ならば、常に「新しい表現」を求めるべきでしょう。「如何にヒット作のクオリティに近づくか」ではなく、ヒット映画や、過去の名作にもない「今までにない視点をもった映画」が映画を進化させるのです。『市民ケーン』[2]『2001年宇宙の旅』[3]『勝手にしやがれ』[4]『羅生門』[5]なども当時、誰も見たことの無い映画でした。そしてこうした映画が歴史をつくってきたのです。何かの沿線上にある「受ける」映画でなく、「揺さぶる」問題作らが。「誰も見たことがない映画」を作ることを高校生に求めるのは難しいでしょうか。確かにそうでしょう。しかしそれは大人であっても同じことです。この「良い映画の定義」から、グローブでは、技術的評価を排除することを、はっきりさせました。諏訪監督は「何が良い映画か、教師は模範解答を持つべきではない、模範を示せば、子どもたちはそれに近づけようと模倣するだけである。模倣は映画教育が目指すクリエイティブの姿ではない。」と言います。これによって具体的な模範解答にならない評価の観点を考案しました。生徒のクリエイティビティを刺激し、芸術としての映画の視点をもつ観点とは何でしょうか。初年度の経験と、2年目の実践の中で出した答えが、3つの観点：「オリジナリティ」「ストーリー性」「パーソナリティ」でした。誰の模倣でもない独創性。ストーリーで語る芸術。そして自分の個性を作品に反映させるパーソナリティです。この3つの観点の中に「誰も見たことがない映画」の出現を待ち望みます。

4.2.5. Action 2（2016〜2018年度）のコンポーネントのファインディングス

［フリーライダー］

　グローブの実践開始から、チーム内でのフリーライダー出現が最大の課題でした。フリーライダーとは「ただ乗りする者」、つまり班活動の際、班員に任せっきりで積極的な活動を行わない生徒を指します。この問題の解決方法

2　オーソン・ウェルズ『市民ケーン』1941年。
3　スタンリー・キューブリック『2001年宇宙の旅』1968年。
4　J.L. ゴダール『勝手にしやがれ』1960年。
5　黒澤明『羅生門』1950年 。

として、2つのことを行いました。1点目は「フリーライダー」出現の可能
性をタブー視しないことです。フリーライダーの説明と共に「この中の誰か
がフリーライダーになる可能性がある」「フリーライダーが出ないような工夫
はチーム全体で考えなければならない」ということをオープンに事前に話し
ました。生徒も初等部時代からのグループワークで、何がフリーライダーか
よく知っています。班によっては「どうせこの子はやらないから替わりにや
るしかない」とフリーライダーを許してしまうという構造的な問題もよくみ
られました。生徒には、どうやったらフリーライダーが出なくなるかをチー
ムで話し合わせて、予防策を発表させることにしました。過去の学内での班
活動の反省もあるのでしょう、様々な意見が出ました。前向きなアイデアも
あれば懲罰的な意見も出ました。幾つか紹介しましょう。

●「なんでもいい」「みんなで決めて」という発言は禁止
●チーム全員集合するまでミーティングは開かない
●必ず何か役割を与える
●何かの責任をもたせる
●複数の取材交渉には分担してあたる
●エンディングクレジットに名前を載せない、発表に立ちあわせない

　このようなことを行わせる目的の一つは、アイデアの共有だけではありま
せん。「チームで制作するとはどういうことか？」というチームビルディング
の姿勢の意識づけと共に、チームの問題はオープンに話すことによって健全
に解決できる、ということを認識させるためです。フリーライダーに関する
話し合いはその後も継続的に行い、フリーライダーが出現しにくい雰囲気づ
くりに努めました。
　Action 2では、特にフリーライダーをなくすことを大きな目標としました
が、その解決方法として班ごとのリフレクションの時間を増やし、制作状況
だけでなくチームの状態についての振り返りの機会を頻繁に持ったことが、

効果を発揮しました。こうして Action 2 のフェーズでは、フリーライダーの問題はかなり改善しました。また教師が提示するのではなく、生徒自身から改善策のアイデアが出たことは主体的な学びとして大きな意味があったと思います。

4.2.6　Action 2（2016 ～ 2018 年度）の実践前と実践後

［実践前］
1. 作品視聴では比較や討論の視点を追加する必要があるだろう
2. 技術的な話を減らし制作に時間を割く必要があるだろう
3. クリエイティビティを刺激する演習コンテンツを追加開発する必要があるだろう
4. 評価方法を充実させる必要があるだろう
5. 教える／教わるの関係でなく、ファシリテーターとして教える必要があるだろう
6. フリーライダーの問題に対する指導法を開発する必要があるだろう

［実践後］
1. 作品視聴では比較や討論の視点を入れることにより、分析の視点が意識化され、またフィードバックの共有に活力がでた
2. 技術的な話を減らし制作に時間を割いたことにより活動が活発化した
3.「思考を促す隙間」が含まれている演習コンテンツは、よりクリエイティビティを喚起した
4. 作品評価のルーブリックを提示したことにより、生徒の納得感を得られ、作品評価に対する曖昧さが軽減された。ピア評価を導入し、チーム内での個別評価ができるようにした。
5. ファシリテーターとして、生徒の気づきの瞬間を見逃さず、内在している能力を引き出す指導法は適している
6. フリーライダーに関しては、ピア評価、プロダクションノート、生徒

によるチームビルディング方法のアイデアのシェアリング、リフレクションの充実等を行って改善を図り、ある程度効果が出た。しかし取り組み姿勢は、学年のカラーに深く依存していることも明らかになった。

4.3 | Action 3（2019 年度の実践）

4.3.1　Action 3（2019 年度）のコンテンツとコンポーネント

Action 3 の特徴は、芸術面として、映画学を基礎に映画の美学を意識して取り組んだ点、制作面として、ドキュメンタリー映画制作をデザイン思考のプロセスに重ねて考えた点にあります。以下は、2019 年度の「映画読解・映画言語・制作演習・ドキュメンタリー制作」の授業コンテンツと「指導法・評価方法・生徒の関心態度」の各コンポーネントについてのまとめです（表 4.5、表 4.6）。

表 4.5　Action 3（2019 年度）の「コンテンツ」

Contents	Action 1：2015 年度	Action 2：2016～2018	Action 3：2019
映画読解 (Input)	ドキュメンタリー視聴	⇨比較や討論の視点の追加	⇨表現の視点
映画言語 (Input)	イマジナリーライン、モンタージュ等技術的な講義	⇨技術的な話を減らし制作に時間を割いた	⇨映画美学についての視点に変更
制作演習 (Out/Input)	・写真編集 ・ミニ映画	⇨演習コンテンツの追加開発 ・写真編集 ・抽象的なテーマのミニ映画 ・クレイアニメなど	⇨演習コンテンツの追加開発
ドキュメンタリー制作 (Out/Input)	取材ハンドブック 計画書・ピッチ 交渉・企画書・撮影・編集・上映	⇨完成作品の評価項目の追加開発	⇨デザイン思考的プロセスの採用 ⇨映画美学の視点でのフィードバック

表 4.6　Action 3（2019 年度）の「コンポーネント」

Component	Action 1：2015 年度	Action 2：2016~18	Action 3：2019
指導法	教える・教わるの関係 （知識・技術の伝授）	⇨ファシリテーターとして教える	⇨ファシリテーターとしてシェアする ・テーマの設定 ・映画美学の視点 ・デザイン思考のアプローチ

評価方法	・自己評価 ・課題提出 ・作品提出	⇨完成作品のルーブリック ⇨制作過程の評価の仕方 ⇨チーム内の評価の差別化の課題	⇨ポートフォリオ評価の導入
生徒の 関心態度	発見：フリーライダーの問題	⇨フリーライダーの問題に対する指導法開発 発見：学年のカラーの影響	⇨フリーライダーの減少 ⇨状況に応じてコンテンツのカスタムの必要性

4.3.2　Action 3（2019年度）の生徒作品の例

ここでは、数々の生徒作品の中から「在日ロヒンギャ難民」についてのドキュメンタリーを例として挙げます。タイトルの後に、生徒が書いた作品紹介文、そして生徒観察の記録を記します。またこの作品の制作チームを例に、活動プロセスの中でどのような変化が生徒に起こったのか、もう少し掘り下げて見ていきたいとおもいます。生徒が提出した「ペルソナシート」、「プロセス記述」、「年度末アンケート」を続けて載せますので、生徒自身の言葉にも注目してください。

ドキュメンタリー映画制作というアクティブな学びの冒険を通して、生徒はどのようなことを獲得していったのか、みていきましょう。

> ● 『Hometown Massacre』
> ミャンマーで弾圧を受け、現在群馬で暮らすロヒンギャ難民
> アウンティンさんのドキュメンタリー。

図 4.5　映画『Hometown Massacre』より

以下、（1）～（4）について、それぞれ印象に残っている事柄を述べます。

（1）チームはどのような取り組みをおこなったか

ロヒンギャ難民アウンティンさんを追ったドキュメンタリーです。生徒は群馬県館林市にある在日ビルマロヒンギャ協会の事務所や自宅をおとずれ、数回にわたってアウンティンさんとその家族の密着取材撮影を行いました。

（2）指導、投げかけの例（その狙い）

チームの一人が、「家の近くにロヒンギャ難民の協会があり、ロヒンギャについて取材したい」とメンバーに提案しました。ちょうどロヒンギャ難民問題が TV ニュースでも頻繁に報道されていた頃です。生徒たちは、「先生、いい題材があります」といってロヒンギャ難民のドキュメンタリーの計画について語ってきました。指導としては、生徒のやる気を励まし、事務所を訪れてもただのインタビューで終わらないようにと助言しました。「ロヒンギャの悲劇は言葉による説明だけでは掴めないし、それはニュース番組で頻繁に報道している。『君たちでないとできないロヒンギャの人々のドキュメンタリー』を考えよう」と投げかけたのです。

（3）どのような反応・変化があったか（発言や行動）

オリジナリティを出すことや、自分との関係性の中で対象者を捉えることは、授業の中で繰り返し伝えてきたので、生徒もわかっていました。生徒は「とにかく取材撮影を受け入れてもらえるか取材依頼してみます」と張り切りました。取材が許可され撮影をする中で、生徒たちは同年代の息子さんと知り合いました。その後アウンティンさんの息子がドキュメンタリーの中でストーリー上の重要な役割を果たすことになった視点は興味深いことです。取材の過程で、アウンティンさんが勧めてきた講演会で上智大学の教授と知り合い、その後チームは上智大学まで取材に行き、またイスラム寺院にも行って撮影を敢行しました。チームにはもともと学校生活に消極的な生徒もいたのですが、ドキュメンタリー映画制作には、熱意をもって取り組んだのです。取材

撮影をする中で自信がついたのでしょう。被写体の捉え方や編集にセンスが見られました。そのことを褒めると喜び、「編集過程の映像を見てください！」という姿は、自信に満ち溢れていました。

（4）作品にみられる生徒の学び

　非常に重いテーマですが、チーム一丸で果敢に取り組みました。在日ビルマロヒンギャ協会も、生徒から取材を受けることに対して協力的で、ロヒンギャの写真を生徒たちにみせながら、故郷を熱く語る姿が印象的でした。また、キーパーソンとして登場させた息子と父アウンティンさんとの関係、息子と取材者との関係が興味深い。難民として日本に渡った父の視点と、幼いころから日本で過ごし成長してきた息子が祖国に対して抱く感情には温度差があるように見えます。映像からは息子のアイデンティティはもうロヒンギャには無いように見えました。ドキュメンタリーでは、そのことに突っ込んではなく、祖国を憂う親子という形で「綺麗に」まとめようとしている形跡があります。そこはもっと正直にドキュメンタリストとしての視点をぶつけてほしかったのですが、高校 1 年生の作品としては立派でした。報道番組の中で放送されても遜色ない出来の作品となりました。

　この作品は、読売新聞の教育面（2020 年 5 月 9 日朝刊、15 面）でも取り上げられました。［36］

［『Home Town Massacre』のペルソナシート］

　以下は『Hometown Massacre』制作班の生徒達が書いたペルソナシートです。ペルソナシートとは、デザイン思考でつかわれるユーザーインタビューで得た情報を統合して作り上げた架空の人物（ペルソナ）についてのプロフィールをまとめたシートですが、このデザイン思考の方法論を取り入れました。

【WHO / Community】
1. アウンティンさん
2. 上智大学教授
3. モスクの人たち

【What / Object】

1. アウンティンさんの普段の様子を撮る。

アウンティンさんがどんなビジョン、信念を持って活動されているのか、インタビュー形式のみではなく彼の活動や自宅等のプライベートの過ごし方なども追いたい。

2. また、ロヒンギャについても触れるべきであると考える。

この問題が深く浸透していない日本において、鑑賞する人はロヒンギャ問題について理解していない人も多いので、この問題の概要を説明するシーンも必要になる。現段階では当事者のインタビューシーンしかない。

【Where / Context / Situation】

Where: 在日ビルマロヒンギャ協会の事務所

Context: 内容未定

Situation: 内容未定

Where: 上智大学

Context: インタビュー

Situation: 教授の研究室でインタビュー撮影

Where: マスジド・サラマト

Context: 宗教 / ムスリムの生活、習慣

Situation: 礼拝、食事など

【WHY / PROBLEM / GOAL / VISION】

WHY/GOAL

ミャンマーと親睦があり、特定の宗教を信仰することに対して理解が低い日本に住む高校生並びに大人達に、今苦しんでいる人たちや、その問題に対して熱く取り組む人が近くにいること、空の向こう側の問題だからと国際情勢について他人事になってはいけないということを、メディアを頼ることのできない現在だからこそ、私たちなりに映像で伝えていきたい。

PROBLEM

1. 彼の講演などの活動を取材する予定が合う見込みがない。現在インタビューシーンばかりなので、これ以上アウンティンさんのインタビューを撮るとなると選別が難しい。インタビューシーンばかりにならないようにしていきたい。

2. ロヒンギャ問題の映像がない現在、私たちが実際にミャンマーやバングラ
デシュに行くのも難しいので、以前講演会で名刺をいただいたジャーナリス
トの方々に協力してもらう。

VISION
ただインタビューをするという内容にならないように、なかなか見て知るこ
とのできないムスリムの人々の生活や、私たちの住む環境からは想像できな
いような経験をした人にも焦点を当てて取材し、シリアスな問題でも見る側
が興味深くなるような内容にしたい。

THEME:
アウンティンさんを中心としたロヒンギャ問題について
GROUP　No.（11）
10th Grade MEMBERs　○○○○、○○○○、○○○○、○○○○
PERSONA（A）－ Name ／ Age ／ Where From ／ Profession
アウンティンさん／ 50 代／ミャンマー出身／在日ビルマロヒンギャ協会 代表

図 4.6　PERSONA（A）

アウンティンさん
／50代／ミャンマー出身
／在日ビルマ・ロヒンギャ協会 代表

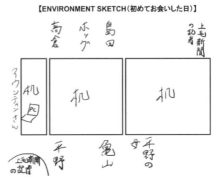

1. 館林市にある、在日ビルマロヒンギャ協会の部屋にてロヒンギャ問題
に ついて熱く説明するアウンティンさんとその話を聞くメンバー全員
2. その様子を撮影する上毛新聞の方。
3. 元からアウンティンさんの知り合いで送迎もしてくれた平野のお母さん

【Process Building Relationship with The Persona】
リーダーの○○君がアウンティンさんに取材のアポをとった。元より記事などメディアの取材を受けていたことから、私たちはアウンティンさんのことを調べることは容易だった。

【PERSONA DESCRIPTION（5W1H）＋ Your Impression & Discovery】

［印象・気付き］
優しく人思いな人。初対面の時からロヒンギャ問題について丁寧に話してくれた。現在多くの人が難民キャンプで暮らしていて、多くの子ども達が教育を受けたくても受けられず、人身売買されるリスクも孕んでいる環境で暮らしていることについて、涙を流しながら私たちに説明してくれたのが興味深かった。
⇒ 慈悲深く、思いやりのある人。（アウンティンさんの知り合いの）上智大学の教授もおっしゃっていたが、アウンティンさんはとても温厚な人で、ロヒンギャ族として政府のトップを責めたい立場にいるのだろうが、相手の立場も察した上で私達に双方の視点で説明をしてくれた。
自身が難民であり母親に10年以上会えていないが、日本に籍を持っており、母国愛を忘れずに日本人として働き、家庭を築いている。自費で難民キャンプに学校を建設した。現在、講演活動もおこなっている。
⇒ 日本へのリスペクトもありながら、少しでも母国の環境をよくしようと懸命に努力なさっていて情熱深い人。
撮影も快諾してくれた。彼を通してジャーナリストをしている人や大学教授とも話すことができた。
モスクに行った際も取材を勧めてくれたり、丁寧に案内とイスラム教の文化についての説明をしてくれた。
⇒ 高校生の私たちにも、取材する人間として対等に接してくれた。この問題をしっかり伝えたいと思う私たちの願いを汲み取ってくれたのだと思うが何より、彼自身もこの問題をより社会に広めようと熱心だった。

　生徒のペルソナシートの記述からわかることは、生徒は取材環境をしっかりと記録し、対象となる人物について取材撮影をしながら洞察力をもって観察できている点です。同時に生徒と対象者の間には、撮影する側、される側

以上の関係性が感じとれる、あるいは関係性を生み出そうとしていることがみえます。ドキュメンタリーは科学の実験観察ではありません。人間が人間と向き合う一つのアクションの形態です。人として対象者とどう接するかも含めてドキュメンタリーの行為なのです。

[『Home Town Massacre』のプロセス記述]
　続けて、このチームの生徒1名を例にプロセス記述を紹介します。後期の各チームによるドキュメンタリー映画制作のメインプロジェクトが始まった9月から2月末までの記録です。

2019年度グローブ　プロセス記述

10学年　○組　○番　氏名　○○○○
（11）班　作品タイトル：『Home Town Massacre』

　9月から2月現在までの班内での「自分自身」の活動報告を、各月ごとに詳しく記述しなさい。（感想は書かなくてよい。活動内容が詳細にわかる記述を評価する）。

【9月】
ロヒンギャをテーマにすることが決定。ロヒンギャのことを何も知らないのでひたすら調べ、アウンティンさんについても調べた。はじめは自分がやりたいトピックではなく、正直やりたくなかった。機材なども準備し、本格的に始まった。

【10月】
調べていくうちにロヒンギャの迫害の問題がどのようなものなのかが分かり、興味がわいてきた。しかし、グループ内でのコミュニケーションが全く取れておらず、グループで起こっていることがいまいちわからなかった。ピッチシートを書いていくうちに、だんだんとわかってきた。

【11月】
テーマ決定、アウンティンさんとのアポがとれそうな状況になった。この時期になると、やることが分かってきた。11月は米国修学旅行や中間試験など多忙であまり進まなかったが、なんとなくチーム内で打ち解けていく雰囲気があった。また、アウンティンさんとの打ち合わせの日程を決められた。

【12月】
12月から本格的に取材スタート

12月12日
12月12日ようやくアウンティンさんと、チーム全員での対面ができた。館林（茂林寺前駅近く）にある、在日ビルマロヒンギャ協会で集合し、お話を聞き、今後の具体的なスケジュールを決めた。上毛新聞の記者である高木さんもいらっしゃった。12日のお話で、アウンティンさんは「ロヒンギャ問題がロヒンギャ族だけでなくほかの少数民族にも関わる問題だ。子供達が安心して学校に通い、人間としての生活を送って欲しい。」と涙を浮かべて難民キャンプで経験した話をしたので、私も泣きそうになった。最初に会ったその日から、この映画を作ることにおける強い使命感を抱くようになった。私はきちんと、この問題を私たちが作る映画を通して届けたいと思った。簡単に連絡が取れるよう、アウンティンさんは私たちのつくった Globe 用の LINE グループに入ってくれた。

12月14日
早稲田大にて講演に参加、根本教授に取材。私一人でいき、せっかく撮ったのに音をつけ忘れてしまった。酷く自己嫌悪に陥ったが、それでもメンバーが優しくて救われた。

12月22日
館林市にあるモスクを取材。
館林市にあるモスクに〇〇さん、〇〇さん、〇〇君と行った。そこで、アウンティンさん以外のロヒンギャやイスラム教の方とお会いした。どういう生活を送っているのかを撮影させて貰った。日本の学校に通う子供達とも話す事ができ、私たちとあまり変わりのない生活を送っているようにみえた。だが、中には家族と連絡が取れない人や、生活が苦しい人、母国に戻りたくても戻れない人もいた。そのモスクでは女性の行動範囲が狭かったので、撮影はほぼ男子に任せっきりだった。夜だったので、夕飯をモスクの皆さんと一緒にいただいた。羊肉とパクチーのはいったハラルフードのカレーのような食べ物は美味しかったが、辛すぎて〇〇さんと〇〇君はあまり食べられなかった。私はできればもう一度食べてみたい。

【1月】
1月11日
上智大にて根本教授を再取材。メールにて再度撮り直させてくれないかとお願いしたところ、快諾してくださったので年明けに、〇〇さん、〇〇さん、〇〇さんと会ってきた。朝から晩まで取材をおこなって疲れたが良い映像が撮れた。カメラや構成の企画をやった。アウンティンさんをよく知る上智大学

の教授はアウンティンさんを尊敬していて、人柄や活動をお話しくださった。帰り際にはロヒンギャ問題に関する教授自身の著書や、他の大学教授と書いた論文を頂いた。撮影後、東京ドームシティでお昼を食べ、少し遊んだ。遊んでいる時も、映画の話や教授のお話を思い返したり、楽しくも有意義な時間を過ごせたと思う。そして何より、このチームでよかったなと思えた。

1月23日
アウンティンさんの仕事風景と、国際司法裁判（ICJ）の発表の取材＋構成を練った。チーム全員アウンティンさんを一日密着撮影した。アウンティンさんが仕事をしている姿、アウンティンさんが祈りの時間に祈っている映像、アウンティンさんが国際司法裁判について調べているシーン、国際司法裁判を聞いているシーンなどを撮った。アウンティンさんは本当に優しい方で、私たちによくしてくれた。仕事、活動、ご家族など、アウンティンさんの様々な面を知れた。アウンティンさんの仕事場そして自宅にも行った。そこで、空き時間などに構成、タイトルの話し合いをしたが、〇〇さんと〇〇さんの意見が対立してしまい少し空気が悪くなったりもした。

1月24日
在日ビルマロヒンギャ協会の取材。

1月24日、ICJの仮処分が決まった翌日、チームメンバー全員で急遽取材に行った。アウンティンさんをはじめ、他のロヒンギャの方の記者会見に立ち会えた。ここで撮影をひとまず終える。
国際司法裁判の結果についての会見、そしてアウンティンさんへの個人的なインタビュー。この日はロヒンギャの人たちの訴えを撮った。国際司法裁判によって今の状況はましになったが、まだひどい状況であると強く語っているシーンを撮った。

〜ここから編集作業〜

【2月】
2月26日、映画データ提出。引き続き、ナレーションの英訳など。完成したのでチェック。字幕などに問題があったため、フォントの種類を確認し、見やすい文字を探す。字幕の書体を探す工程で好き嫌いや意見の言い合いになった。そして映画の構成に関しての意見の言い合い。人によって映画の捉え方が違ったため、喧嘩になったが私が折れることにより解決。折れることも大事だとは思うがお互いに意見を尊重し合うことも学んだ。2月26日に、最終確認が終わり、ようやく提出することができた。全体を通して、LINEグループでのやりとりも頻繁にあり、意見が対立しても、うまくコミュニケーションがとれているチームだと感じた。

　プロセス記述は活動の振り返りとしても、その後の編集の制作フェーズの時系列記録の資料としても有効です。また教師にとっては、生徒の活動記録の把握として、重要なポートフォリオ評価の資料となりました。

[**年度末アンケート**]

　次に生徒による年度末アンケートを紹介します。生徒がどのような学びを感じたのか、『Home Town Massacre』班の生徒 1 名を例にみてみたいと思います。

<<アンケートに答えてください>>

「1 年間のドキュメンタリー映画制作活動を通しての取り組み前と後ではどう変わりましたか？」
● (2)、(3)、(5) については、評価の理由の記述も書いてください
● 5 段階評価：
<5 非常に成長した／4 成長した／3 どちらかといえば成長した／2 わからない／1 変わらない>

※これは自己評価ではないので、数字が低くても成績には関係ありませんので正直に書いてください。

(1)【交渉力／取材力】

(「話す力」－直接交渉・電話；メール・手紙／「聞く力」－聞きだす能力；調査する能力)
<非常に成長した 5～変わらない 1＞＝（あなたの答え「3」）

(2)【問題意識】
(「世の中・社会に関する意識」－知的関心、社会的視野が広がった)

<非常に成長した 5～変わらない 1＞＝（あなたの答え「5」）

【上記の理由記述（75 字以上）】
　この質問については、メンバー全員が 5 と答えるであろう。言葉こそ交わさな

かったが、取材初日アウンティンさんが学校に行けず人身売買されるリスクのある環境に生きている難民キャンプの子供たちについて話す時泣いていたのを見て、メンバー全員が心を動かされたであろう。今まで気にも留めなかったこの問題を心から解決したい。そのために私たちができること（良い映画を作る）をしたい、と思ったであろう。

　私は、今まで戦争映画を見ても、『24時間テレビ』を見ても、『ザ・ノンフィクション』を見ても感じられなかった衝撃を二ヶ月経った今でも鮮明に覚えている。

(3)【チームワーク・協力態度】
（「コミュニケーション力1」−積極的に議論に参加し・意見を出す等）

＜非常に成長した5〜変わらない1＞＝（あなたの答え「4」）

【上記の理由記述(75字以上)】
　協力に対する態度は自信を持って、5をつけられる。みんなは行かなかった取材があるが、私は全部行き、編集も一人でした。だからって私が一番と言い張りたいわけではなく、誰がどう見ても協力的だった。しかし、メンバーとエンディングについて話し合っている際、メンバーの一人が傷つくような意見の否定の仕方をしてしまった。そのためグループ内を不穏な雰囲気にしてしまったことがあり、反省している。そのため4とつけた。

(4)【問題解決力】
（「コミュニケーション力2」−作品的にも、チーム内問題としても）

＜非常に成長した5〜変わらない1＞＝（あなたの答え「4」）

(5)【発想力・創造性】
（「クリエイティビティ1」−制作過程や素材から「真」のテーマに気づく力）

＜非常に成長した5〜変わらない1＞＝（あなたの答え「3」）

【上記の理由記述（75字以上）】
　自分は大体の構成、編集のビジョンを予め築けていた。そう言った面では発想力は5と言えるのだが、目標としてあるオリジナリティのある作品を創造できた

かと言えば、自信を持って言えないので3にした。

(6)【課題設定力】
(「クリエイティビティ2」－作品的にも、チームワーク向上の課題としても)

＜非常に成長した5〜変わらない1＞＝（あなたの答え「3」）

(7) 取り組み全体に関して1（映画に限らず、文章表現・プレゼンもふくめ、創造・制作する視点や能力が向上した）

＜非常に成長した5〜変わらない1＞＝（あなたの答え「5」）

(8) 取り組み全体に関して2（映画制作の経験は、自分の成長の役に立った・役に立つだろう）

＜非常にそう思う5〜そう思わない1＞＝（あなたの答え「5」）

(9) 取り組み全体に関して3（成績に「自己評価」を取入れていることは、面白い・大切だ・他教科でも取入れたらいい）

＜非常にそう思う5〜そう思わない1＞＝（あなたの答え「3」）

(10) 取り組み全体に関して4（自分たち自身で班員の成績を部分的につけるのは公正である）

＜非常にそう思う5〜そう思わない1＞＝（あなたの答え「2」）

(11)「失敗から学び、乗り越えて成長したこと」を具体的に書いてください。

（文字数自由）

　取材先が凍えるほど寒かったり、メンバー間でトラブルが発生したり、カメラの音が入っていなかったり、編集の字幕がおかしくなったり、取材先でいただいたカレーが激辛＆パクチー入り＆羊の肉入りでメンバーの一人もこの条件が大丈夫な人間がいなかったり、大変なことがかなり多かった三ヶ月だった。しかしそれでもメンバーの

やる気が消失しなかったのは、アウンティンさんなど、この問題の解決に携わる人の熱意を汲み取る良心がみんなにあったからなのだと思う。それに、みんなで作品を作っていくのが本当に楽しすぎて、11月からあっという間だったように思える。それに編集をやっていた時も、多くの時間や労力を削られたが本当にやりがいがあり、苦ではなかった。失敗があったと言えば、機材のトラブルとメンバーとの軋轢があったことが挙げられるのだが、これらは私の本来の特性が出てきてしまったことにすぎなく、もちろん反省し、相手に誠意を持つこと（関係の修復も頑張った）、言動に気を付けることを学んだがGlobeの映画制作で学んだのはそんな日常的なことではないと思う。「失敗から学んだこと」ではなく「成長したこと」になってしまうが、こう言った世界情勢におけるかなり深刻な問題だからこそ多く感じたのは、情報を見逃さないことの大切さと他人事になることの残酷さだ。今までホロコーストを学びGenocideの残虐さとその歴史が与えてきた影響を散々頭に叩き込まれてきたのにロヒンギャ問題については無頓着、むしろ無知だったのが恥ずかしくなった。根本教授もおっしゃっていたが、他人事にすることは罪深い。アウンティンさんの話を聞いた時から、より情報を取り入れることの大切さ、最大限まで当事者に寄り添う気迫が知見を広げるためにも必要だと感じた。

　この生徒のアンケートを見る限り、自己の成長に大きな自信を感じているようです。リッカート尺度による選択回答形式の設問だけでなく、回答理由の記述からも「自分のどんな行動に対して」「どのくらい」評価を与えているのかがみてとれます。特に記述回答からは、生徒の心的側面の把握もできるかもしれません。こうしたアンケートは単に教師が生徒の活動評価に利用するだけではありません。生徒が自らの活動を振り返ることで学びを定着化させ、何より生徒自身に学ぶ姿勢の自信（あるいは反省）を与えるために行ってきました。同時にアンケートは、映画制作をツールとしたアクティブラーニングを生徒がどう感じているのか、授業に対する評価材料にもなるのです。

4.3.3 Action 3（2019年度）のコンテンツのファインディングス

　Action 3からは、毎授業の最初の10分程度に様々な映画の抜粋を紹介し、映画学的視点で解説する時間としました。ハリウッド映画の価値観だけでは

とらえられない個性豊かな監督たちの作品も含まれています。「映画作品はフルで見せるもの」という思い込みがありましたが、ベルガラがCCAJで実践している「映画のシーンの一部を抜粋してザッピング的に次々と見せる」手法をグローブにも導入しました。ベルガラは、教育用の映画、大人の映画という区別はすべきでなく、子どもの映画体験に大人が制限を設けるべきではないと言い、ゴダールや小津、カサヴェテスといった小中学生には難解と思われる監督の作品も子ども達に見せています。『映画史』制作時のゴダールが、作品中でザッピングを始めたことが、教育プログラムにザッピングを取り入れることにつながったとベルガラ自身が語っているのも興味深い話です。

　これに習い、作品は少々難しいと思われるものも含め、多様な観点からセレクトしました。どれも作家性が強いと言われる監督による作品です。

＜授業中の抜粋や課題で使用した作品の一部＞

○『カールじいさんの空飛ぶ家』(2009)：ピート・ドクター監督

○『戦場のメリークリスマス』(1983)：大島渚監督

○『イヤー・オブ・ザ・ホース』(1997)：ジム・ジャームッシュ監督

○『バラカ』(1992)：ロン・フリック監督

○『11'09"01 セプテンバー11』より短編「フランス編」(2002)：クロード・ルルーシュ監督

○『10ミニッツ・オールダー』より短編『失われた一万年』(2002)：ヴェルナー・ヘルツォーク監督

○『ケス』(1969)：ケン・ローチ監督

○『2001年宇宙の旅』(1968)：スタンリー・キューブリック監督

○『ライオンは今夜死ぬ』(2017)：諏訪敦彦監督

○『2／デュオ』(1997)：諏訪敦彦監督

○『パリ、ジュテーム』より短編『ヴィクトワール広場』(2006)：諏訪敦彦監督

○『パリ、ジュテーム』より短編『セーヌ河岸』(2006)：グリンダル・チャッダー監督

○『ゴッドファーザー』(1972)：フランシス・フォード・コッポラ監督

○『沈黙－サイレンス－』(2016)：マーティン・スコセッシ監督

○『スパイの妻』(2020)：黒沢清監督

○『アカルイミライ』(2003)：黒沢清監督
○『羅生門』(1950)：黒澤明監督
○『七人の侍』(1954)：黒澤明監督
○『蜘蛛巣城』(1957)：黒澤明監督
○『椿三十郎』(1962)：黒澤明監督
○『夢』(1990)：黒澤明監督
○『そして父になる』(2013)：是枝裕和
○『万引き家族』(2018)：是枝裕和

　これらの作品からわかることは、映画は監督によってスタイルが異なるということです。文章に作家の文体があるように、映画にもスタイルがあります。演出の違いや方法論の違いによって生まれるのがスタイルです。つまり演劇のように芝居の付け方の違いや、指揮者のようにテンポ感の違い、画家のように描写のタッチの違いからスタイルが生まれるようにです。映画監督の数だけ独自のスタイルがあるとも言えるでしょう。しかも集団でつくる芸術なので、監督が配役したキャスト、組んだスタッフで多種多様にスタイルが変化するというのも魅力です。いわゆるマニュアルやルールなどでは表すことができない感性に関する部分です。このスタイルの違いに作家性がみられ、制作者の思想や美意識が反映されることを授業で紹介しました。例えば、同じ SF 宇宙映画でも、キューブリックとルーカス、タルコフスキーの描き方は全く異なるのです。

　またこれら名作に加え、反面教師的に指導者である私の自主映画作品も見せました。粗く拙いセミプロレベルの作品からは、技術的にも表現的にも何が改善すべき点か、はっきりわかります。未成熟な作品を見せることも、生徒にとっては多くの発見があることがわかりました。

4.3.4　Action 3（2019 年度）のコンポーネントのファインディングス
ここでは以下のコンポーネントに絞って述べたいと思います。

1. 映画美学のアプローチ
2. デザイン思考のアプローチ

3. 客観的評価のリ・デザインの取り組み

［映画美学のアプローチの効果］

　Action 3 では映画美学の視点、映画的表現の視点を取り入れることを課題としました。映画美学に注目したことには 3 つの理由があります。一つは「映像」教育ではなく、「映画」教育というこだわりにあります。モーションピクチャーとしての原理は同じですが、映画は映画としての独自性を持つと信じています。映画教育であれば、映像教育と言い換えられない要素があるはずです。

　二つ目の理由は、美術教育で影響力をもつ Discipline-Based Art Education（以下、DBAE）の取り組みを映画教育の中でも応用できると考えたからです。DBAE は、ゲティ・センターが中心となって研究を進め、アイスナーがその理論化に努めた美術教育のプロジェクトです。「美学・美術批評・美術史・制作」という 4 つの分野の方法論を美術教育に取り入れ、学校教育の中で美術を学問領域として高めました。この 4 つの分野で言えば、グローブでは、すでに映画批評、制作を行っています。映画史については授業時間の都合上、名作の抜粋をザッピング視聴で触れるのみですが、「美学」は映画のアイデンティティーを支えるアカデミックな側面として注目しています。

　三つ目の理由は、フランスを中心とした映画学に大きな影響をうけた監督の中から、黒沢清、諏訪監督らが輩出されたことです。彼らが、日本映画界の中で商業に寄らず独特の立場をとりながら、特にヨーロッパで評価を得る中で国際的な監督として頭角を現してきたことは、映画学の文脈に立つ彼らの個性的なスタイルとは無縁ではないでしょう。グローブのカリキュラムデザインにおいて諏訪監督から助言をうけ、その中で間接的に映画学の視点を教育に反映してきたことは、映画教育実践の一つの事例として注目に値するのではないでしょうか。

　　映画が私たちに語ろうとしている内容をどのように語っているかを知ることは、映
　　画が語ろうとしている事柄をよりよく理解するためのひとつの手段なのである。

（バザン 2015：上巻 116）

　様式や理論より、主題・内容が「その作家によって」どのように語られているかを知ることは、子どもの映画教育の上でも大事なことであると考えます。映画作家達が、それぞれ独自の手法で、何をどう語ろうとしているのか、生徒たちには作品の中から発見させたいと思います。なぜなら多くの場合、作家独自のスタイルは言葉に変換できない何かだからです。

　映画のザッピング視聴の時に生徒に注目させたことは、「関係性」「メタファー」「意味の変換」「イメージの転換」により意味が生成されたり、ストーリーが生み出され、そしてその表現方法は作家によって異なる、ということです。そうした映画学で語られる映画の見方の解説には、感心して深く頷く生徒もたくさんいます。例えば『2001 年宇宙の旅』の冒頭シーンの解説では以下のように話しました。

仲間を殺した猿人が空に向かって投げる「骨」が、一瞬で宇宙空間に浮かぶ「白い宇宙船」に「転換」する場面は、映画史の中で語り継がれる見事な「マッチカット」[a]です。しかしこのシーンが、単なるマッチカット以上の哲学的視覚インパクトを与えるのは、カットの変化の瞬間に数百万年の時間が 0.1 秒に「圧縮された」という映像による時間表現でもあるからです。同時に、仲間の猿人を骨で殴り殺すことによって、「道具の使用」に気づいたシーンは、おそらく人類史上初めての殺人事件という示唆であり、人間の進化は暴力によってなされてきたということを衝撃的なイメージで表しています。直後に続く宇宙船に転換するカットからは、単に「骨が宇宙船」に変わった、だけでなく、猿人から未来文明の進化の過程でどれほどの暴力が行われてきたか、0.1 秒で何百万年の人類の争いの歴史を想起させないではいられません。特に科学技術戦争化した米ソ冷戦下の中で作られたことを考えるとキューブリックの意図は確信犯的と言えるでしょう。

a 本来は時間も場所も異なる連続していない 2 つの場面を、共通の動作や被写体の類似性で繋ぐ編集技法。

　毎回、授業の最初は、抜粋を上映し、上記のような映画学の視点に立った解説を行ってきました。また付録の生徒の批評文からも、高校生もこうした

映画的思考で映画を捉えることは可能であることがわかります（付録『映画批評シート』参照）。

［デザイン思考のアプローチ］

　次にデザイン思考的方法論の採用についてです。慶應大学大学院メディアデザイン研究科でのデザイン思考の学びの際、奥出直人教授に「デザイン思考のプロセスはドキュメンタリー映画制作のプロセスに似ているが、関係はあるのですか？」と聞いたことがあります。その際「ドキュメンタリーはデザイン思考だ」と言われたことが強い記憶として残っています。（2019 年 6 月慶應大学日吉キャンパス）

　ペルソナとステークホルダーに関する方法論は、映画におけるキャラクターやその相関図にも当てはめられ、確かに映画的な要素があります。サイクルを回す、という考え方も、常に取材と編集を繰り返し、新たな視点をみつけて発展させていくドキュメンタリーの制作と同じです。所謂「厚い記述」は、長期間の取材・撮影に当たるでしょう。またドキュメンタリーでも制作中に当然記述も行います。プロトタイプの提示はゼロ号試写[6]でしょうか。商品プロダクトか、映画作品か、という最終的なゴールの違いや、ビジネスに寄るか、芸術に寄るかの違いはありますが、プロセスのあり方はかなり近いと言えそうです。映画界の中で、デザイン思考という言葉で語られることは一般的ではありませんが、特に教育に取り入れる時に、デザイン思考の方法論で語ることは、学校文化の中では理解が得やすいと思います。こうして、Action 3 のドキュメンタリー映画制作の実践の中で、方法論的な柱ができました。

［客観的評価のリ・デザインの取り組み］

　次に、評価について述べます。Action 3 では、記述ポートフォリオを充実させることを評価改善のテーマとしました。記述提出物を増やすと共に、デザイン思考を意識したペルソナ・シートなどの記述提出物を加えました。記

6　制作スタッフが確認のために見る最初のプリントの試写の事を言い、これをもとに細かい処理をする。

述ポートフォリオとして評価の対象としたものは以下になります。

<個人提出>
・授業で学んだこと・気づいたことのレポート（思考の言語化）
・オリジナル映画のプロット（イマジネーション／ストーリーテリングのスキル）
・視聴映画作品の批評レビュー（映画美学の分析）
・諏訪監督講演文の感想文（クリエイティブ思考を鍛える）
・中間発表の振り返り
・プロセス記述シート
・自己評価シート

（＊年度末アンケートも提出させたが成績評価には対象外）

<チームで提出>
・ピッチ・シート（企画力スキル）
・ペルソナ・シート（観察スキル）

　Action 3 の段階では、課題であった個々の生徒のプロセスを評価するポートフォリオを充実させ、映画・映像作品、プレゼンテーションによるパフォーマンス評価に偏らない評価軸の確立を目指しました。こうしたアクティブラーニング型の学びでの評価方法のモデルを西岡加名恵氏のパフォーマンス評価・ポートフォリオ評価（西岡 2016：83）にもとめたことは第 3 章で述べましたが、学習プロセスの記述を中心としたポートフォリオ評価と、制作した作品やその発表を中心としたパフォーマンス評価、という 2 つの評価の軸をもった評価モデルは、ドキュメンタリー映画制作をツールとした授業に十分に応用できました。この評価方法で学習評価を行えたことは、このサイクルで得た成果の一つです。

4.3.5　Action 3（2019 年度）の実践前と実践後

［実践前］
1. 映画学の視点を取り入れると美学的観点の表現が意識されるだろう

2. 制作にデザイン思考的視点を採用すると各プロセスの意識づけが明確
になるだろう

3. パフォーマンス評価とポートフォリオ評価にわけ、ポートフォリオ評
価を充実させる必要があるだろう

4. 映画視聴分析は、プロ作品のみならず、指導者（セミプロ）の作品も効
果的な教材になるだろう

［実践後］

1. 映画学の視点により、表現における美学的観点が十分に意識された

2. 制作にデザイン思考的視点を採用することにより、各プロセスの意識
づけが明確になった

3. ポートフォリオ評価を充実させ、パフォーマンス評価とポートフォ
リオ評価という2つの軸のモデルを応用したことにより、評価方法
が明確になった。また、ポートフォリオ管理ツールとして Google
Classroom は大きな力を発揮した

4. 映画視聴分析における指導者（セミプロ）の作品は粗い部分・弱い部分
が目立つため、プロ作品以上に効果的な教材となった

4.4 | Action 4（2020年度の実践）

4.4.1　Action 4（2020年度）のコンテンツとコンポーネント

Action 4 では、2019年度 Action 3のファインディングスで気づいた改善
点のみならず、コロナ禍に対応した授業のリ・デザインの必要性にも配慮し
て行う実践となりました。Action 3までの実践の積み重ね中に、全く新しい
カリキュラムを盛り込んだ新デザインを模索・実施した2020年度の記録を
記していきます。

表 4.7　Action 4 （2020 年度）の「コンテンツ」

Contents	Action 1 ： 2015 年度	Action 2 ： 2016〜2018	Action 3 ：2019	Action4 ：2020
映画読解 (Input)	ドキュメンタリー視聴	⇨比較や討論の視点の追加	⇨表現の視点	⇨映画批評の記述
映画言語 (Input)	イマジナリーライン、モンタージュ等技術的な講義	⇨技術的な話を減らし制作に時間を割いた	⇨映画美学についての視点に変更	⇨映画美学についてのディスカッション
制作演習 (Out/Input)	・写真編集 ・ミニ映画	⇨演習コンテンツの追加開発 ・写真編集 ・抽象的なテーマのミニ映画 ・クレイアニメなど	⇨演習コンテンツの追加開発	⇨ ZOOM での演習開発 ・Yahoo! JAPAN との共同演習開発 ・リモートでの映像制作演習
ドキュメンタリー制作 (Out/Input)	取材ハンドブック・計画書・ピッチ・交渉・企画書・撮影・編集・上映	⇨完成作品の評価項目の追加開発	⇨デザイン思考的プロセスの採用 ⇨映画美学の視点でのフィードバック	⇨ステイホーム中のセルフ・ドキュメンタリー ⇨県内とリモートによるドキュメンタリー

表 4.8　Action 4 （2020 年度）の「コンポーネント」

Component	Action 1 ： 2015 年度	Action 2 ： 2016〜2018	Action 3 ：2019	Action4 ：2020
指導法	教える・教わるの関係（知識・技術の伝授）	⇨ファシリテーターとして教える	⇨ファシリテーターとしてシェアする ・テーマの設定 ・映画美学の視点 ・デザイン思考のアプローチ	⇨ファシリテーターとして共に学びシェアする ⇨リモート授業用の指導
評価方法	・自己評価 ・課題提出 ・作品提出	⇨完成作品のルーブリック ⇨制作過程の評価の仕方 ⇨チーム内の評価の差別化の課題	⇨ポートフォリオ評価の導入	⇨演習の評価
生徒の関心態度	発見：フリーライダーの問題	⇨フリーライダーの問題に対する指導法開発 発見：学年のカラーの影響	⇨フリーライダーの減少 ⇨状況に応じてコンテンツのカスタムの必要性	⇨フリーライダーは見られなくなった

　Action 4 の最大の特徴は、新型コロナ感染予防による緊急事態宣言とそれにともなう全国的な学校登校自粛の中、IT 環境・技術を駆使したリモートによる授業のデザインにあります。次は、前サイクルのファインディングスから、Action 4 で修正を図りたい点、またコロナ禍において新たに必要性が出た点です。

1.　リモート用の映画制作アクティブラーニングの演習コンテンツの開発

2.　リモート授業でも、アクティブラーニングに適した双方的な指導

3.　理論と制作の構造化による指導デザインによる映画学の理論と生徒の制作活動の一体化

4.4.2　Action 4（2020 年度）の生徒作品の例

　さて、Action 4 ではコロナ禍の草津温泉についての作品を取り上げます。タイトルの後に、生徒が書いた作品紹介文、そして生徒観察の記録を記します。

● 『C'mon! Choina Choina』

一体世界で何人の人が、現在の状況を想像できたでしょう。新型コロナウイルスによって、私たちの生活は大きく「変化」しました。そんな中私たち 5 人は、日本三名泉の一つである「草津温泉」へ足を運び、新型コロナウイルスの影響についてお話を聞くことができました。あたたかいのは温泉だけではないんだよと、草津温泉の魅力が詰まった作品になっていると、私たちは信じています。この作品に協力してくださったすべての皆様への感謝と、一日でも早く元通りの生活になることを願って。

（1）チームはどのような取り組みをおこなったか

　「様々な業種の方々と関わって制作したい」ということで、ドキュメンタリー映画制作を楽しみにしていたチーム。最終的に群馬県内のコロナ禍で一番被害を受けているであろう観光業にターゲットを絞り、生徒達は草津温泉を取材先に決めました。草津温泉観光協会から取材許可が出て企画書を送り、観光協会と温泉街 5 店舗の取材を行い、コロナ禍の草津温泉の取材撮影活動を行いました。タイトルの「チョイナチョイナ」とは、草津温泉湯もみ唄でうたわれる「祈

図 4.7　映画『C'mon! Choina Choina』より

I don't think there is a strange question☺

れば願いが叶う。さあ進もう！」という意味の掛け声です。生徒たちはコロナ
で疲弊する世の中を元気づける作品にしたいと願って活動に励みました。

（2）指導、投げかけの例（その狙い）

　2020 年度の全体のテーマは「変化」です。「コロナ禍により、社会生活の
中で様々な変化が見られるが、テレビ報道で毎日のように見る疲弊する観光
地の様子、『コロナで打撃を受けて困っている』というインタビューが撮れて
も、それ自体は君たちでなくとも、テレビ局がすでに放送しているのであま
り意味がない。君たちと草津温泉の関係性の中で、君たちでしか発見できな
いような視点を見つけよう」と励ましました。一つの視点として、チームメン
バーである今年度 GKA に転校してきたばかりのネパール出身の仲間がいる
ので、「温泉を知らない○○君のはじめての温泉」というのは一つのアプロー
チになる、と助言しました。コロナ禍の観光地の経済状況よりは、この困難
な状況でも発見できた意外な何か、おそらく心的な目に見えない何かに気づ
き、それが何らかの形で映像というフィルターを通して映っているといいの
ではないか、と投げかけました。

（3）どのような反応・変化があったか（発言や行動）

　コロナ禍の草津温泉に取材して、草津温泉の様々な店舗には、それぞれの

思いがあることを学ぶことが出来たとの感想がありました。実際に取材をする内に、ドキュメンタリーは「ある他者」の日常についてだけでなく、「（作家である）自分」についてのことでもある、と気づいたといいます。また事前に決めた流れだけでなく、取材している上で気づいた発見や案を取り入れてみることが良い結果を生むことがわかったようです。取材などをしている途中に「カメラのアングルはこの方がいい」「この質問は面白い回答が返ってきそうだ」など、制作過程で見えてくることも一つの創造性であり独自の発想であると気づいた、と述べていました。メンバー全員が同じ見方をしているわけではないので、自分の視点を大事にしながら、チームでアイデアをシェアすることが大切であるとの気づきもありました。チームで草津までいって取材撮影した事は、コロナ禍で閉塞したこの1年間の学校生活の中で、楽しい体験であったことも、このチームのプロセス記述からうかがえました。

（4）作品にみられる生徒の学び

　作品からは、「自分の目と耳で知った世界」「直接社会と関わって学ぶ楽しさ」が見受けられました。コロナ禍の草津温泉の現状についてのドキュメンタリーですが、同時にネパール出身の○○君の初温泉のドキュメンタリーにもなっている。高校生相手だからかもしれないですが、取材対象者は「ピンチを乗り越えていきたい」等とポジティブに受け答えしており、報道番組で見る観光地の惨状を訴えるドキュメンタリーにならず、ポップな印象もあります。また取材撮影当日に降った雪は彼らの撮影に色を添え、生徒達は、エンディングに雪がふる空に向かってティルトアップ[7]する技法を取り入れているのですが、この技法はカメラをいじる内に体験的にあるいは直感的に自分達で気づいたそうです。ティルトアップなどカメラ操作の技術や方法は、教えなくとも自ら試しながら学んでいることがわかります。表現の幅を広げたいという創作の欲求の高まりが、新しいことに挑戦するクリエイティブな発想を支えていることが作品から読み取れます。ティルトアップしながら空に向かっていく雪景色は、コロ

7　はじめ足元など下方を映しそのままカメラを上に向ける撮影方法。

ナ禍の温泉に「希望は必ずある」とメッセージを送っている様にも見えました。おそらくそのような意味を演出したかったのでしょう。

　取材方法もよく考えられています。事前にカードを数枚用意して、取材者にカードを引いてもらい、カードの裏には取材したい質問が書かれています。この様子もカメラに収められていて、カメラを向けられて緊張している大人が、このカード取材の演出によって笑顔にかわり、和やかな雰囲気で取材が進む。テレビドキュメンタリーであれば、こうした演出は出来ないでしょう。コロナ禍の観光地の取材として、ふざけていると思われる可能性があるからです。しかし若者は許される。そしてドキュメンタリーというものは、作家と対象者の関係性の中で生成されるものなので、彼らと取材対象者の関係性では、今回のこのアイデアは、好意的な行動として受け入れられたのです。それも丸ごと含めて「ドキュメンタリー」と呼びたいと思います。

　前サイクルである Action 3 で導入したデザイン思考の方法論は引き続き Action 4 でも活用しました。Action 4 においてもペルソナシートの記述は、編集前の取材内容の整理となり、取材対象者としての各ペルソナ同士の関係性から新たな発見や真のテーマを見出す助けとなりました。

4.4.3　Action 4 （2020 年度）のコンテンツのファインディングス

［リモートでの演習のファインディングス］

　Action 4 の初の試みであったオンライン授業によるリモートでの演習コンテンツについては、オンラインでもアクティブラーニングが可能なことがわかりました。

　特に ZOOM の画面の共有機能とブレイクアウトルーム機能が大いに役立ちます。もともとグローブではチームに分かれて創作活動をすることが多いのですが、ZOOM ではブレイクアウトルームのツールを使い、画面共有で画像・動画をシェアしながら、オンライン環境においても班活動ができました。

　次が、リモートでの演習です。

1　リモート写真編集エクササイズ（ZOOM 使用）
2　リモート・ドラマ（各家庭でとった映像素材をリモートで編集し、一つの話として完成させる。ZOOM その他使用）
3　STAY HOME セルフ・ドキュメンタリー（登校自粛中の家庭での自分の様子を撮影・編集して作品として提出）

図 4.8　ZOOM のブレイクアウトルームで班活動中の様子

[視聴作品の多様化のファインディングス]

　後期は登校が再開され、マスク着用で授業が始まりました。授業で視聴する映画のザッピングは有名監督作品だけでなく、世界の中高生による映画などレパートリーを増やしました。

　生徒にインタビュー調査した時に、「プロの映画はかけ離れているので、アマチェアの映画の方が参考になる。粗が見え隠れする映画の方が、同じようなところでつまずいているなとよくわかるので、改善のポイントをつかむことができる」という意見がありました。Action 4 では、筆者の作品に加え、積極的に世界の 10 代のアマチュアによる短編作品を授業で上映しました。視聴すると、「大人／子ども」「プロ／アマチュア」という違いより、国や地域での違いが見られます。特に日本映画とハリウッド映画しか見たことがな

い生徒たちには、ヨーロッパや韓国の学生映画が新鮮だったようです。第二章で述べた CCAJ の子どもたちの映画も好評でした。

さて、映画ではないのですが、トランプ大統領（当時）の選挙キャンペーンビデオも授業で扱いました。巧みな編集で「意味」がすり替えられていると問題となったキャンペーンビデオです。問題の内容はロイター通信から引用します。

> ３０秒の選挙広告動画では、トランプ氏を称賛しているという印象を与えるような形で、ファウチ氏の過去の発言が使われている。動画でファウチ氏は「これ以上のことをできる人がいるとは想像できない」と述べている。ただ、ファウチ氏の発言は、ホワイトハウスの新型コロナ対策作業部会も含め、全般的なコロナ対策について話した今年３月のインタビューから引用された内容。ファウチ氏は声明で『公職に就いてからの約５０年間、公に選挙の候補者を支持したことはない』とし、数カ月前の自身のコメントが文脈を無視して使われたと強調した。
>
> （ロイター通信　2020 年 10 月 12 日）[37]

さて、編集としてはある意味見事でした。意図的に別の意味が生成されています。このビデオを通して、再度「映画制作とはイメージによる『意味の創造』である」ということが、今度はその恐ろしさとして生徒に強烈なインパクトを与えました。

以下、このビデオに関して、「学びの振り返り」アンケートでの生徒の感想です。

> 感覚的にやや納得させてしまう効果もあり、短時間でイメージを植え付けるうえでは効果的であると考えました。この映像の中で『意味の創造』という概念が最も明確にわかる部分はやはりファウチ所長の言葉を都合の良いように別の文脈内に挿入している部分だと感じ、この点に苦言を呈しているということには納得できました。これは単に良いか悪いかの問題ではなく、言語としての映像、という概念で考えた際にはその威力を存分に発揮している映像だったのではないか、と考えることも可能です。（中略）映像の可能性と、映像とどのように向き合うべきか（制作時・鑑賞時の両方）を改めて考える機会となりました。

このビデオから、映画史におけるプロパガンダの歴史にふれて解説できたことは、社会勉強としても、メディアリテラシーとしても有意義でした。こうし

たビデオは一見ドキュメンタリー的に受け取られることがありますが、仮にどんなに事実に基づいても選挙キャンペーンビデオはドキュメンタリーになり得ません。ドキュメンタリーとは「『私』と『世界』の接点から生まれて出てくる世界に対する『私』のまなざし」だからです。皮肉にもトランプ氏のこのビデオから、「ドキュメンタリーはプロパガンダでもなく、PR ビデオでもない」という意味を生徒が具体例をもって理解するきっかけとなったのでした。

［理論と制作の構造化（演習）のファインディングス
―時間の芸術＝「カット割りによるリズムの生成」を例に―］

　Action 3 から引き継ぎ、芸術面として映画学の視点をより深め、映画美学的なディスカッションを作品視聴・映画批評 / 分析の中で多く盛り込んできた Action 4。映画学の理論と生徒の制作活動という「理論と制作の構造化」を図ってきました。

　例として、「カット割り」について、黒澤明の『夢』と、ジョージ・ルーカスの『スター・ウォーズ エピソード 1/ ファントム・メナス』の抜粋を授業で比較したことがあるので以下に述べたいと思います。

　２時間前後の映画のシーン数の平均は 100 程度。そのシーンを構成するカット数は、日本映画の平均 500 カット、ヨーロッパ、アジアのアート系の映画ならば 200 カット前後、対してハリウッド映画の平均は 1000 カットと言われています。展開の早いアクション映画ならその倍のカット数もあるでしょう。

　『スター・ウォーズ エピソード 1/ ファントム・メナス』から後半のレースのシーンを抜粋しました。非常にテンポの早いカット割りで構成され、激突する場面などは、1 秒程度の速度で次々とカットが切り替わります。早いカット割りは、緊張感と躍動感を生み出す手法なのです。次に黒澤明の『夢』をセレクトしました。8 話のオムニバスからなる作品ですが、その中の『桃畑』を抜粋して見せました。高校生が普段見るようなテレビドラマとくらべ、ワンカットが長く、丁寧に描写され、厳かな雰囲気を漂わせる作風です。

　視聴後の比較からは、単純な感想だと「『スター・ウォーズ』の方が迫力があって見入った」というものが多かったのですが、当然、カット割りを細かくす

れば、いい映画になる訳ではありません。生徒に「カット割の細かさからは何が生み出されるのか？」と聞きました。生徒は「早いテンポのカット割りは、緊張感が生まれたと思う。それによって引き込まれた。」と答えます。
今度は『夢』が面白い、と手をあげた生徒に聞いてみました。「ゆったりとして独特。このシーンの雰囲気にあっている。」と言います。

　「では、カット割りは何を生み出す構成要素となっているのか？」という問いを投げかけました。生徒からは、「テンポ」「雰囲気」「作風」といった声があがります。生徒は、ルーカスと黒澤の映画の比較から、カット割りによって、シーンの「リズムとスタイル」が生まれることを理解したのです。

　そして「リズム」という言葉から、生徒たちは「時間の芸術」には「リズム」という概念がある、ということに気づきました。リズムは音楽だけのものではありません。ダンスも演劇も映画もリズムがあります。なぜならどれも「時間をどういうテンポで扱うか」という表現形式であり、それらはリズムを生むのです。映画の場合、映像的なリズムです。クラスでの議論を通して、「映画とは、時間の芸術である」という定義ができそうだ、と生徒とともに話し合えたことは楽しいひと時でした。

　いくつかの映像メディア系の映像ワークショップを見学しましたが、カット割りによるモンタージュを強調する傾向があるようです。エイゼンシュテインのモンタージュ理論の再現が映像制作そのものである、と主張しているように受け取られるものもありました。その傾向は「絵コンテ」至上主義的な傾向として表れ、撮影はもはや絵コンテの再現にしか過ぎないようなワークショップも実に多くみられます。

　映画史的にはモンタージュによる映像表現の追求はサイレント映画で頂点に達しましたが、トーキーの登場とともに表現主義的な手法は下火になり、オーソン・ウェルズの『市民ケーン』（1941）の「パンフォーカス」[8] と「ワンシーン・ワンカット」[9] によって、モンタージュにとらわれない新たな映画表現に向かうことが決定的となったという歴史があります。その後ネオレアリズモによって、意図的であると同時に意味の押し付けになりがちなモンタージュの技法は批判されるようになりました。これら「映画」的な視点はメディ

アリテラシーでなく美学的な視点をもった映画理論で語られる内容なのかもしれませんが、メディア教育の中ではあまり語られていません。やはり映像メディアというと日本では「テレビ」に寄ってしまうのでしょうか。

　対して、諏訪、是枝監督らのワークショップでは、単にモンタージュ理論を実践して証明する、何かの映像原理的な技術を伝授する、というものではなく、映画制作を通しての自己探究の意味合いが強く、同時に映画学的、哲学的な視点に裏付けられています。このことからも映像メディア系専門家と映画監督が映像教育に求める視点の違いを感じます。グローブでは、映画監督の視点をもった探究的アクティブラーニングを目指しています。

　さて、生徒には以下のように話しました。

> このようにカット割りと言っても、映画表現は多様であり、受け取り方も様々。君たちも制作をとおして、自分達らしいスタイルを作り上げてほしい。あるいは自然と出て来るかもしれない。それが作家としての個性であり、それを支えるのは君たちのアイデンティティであるはず。つまり作品は、「自分は何者か？」という問いに対する言語化できない作家の答えだと思う。

　難解のようですが、生徒からは反応がありました。授業アンケートにも「映画は単に技術だけではなくて、哲学的な視点が必要だと思った。哲学的な話は毎回面白い。」とありました。単にあるテクニックを実行し、その効果を図るよりも、そのテクニックに内在する表現に関わる本質をクラスで話し合うとき、生徒はより学習の意味を見出すのではないでしょうか。高校生なら十分に深い視点で議論をすることができます。

8　映画・写真などで、画面の中の前景から後景まで全部に焦点を合わせる撮影技法。ディープフォーカスともいう。

9　一つのシーンが一つのカットのみで構成すること。『ストレンジャー・ザン・パラダイス』（ジム・ジャームッシュ監督、1984）などこの手法が生かされた映画は多い。第92回アカデミー賞撮影賞・視覚効果賞・録音賞を獲得した『1917 命をかけた伝令』（サム・メンデス監督、2019）は全編ワンカットに見えるように編集され話題となった。

4.4.4 Action 4（2020 年度）のコンポーネントのファインディングス

[映画とは主張を伝えるメディア？]

> 作品にはどれも「メッセージ」や「伝えたいこと」が込められていると思いますが、それらをどう上手く伝えられるかを考えるのが大変でしたし、これからの課題にもなっていくと思いました。

　このコメントは意欲ある生徒の発言として好意的に受け取れます。頑張る生徒の言葉です。しかし同時に「映画とは主張を伝えるメディア」なのでしょうか？「作品におけるメッセージ／伝えたいこと」について考えてみたいと思います。映画だけでなく、小説、演劇、絵画など、よくインタビューで作家に対して、「この作品のメッセージは何ですか？」という場面はよく目にします。2 章の米国での映画教育でも取り上げましたが、米国では主張が明瞭であることは作品の優劣を左右する大きな視点です。何も米国、映画に限らず、日本でも「何を伝えたいのか？」「伝えたいことを明確にしなさい」などは学校教育のあらゆる場面で言われていることでしょう。国語の感想文からディベートまで、子ども達はこの「何を伝えたいのか？」ということを小学生の時から常に問われています。

　しかし多くの監督や小説家がこの言葉に違和感を持つことも事実です。諏訪監督は「映画は伝えたいことを伝えるためのメディアではない」と言い、黒沢清監督は「人間は日常的に何か伝えたいことを心に秘めて生きている訳ではない」と言っています。それは是枝監督も同様の考えです。

> 曖昧にしてるつもりはないんだけど、何か強烈なメッセージを届けるために映画を撮っているかといわれたらそうでもない。映画に何を求めるかって言う話ですよね。やっぱりみなさんは人生の教訓を求めますかね？（是枝ら 2018：216）[38]

　むしろ制作の中で内的に外的に探究を深め、その中で何か新たな気づきや

新しい価値観を獲得していく。むしろ、よくわからないから、ストーリーという形式をとって探究的に制作を行い、その中で生まれるものが作品なのではないでしょうか。

　「伝えたいこと」の有無は芸術教育においてさえも重要視される視点であり、学術論文の指導観が芸術においてもそのまま適用されているのかもしれません。映画教育ならば欧米の映画制作テキストのルーブリックに「伝えたい主張は明確であるか？」と記されているものがほとんどであり、国際バカロレア「映画」においても同様です。学問領域と芸術領域は相反するのでしょうか。これは教育の中で映画を考える上で重要な課題になると思います。教育にとって映画とは何か。映画にとっても教育とは何か。カリキュラム・デザインをする立場として、自問する課題です。

［生徒の発見から共に学ぶ指導］

　主体的な活動を目指して座学を減らしてきたグローブですが、6年間の実践から、主体的な活動を促す座学であればむしろ効果が高いことがわかってきました。Action 2までは後期の授業を2時間制作の時間（撮影以外の部分）として当ててきましたが、交渉が難航し取材撮影出来ていない班にとっては、次の交渉先を探す以外、「何をやっていいかわからない」時間となってしまう。その結果、チーム内に制作に飽きてしまう生徒が出て、そのままフリーライダー化してしまうことがありました。しかし座学のあり方を変えることによって、制作意欲は高まりました。その座学を支える柱が映像のザッピング視聴と、授業内の議論と意見・感想のフィードバック。そして映画学の視点に立った指導者の映画芸術の見方です。

　方法の一つの例は、ある技術について、長々とその効果についての説明や「こうするとこういう効果が出る」という演繹的な指導ではなく、「ある技術」について過去の名作の抜粋を視聴させ、「自分はどう感じるのか」を考えさせる。そこを起点に、その感情を生み出させる要因を発見させることです。

　それがその「ある技術」によってもたらされるものであるのなら、その次の指導のフェーズで、その技術を応用した撮影を演習で試させ、「ある技術」

を最大限に活かすにはどんな制作方法（カメラの配置、カット数、モンタージュ、照明など）で行うのか、体験を通して自分たちで考えさせる。このとき教師は過度に教えず、ファシリテーターとして見守り、生徒の発見から教師も共に学ぶ姿勢を持つ。そういう指導方法です。

　演習で制作した映像をクラス全員で視聴し、実際にその「ある技術」はどう生かされたのか感想をシェアします。単に「どういう映像効果が得られたのかの実験」で終わらせず、「ある技術」の効果を超えた意味、敢えてその技術を使用しないという選択の場合の意味、その技術によって「得られるもの」と「失われるもの」を、映像の表面上に現れる外的な側面と、映像に表れない心的・内的な側面から考えられるように発問します。そしてクラスで「ある技術」についての議論を活発化させていくのです。

　アクティブラーニングでもとめられる指導は、「これをするとこうなる」という模範解答の提示ではなく、「これをこうしたことを体験し、今あなたは何に気づいたのか？」という探究の問いかけでしょう。理論と制作の構造化による指導のデザインによって、映画学の理論と生徒の制作活動が一体化していくとき、「生徒は何を発見したのか？」ということに如何に注目できるかが、求められる指導の鍵になるのではないでしょうか。

4.4.5　Action 4（2020 年度）の実践前と実践後

[実践前]
1. リモート用の映画制作アクティブラーニングの演習コンテンツの開発は可能だろう
2. リモート授業でも、アクティブラーニングに適した双方的な指導は可能だろう
3. 理論と制作の構造化による指導デザインによって、映画学の理論と生徒の制作活動が一体化していくだろう

［実践後］

1. リモート用の映画制作アクティブラーニングの演習コンテンツを複数開発できた

2. ZOOM のブレイクアウトルームや共有機能は、オンライン上のアクティブラーニングを可能とした

3. 理論と制作の構造化による指導デザインは手応えがあった。だがまだ発展途上である。体系化するには更なる指導実践とケーススタディが必要となるだろう

　コロナ禍の Action 4 の前期は ZOOM を使用したリモート授業でしたが、リモートでもアクティブラーニングの活動を行えたことが最大の驚きでした。映画制作未経験の高校1年生による一切の対面なしでのチームでの協働的な映画制作も、実行前は不可能と思いましたが、やってみると実現可能でした。IT技術の進化のスピードは早い。さらなる機能の開発によって、リモートでの映像・映画制作は技術的にはより容易になるでしょう。

　限定されたリモート環境の制約からは、むしろ「映画とは何か？」の問いが深まっていったことは興味深いことでした。多くの場合において、制限された条件の中で見えなかった本質が現れる。映画も同じでしょう。

　映画学の理論と生徒の制作活動が一体化していけば、より内的に探究が深化するはずです。逆に映像リテラシー的な技術に寄れば外的なスキルが高まるのでしょう。探究的な学びは作家性を、外的な技術スキルは職能としての実践スキルを鍛えられるはずです。どちらに寄るべきか。それは教育の目的の違いにあります。グローブでは外部との交流を通しての内的な探究を目指す。外的な技術スキルの研究はすでにメディア系の専門家が様々な研究を行っていますが、内的に深めるコンピテンシーの方法論はまだ確立されていません。映画をツールとした教育が将来議論される時に、グローブの実践事例が役立つことが出来れば幸いです。

第5章　学びと指導の振り返り

5.1 | 学びのフィードバック

5.1.1　制作経験から発見する学び

　毎年度、グローブでは活動の振り返りとして前期・後期にアンケート調査をしています。ここでは、生徒の学びの振り返りから映画制作の可能性を考えていきたいと思います。

> 「非常に多くのことを『経験』を通して学ぶことができ、とても有意義な授業であったと感じました。（中略）より多くの作品に触れ、さらに多くの視点から映画撮影における『意味』について考えることができました。それぞれに関してグループメンバー全員がコメントを行い、フィードバックを先生方やほかのグループの生徒が行う、という形はお互い（コメントをもらう側＝映像を作った班／コメントをする側＝他の班を視聴する側）にとって有益だと感じました。」
>
> （2020 年度生徒の記述／「発想力・創造性」の設問に対して）

　学んだことを体験し、また振り返りによって自分の制作を理論的に考える。そのことが生徒にもしっかりと伝わったことが窺える記述です。上記の生徒のコメントは、記号論の文脈で「映画とは意味の創造である」とディスカッションした時のことを、制作を通して実感したのでしょう。撮影した後に次の授業で上映・講評する中で、理論と制作の構造的学びにより、映画的創造性の気づきがあったことが生徒の記述から確認できます。

　このように演繹的に理論を教えてそれを実証するのではなく、生徒が活動する中で経験的に自ら発見した瞬間に立ち会って来ました。実際、説明しな

くても、撮影理論を知っていたかのような映像作品をつくることは珍しいことではないのです。なぜ、この撮影の仕方／フレームの切り取り方／つなぎ方に気づいたのか？と聞いてみると、「いろいろやってみてこれが一番自然でしっくりきた」「改めて映画を見てみると、『ああ、こういう時はこうするのか』ということがたくさんあった」など自分たちで発見しているのです。なるほど、現代においては、生まれた時から、テレビ、ネット動画を通して、日々メディアに触れているのです。ある意味すでに映像リテラシーで語られる内容は日常生活の中で染み付いているのかもしれません。そのため自分たちで撮ると、「変だな、テレビのようにならない」となり、そこから「あのドラマではどうやって撮っていたのか？」という形で自分たちの撮影の仕方を主体的に研究しはじめます。そして各自が経験を通して発見した学びを発表して共有し合う、ということが大きな効果を生みました。教師が模範や答えを示すのではなく、全体に対して生徒達が語り、また他班からフィードバックを受ける中でお互いを高め合うのです。完成したシーンを褒めると、自分達で探しあてた解決方法に、誇らしげな表情を向けます。

　そこには「与えられた理論や教えられた方法を使用できた」以上の、「僕たちで発見した！自分の力で気づいた！」という喜びが感じられます。それは、私自身が映画を学んでいたときに体験した感動と重なります。初期の作品制作過程において、緊張感を高めるシーンの編集で、『ゴッドファーザー』[1] の洗礼式と暗殺のカットが交互に入るシーンを思い出したことがあります。「教会・神聖な儀式」と「マフィア・暴力的復讐」というという対比。主人公マイケル・コルレオーネの二面性が見事な映像レトリックとして描かれる名シーンです。当時は用語も知りませんでしたが、このシーンから着想を得て、知らず識らず「クロスカッティング」[2] の編集技術を自分の作品で採用したことを思い出します。

　また私がそうであったように、制作体験は映画の見方を深めたようです。以下

1　フランシス・フォード・コッポラ『ゴッドファーザー』1972 年。
2　異なる場所で同時に起きている 2 つ以上のシーンを、それぞれのショットを交互に繋ぐことにより、臨場感や緊張感などの演出効果をもたらす手法。

の記述からは、鑑賞課題とした黒沢清監督作品からクリエイティブな刺激を受け、それがまた自らの制作にインスピレーションを与えていることが窺えます。

> 「今まで見たことがなかったジャンルの黒沢清監督のアカルイミライをみて映画はアートなんだ、と本当に感じて驚きと感動があった。（中略）映画は「映像」という形のアート表現であるという概念を持つことができて、カットのタイミングや画角・構成をみてその作品の特徴やメッセージ・魅力をたくさんの面で感じることができた。（中略）そのため実際に自分らの映画制作でも感覚だけで撮っていた私もここから撮ればこういう印象を与えることができるんだ、と考えられるようになった。これは私にとって映画制作をする立場にならないとわからないことだったと思うから、成長の度合いはすごく大きいと思う。」
>
> 　　　　　　　　　　（2020 年度生徒の記述／「発想力・創造性」の設問に対して）

　こうして生徒たちは制作体験を軸に自ら学びを獲得していきます。そしてその学びは自己の発見に向かっていきます。制作が深まる中で、映画は独自の視点（個性）が生かされる媒体（メディウム）であることに生徒は気づいていくのです。

5.1.2　「私」の視点

　制作の過程で、生徒の個性・作家性は育まれたのでしょうか？「私の視点」という創作の核の部分に絞って、もう少し生徒の気づきを紹介したいと思います。

> 「自分が普段どんな事に目をむけているのかを自分が撮影した動画を見てわかりました。カメラでとっている時に無意識で追ってたり、一瞬フレームにはいったのに除外しようとしているものが、私が世の中をどう見ているのか、とリンクしました。何気ない動作でも撮った理由があるはずです。」
>
> 　　　　　　　　　　　　　　（2016 年度生徒の記述／「撮影」の設問に対して）

　この生徒のアンケートコメントからは、「カメラを通して見る」行為、つまり撮影が、如何に自己と世界の関係性を意識させる行為であるかがわかります。撮影に関して小栗監督は以下のように述べています。

　私たちは見ることで、対象物との距離を測ります。レンズを被写体に向けること

も同じ行為です。見ている者の距離の表現です。（中略）被写体の一つひとつを「存在」としてとらえれば、そこにはどうしても自他の距離が残ります。私たちはその距離の中で、自分と他者とを隔てていることについて、多くを感じ、考えもしているのではないでしょうか。

（小栗 2005：29）

　　　　どう撮るかということはどうみつめるかということです（小栗 2005：51）

　カメラのファインダー越しに世界は二分されます。まなざしをむける主体である作家と、対象者・対象物である客体との表裏の関係です。同時にカメラは「世界」と「私」を結びつける一種の「装置」とも言えるでしょう。その装置を手にした時、主体は「私は何をとらえているのか」と主体自身（自己）の存在に意識を向けるのは、生徒の言葉が証明しています。その自分の存在を意識して、客体をみることが「視点」です。カメラが媒介する限り、映画は常に「私」と「あなた」の距離の間でクリエイションされる芸術です。そのことの気づきが生徒のコメントから読み取れたことは映画教育の上で非常に重要なことだと思いました。

　メディアを使った教育実践は多々ありますが、映画制作を通した主体的で総合的な学習であり、且つ単に映像を情報として教育に活用するというものではない、ということがグローブの特徴です。では、どこにメディア教育としての新しさがあるのでしょうか。それは、メディア情報教育で語られるリテラシーや科学技術的な分析、人間の目の錯覚の原理の解明には収まらない「映像（映画）とは何か？」という美学的な問いを、制作を通して追求するところにあるでしょう。この問いはクリエイションにおける根源的な問いであり、同時に「それを創作するあなたは何者か？」という自己に対する問いでもあるのです。「私」というものは自身にとっては、捉えにくい不確かな存在です。しかし、生徒の振り返りからは、カメラを通して意識的に世界を見ることにより、世界を見る主体としての「私」が自己認識され、「私」という存在と向き合うことができた様子がみられます。映画に限らず芸術はアイデンティティを媒体に焼き付ける行為ともいえるでしょう。自己存在を外部装置

に書き出すことによる自己と世界の発見ではないでしょうか。創作にあたっての自分の視点や個としての成長に関する自己評価も毎年高い結果を得ています。個性の育成は映画制作の活動で行えるのです。毎年、生徒の振り返りコメントには、生徒が社会と接する中で、如何に自分と対象との関係性の中で自分達の視点をもって真のテーマを見つけていったのかが書かれています。クリエイティブな視点からの葛藤と気づきのプロセスは、一種の旅です。

「社会や人、大切に思う事、自分自身についての考えが変わった。これは、今回の私たちのテーマが臓器移植と言う事が大きく関係している。今まで、このトピックに関しては正直興味がなく、全くもって無関係だと思っていた。（中略）だが、その次に実際に本部に行き、（取材する中で）ある大きな事実に気づけた。『今あるもの全てが、普通じゃない』という事。例えば、今、目を開ければ、目の前には景色が広がっていて、綺麗な青空を眺める事ができる。（中略）それが私たちにとって、ただの『当たり前として認識しているだけ』と言う事だった。実際は、この当たり前がいつまで続き、いつどう終わるのかは、誰にも分からない。（中略）結局、人間は、いつ何を失うか分からないという現実だけは平等で、人間はいつでも今持っているもの全てが自分の手の中に存在しているという事が当たり前なのではなく、（いつ何を失うか分からないという）現実に本当は向き合っているという事実が当たり前なのだ。これは、私に生きる日常の中で、様々な事に意識を向けさせ考えさせた。」

（2019年度生徒の記述／「問題意識」の設問に対して）

「何か新しい作品を作る上で、人の心や感情を本気で動かしたいと思うなら、それは本当に簡単なことではないと実感した。今を生きる私が何を考え、人にどういう顔をし、本当は何を思っているのかは私にしかわからないように、人にはそれぞれにしか分からないことや思うこと、大事な意見というものがある。それを、映像に映るたった一瞬の景色や風景、一言で、また誰かの表情で表現するという事は本当に簡単ではないと知った。この授業で、班のメンバーと表現方法を共有している際、何度も何度も考え、誰も見たことのない表現を編み出したと自分では思っても、まだありきたりなものや変にわかりにくい表現ばかりを提案し、それを繰り返し、何度も失敗をした。本当に人を動かせる言葉を持ち、表現のできる人は、何をどう感じているのか、独創性、感受性を知りたくなった。また、グループワークにおいて、一人でどんな名案を提示しても、それが必ずしもベストな正

> 解にならない事を知った。個人として、（もう一方で）チームとして、何かをやる
> というこの二つは、全くもって別物だと知った。」
>
> 　　　　　　（2019 年度生徒の記述／「発想力・創造性」の設問に対して）

　他者と協働して作品を制作する難しさや、失敗や困難を乗り越えた過程が書か
れたコメントからは、社会の見方や新しい視点の発見、他者との関わり方と自己
の模索の様子が窺えるでしょう。全人的な成長を遂げる生徒の姿が見えてきます。

5.1.3　映画美学とデザイン思考

　毎年のカリキュラム修正と共に、生徒の授業に対する評価は年々高くなり
ました。特に 5 年目から映画美学の要素とデザイン思考のアプローチを取り
入れたことは、カリキュラム・デザインに大きな飛躍をもたらしました。映
画美学からは中等教育のメディア教育では扱われる例がほぼない芸術的視点、
クリエイティブな視点、作家性の視点、哲学的な視点に立った指導方法の獲
得を試み、デザイン思考からは、制作のプロセスを感覚だけの曖昧なものに
せず、対象であるペルソナとその関係の中で方法論的に活動を整理させる指
導の知見を得ました。デザイン思考で使われる「ペルソナ・シート」、「プロ
セス記述」としての「厚い記述」によって、学びの振り返りとともに、教師
にとっても生徒の活動が可視化されました。

　実際、映画美学とデザイン思考は、映画の学びに深みを与えただけでなく、
指導する側としても、教育的正当性を得ることになりました。この 2 つによっ
て、教育として「映画」を扱う際に、「映画ごっこ」という軽くみられる受け
取り方と、「総合的な探究の時間」が教育現場で誤って受け取られている「受
験勉強の息抜きの時間」という印象は生徒から消えます。これは教育的裏付
けのある壮大なクリエイションの実践なのだ、いままで経験したことがない
学びのプロジェクトなのだ、と生徒は認識できたのです。

　美術教育における DBAE の理論は、「美学・美術批評・美術史・制作」とい
う 4 つの分野の方法論によって、副教科扱いの美術科を学校教育の中で学問
領域として高めることに貢献したことは前述した通りです。映画においても
こうした学問的な裏付けは、「なぜ学校教育で映画なのか？」という問いに対

して、主張の正当性を担保するでしょう。

　さて、映画美学も、デザイン思考も、クリエイションに深みと知的な刺激を与える大きな要素になることがわかりました。では次に、その「クリエイション」つまり創造性の育成の成果についてみていきましょう。

5.1.4　創造性とは何か？

　芸術活動には創造性が求められますが、まず「創造性とは何か？」という問いに関して整理したいと思います。グローブの実践では、M. チクセントミハイやJ.P. ギルフォードを参考としてきました。クリエイションは、個人で実施できるものもあれば、複数名での活動をとおして制作される場合もあります。映画は常に協働的クリエイションです。そして映画・映像の文化的背景もまた多様です。少なからず芸術の範疇に身をおく映画文化と、万人に届ける放送媒体としてのテレビ文化は異なります。また映画の中でも、ハリウッドの文脈、シネフィルの文脈と様々です。クリエイティビティの特徴も、そうした種類や文脈と独立して考えることは難しいでしょう。

　チクセントミハイによれば、創造性は、心理的な側面だけでなく、文化的・社会的側面と関連していると言います。その意味で、創造性は制作者と受け手（映画なら鑑賞者）の間の相互作用によってつくられる現象であり、何が創造的であるかということは、社会や文化によって判断される、とも言えます。アートにおいてもマルセル・デュシャン（1887-1968）以降の現代美術の文脈においては作家と鑑賞者・社会の相互作用で作品が生まれると考えられてきました。作家の創造性についても、社会やその背景の文化、あるいは時代のモードとは切り離せない関係にあることはチクセントミハイの創造性のシステムモデルからも読み取れるでしょう（**図5.1**）。

　ドキュメンタリー映画の制作に絞っていえば、映画を制作する作家は、領域（映画美学）の視点をもって、場（社会）に入り、取材・撮影を行う個人（作家）です。対象との関係性の中で個人的背景を反映させながら創作を行う中で、オリジナルの作品が生み出されるとも言えます。このように、個人・領域・場の相互作用の中で、創造性を捉えるチクセントミハイの創造性のシス

図 5.1　チクセントミハイの創造性のシステムモデル

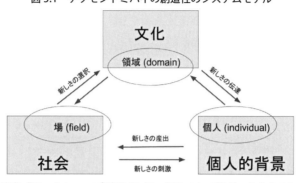

出典『ワークショップデザイン論―創ることで学ぶ』山内ら 2013：183 [39]

テムモデルは、ドキュメンタリー映画制作のモデルとしても適応可能でしょう。生徒たちは必ず、ある場（社会なし、ある対象の世界）にカメラをもって足を踏み入れることになりますが、単に見栄え良く撮影しスムーズに繋げる、ということを目的とせず、映画美学の視点をもって、作家である生徒の個人的背景（アイデンティティ）との関係性の中で制作することは、チクセントミハイの創造性の考え方に沿うでしょう。グローブでは、社会との関わりの中から世界と自己の発見を強調し、「撮影（＝世界を自分の視点で切り取る力）」「編集（＝世界を自分の視点で再構築する力）」などと、映画制作の各フェーズをクリエイティビティの文脈で定義して、その制作行為における社会（世界）と自己との関係性の中で、生徒の創造性の学びをデザインしました。

　さて、もう1人、創造性について参考にしてきた J.P. ギルフォードの「創造性の因子」を紹介します。ギルフォードは、創造性の因子として、「問題を発見する能力、思考の円滑さ、思考の柔軟さ、独自性、再構成する能力、再定義」という6つの因子をあげています。ドキュメンタリー映画との関連では以下のような解釈が可能ではないでしょうか。

1. 「問題を発見する能力」＝ドキュメンタリーの嗅覚
2. 「思考の円滑さ」＝映像的な関連付け。イメージの転換・対比、映像メタファー、ストーリーの生成。

> 3. 「思考の柔軟さ」＝固執せず、状況に応じて対処する。多様な考えを
>   受け入れ、制作メンバーで案を出し合う。
> 4. 「独自性」＝自己のアイデンティティとの関係づけ
> 5. 「再構成する能力」＝編集
> 6. 「再定義」＝映画作品として映像ストーリーで定義

　映画として、ギルフォードの提唱でもっとも注目すべきは、「収束的思考」と「拡散的思考」の考えです。ギルフォードが創造性に関わる思考を、一つの解決策を導く収束的思考と、多くの解決策を発想する拡散的思考に分けて考えたことは、実は映画制作の現場で行われている思考と同じなのです。映画でいえば拡散的思考は俳優、スタッフの思考であり、収束的思考は監督の思考と言えます。映画の現場では、あるシーンの創作、或いはある状況の解決のために、どこにカメラを配置すべきか、照明はどの向きからどのように当てるべきか、といった案をまず各パートのスタッフで考え、監督に案を提言します。監督は俳優・スタッフの様々な提案を批判的に取捨選択していきながら、作品全体をクリエイトする決定者です。伊丹十三監督は、収束的思考を「ネガティブ／否定的な形での」イメージ生成として表現しました。これこそまさにギルフォードがいうところの収束的思考でしょう。

> 現場においては監督のイメージというものは多く否定的な形をとるようだ。つまりスタッフやキャストの提示したものにネガティブな判断をくだしているうち「なになにでないもの」というネガティブな形で次第にイメージが浮かび上がってくるのである。つまり、監督のイメージというものは同一性の上によりも、むしろ差異性の上に成り立つことの方が多いのだ。（伊丹 1985：160）[40]

　このように映画制作は、拡散的思考で発展しつつ、最終的には収束的思考によって多様なアイデアを回収する、ということが各場面で連続して行われるクリエイションです。それはドキュメンタリーでも同じです。
　ギルフォードの創造性の話は、大きな興味と納得をもって生徒に受け入れられました。GKA の教育の根幹としている国際バカロレアではクリティカル

シンキングが学習アプローチとして大きく取り上げられていますが、収束的思考は、クリティカルシンキングの文脈としても捉えることができます。また拡散的思考で使われるブレインストーミングについても、国際バカロレアの各教科の活動でも普段からよく行われており、生徒には馴染みが深い手法です。映画制作のチームの話し合いでも、自発的にブレインストーミングが行われ、教師側から指導することなく、ボードと付箋を利用しアイデアを拡散させながら、班での話し合いをよく行っています（**図5.2**）。

図5.2　ブレインストーミングの様子

　編集工程は、まさに拡散的思考で出た様々なアイデアを収束させるフェーズです。作品として一つの表現に落とし込む為には、努力して撮ったシーンでも捨てる勇気が必要になってきます。ドキュメンタリー映画の場合、撮影素材のうち本編で使用する素材は多くても2割以下でしょう。生徒も数時間に及ぶ撮影素材の中から、最終的に10分程度の尺の作品として完成させるには、必ず収束的思考が必要となってきます。何かが選択され、何かが捨てられるのですから、意見も対立するでしょう。考え方の違いを受け入れる、ということも集団におけるクリエイションでは大事な能力です。集団制作において理解しておくべき最も根源的なことは、「人は皆違う」という当然の事実です。個々人の感性や考え方は違うから、人は、健全なコミュニケーションによって乗り越

える必要があるのです。これはグローブにおける中心的な学びです。チームによるクリエイティビティとコミュニケーション能力は切り離せない関係にある。それが教育として集団活動を取り入れる大きな意味です。

　学術的裏付けとしてギルフォードの創造性について話をしなくても、拡散的思考と収束的思考というものは、生徒が実体験として制作過程の中ですでに感じていたことでした。しかし自分たちの制作における思考のアプローチが言葉として解説されたことによって、「ああ、なるほど」と納得を得て理解されたことが、生徒のアンケート記述から確認できました。

> それまでは「映画ではクリエイティビティが成長できる」といっても、ぼんやりとそうなんだ、と思う程度で、「クリエイティビティとは何か？」がよくわからなかったが、クリエイティビティには種類があることを知って、実体験をもってなるほどと思った。
>
> （2020 年度生徒の記述／授業での学び）

　創造性について授業の中で詳しく説明してからは、生徒は理解に基づいて映画制作から得る自己のクリエイティビティの成長を意識できたようです。このように、特にアクティブラーニング型の学びにおいては、教育心理学の分野から応用できることはたくさんあるでしょう。

5.1.5　創造性の評価の視点

　創造性は、ある種の外的制限・制約がある方が発想は豊かになるようです。事実、演習でも、テーマや設定に制約を課す方がそれをクリアするという点において思考は活発になりました。また 2020 年度のコロナ禍におけるオンラインでのミニ映画制作の演習では、物理的に会えない状況でそれぞれ撮影し、カットをつなぎあわせ、一つのストーリーを作る、ということを全てリモートで行いましたが、生徒のクリエイティビティは制限からくる負荷によって逆に強く刺激されたのです。ところで生徒には、チーム内で生成されるクリエイティビティを阻害する要因として、次頁の 4 タイプを説明し、チームワークが健全に機能しているかをチェックさせました。

> 1．否定タイプ：「それはおかしい！」
> 2．先入観タイプ：「そんなの無理だ」
> 3．内的制約タイプ：「自信がなくて発言できない」
> 4．独善タイプ：「自分が正しい」

　各チームに、今まで阻害要因の 4 タイプに当てはまった経験はないか、を調査したところ、(3) 内的制約タイプが一番多く 60％、次に (2) 先入観タイプで 40％弱が経験あるという結果でした。特に、自信がなく、自分の意見が的を外れているのではないかと発言に躊躇するという傾向は、高校生に限らず大学でも、あるいは大人社会でも日本ではよく指摘されていることではないでしょうか。課題のルールなど「外的制約」は、クリエイティビティを「刺激」し、逆に人（社会）の反応に過敏になるという「内的（心的）制約」は「阻害」する、ということは興味深い結果です。内的な自己制約を取り払う勇気をもつことが、ある意味クリエイティビティの原動力なのでしょう。つまり自由になる、ということです。

　このように、創造性は心的な分野にもおよび、学校教育で広く使われる到達度評価という考え方は応用しにくく、またテストなどによって数値化することも難しいでしょう。過度に数値化できる具体的目標を無理やり設定すると、アイスナーが指摘するように、「設定されていない、予想されていなかった学び」が見落とされる可能性が高まります。よって、アクティブラーニングの分野では学習目的を意識した独自の評価方法を考えていくべきでしょう。ギルフォードやチクセントミハイの研究の功績に立って、創造性の評価手法に適したルーブリックを作成し、作品をパフォーマンス評価的に見ていくことも一つの方法でしょう。グローブでは、「オリジナリティ・ストーリー性・パーソナリティ」という作品評価観点のルーブリックを作成し、教師のみならず生徒も評価者となって全員で作品を評価しています。「対象と自己との関係性から、ストーリーをもって、オリジナルな映画表現を追求する」という目標のもと、生徒自身が自己の創造性の成長を振り返ることができる芸術作品評

価の一つのモデルとして機能させたいと考えています。

5.1.6　出会いの創造的行為

> 「実際に取材に行って撮影してきたことです。テレビや雑誌で聞く事と、実際に行ってみて感じることは全然違いました。また直接インタビューすることでインターネットでは得られないような情報も知ることができました。」
>
> （2015 年度生徒の記述／
> 「ドキュメンタリー映画制作を通して一番の良い経験は何ですか？」に対して）

　自ら主体的に社会と接することにより、「テレビ報道の中の世界」が自分の世界と接点を持ちます。映画に限らず芸術行為は「出会い」の創造的行為といえるのかもしれません。佐藤学氏も以下のように述べています。

> アートは「芸の技法」であると同時に、「もう一つの現実」「もう一つの世界」「もう一人の他者」「もう一人の自己」と出会い対話する創造的行為の技法のすべてである。
>
> （佐藤 2003：ix）[41]

　もう 2 つ、生徒のアンケート記述を紹介します。取材活動を通しての出会いがどのような学びを生んだのでしょうか。見ていきたいと思います。

> 「授業やグループワークを重ねていくうちにドキュメンタリーはただある他人の日常だけでなく、『自分の学びでもあること』などを知りました。また取材などをしている途中にカメラのアングルはこの方がいい、この質問は面白い回答が返ってきそうだ、など作品の途中でも見えてくることがあることが分かり、それも一つの創造性であり独自の発想であると気づきました。」
>
> （2020 年度生徒の記述／「発想力・創造性」の設問に対して）

> 「取材をして成長したと感じました。その理由として、コロナ禍において様々な業種の方々が困難な状況に直面しているのは以前から理解していたのですが、観光業を営む個人個人の思いや改善策などを具体的にお聞きしてからは、コロナ禍で様々な業種の方々が奮闘されているのをテレビで観たりなどすると、取材した人

たちを思い出して色々と深く考えるようになりました。」

（2020年度生徒の記述／「問題意識」の設問に対して）

　これらの記述は、ドキュメンターがただ対象を撮影するだけのものではなく、世界と自分との接点の間で「自分」という主体が世界に対してリアクションをする行為の中に、自己の意識をみていることが読み取れます。取材した人たちを思い出す様子は、ドキュメンタリーとは、作家という個人がカメラと共に世界を体験し、出会いの中で自己が変革されたことの表れです。「他人事」が「私達事」になる瞬間に、外の世界と内なる世界の探究が始まるのです。この中にドキュメンタリー映画制作が果たせるであろう教育的意義が見出せるでしょう。活動の中で「他者に対する眼差しの変化」があったことは重要です。

5.1.7　制作は誰のため？

　学校教育の中では「自分のための制作」「自分の為の表現」という言い方はあまり聞かれません。行為の対象は常に外に向かう傾向にあるようです。「クラスのため」「社会のため」「組織のため」など「公」を重んじた教育目標は理解されやすいでしょう。しかし日本の教育の中では「個」としての教育、「個」としての表現や生き方、つまり自分自身を追求する取り組みはどの程度実施されてきたのでしょうか？社会にどう受け入れられるのか、如何に他者から評価されるのか、という視点に偏っている気もします。正に受験に勝つための学び、というのがその縮図です。この価値観によるバイアスは教育の中でますます強くなっているように感じます。そこには新自由主義経済的価値観の学校教育への影響が考えられます。人からどう思われるのか、人から理解を得られるのか、メッセージは明確か、などです。「クライアントに対しての」という言葉を前に持ってくれば、ビジネスの話になるでしょう。詰まるところ利益をあげる人材の育成教育です。映像でいえば、視聴率や興行成績、ヒット回数が上がるような「わかりやすい、見栄えの良い映像」が良しとされるのでしょう。実際に情報科であつかう動画創作やメディアリテラシーではこうした視点が評価点として項目に記されているケースもあります。高等教育

図 5.3　草津温泉取材先の方々と

前の学びは、一体何のための学びなのでしょうか。教育現場にいると、将来
ビジネススクールや社内研修で叩き込まれるようなテクニックの習得推奨の
時期が年々低年齢化しているように感じます。本書で追究してきた映画制作
の意味をもう一度振り返りたいと思います。「映画制作とは、世界の中で自分
は一体何者かを追求する探究である」。そうです、作品制作を通しての世界と
自己の探究です。第三者のためではなく、自分のための制作です。この「自
分の為」という言葉は、早稲田大学での映画シンポジウムで、GKA の生徒と
一緒に登壇したときの諏訪監督の言葉を思い出します。

「僕の友人のペドロ・コスタ[3] がこう言うんです。『映画には二種類ある。ドアが
全部空いている映画と、半分しか開いていない映画の 2 つがあるんだ』と。ドア
が全部開いている映画とは『あなたの欲しいものは全てあります。どうぞお入り
ください。あなたの見たいものは全て見せてあげます』です。だけど『これ以上
見てはいけない』と言う映画もあるんだと。（中略）だけど（今日発表した）君た
ちの映画はドアが全開の映画ではないです。君たちの映画は『自分たちのために
ドアを開けた映画』です。そういう映画がなくてはならないね。」

（諏訪 2020 年 1 月 11 日）[42]

3　ペドロ・コスタ（1959-）。ポルトガルの映画監督・ドキュメンタリー作家。『ヴァ
ンダの部屋』（2000）でロカルノ国際映画祭青年批評家賞受賞。

5.1.8　デューイと映画

　クリエイティビティとは、単に技術のことをいうものではありません。個としての作家性、そして自己探究である作品制作の意味など、映画の枠を超えて、学校教育全体の中でも深めて語られるべきことです。クリエイティビティは外からは借りられません。それは常に内なる探究の中にあるのです。

　ドキュメンタリー映画制作のグループワークについて、卒業生に追跡調査したところ、「長時間の活動」に価値を見出した卒業生が多くいました。学校教育でよくある一時的な授業内のグループワークと比較して長期間での作業になるので、意見の衝突が顕著に現れ、その負荷が自分を成長させてくれたといいます。大島渚監督が言うドキュメンタリーの原則「対象への愛」「長期間の記録」は、必然的に長期間の活動を要します。卒業生のコメントには、この長期間の制作の中で出会った社会と人との繋がりを述べるものがたくさんありました。短期間では撮れないドキュメンタリーが教育の中でどう生かされるのか、長期学習プロジェクトとしても注目すべき点です。

> 「長期にわたる映画制作は自分たちと社会を繋げる一つの役割を果たすことができる」
>
> 「取材を通して、新たな人とつながることができたし、とても貴重な経験を取材ですることができた」
>
> 「Globe の授業こそ生徒主体的な授業で、創造力や発想力、考察力、コミュニケーション能力なども身に着くと思うから。時間的には大変だし課題や勉強との両立は大変だったが、大学生になった今でも Globe でチームのメンバーと共に頑張った時間を時々懐かしく思っている」
>
> （卒業生のインタビューより）

　また以下の卒業生の発言からは、現在の学校教育の模範解答ありきの教育の課題点がみえてきます。

> 「『真のテーマ』の考え方など、グローブの教え方は創作意欲を刺激するものだった。『身の回りに気になることはない？』とか、私個人の関わりの中で発想してもいい

んだという励みになった。逆に普段の学校でよく聞かれる『例えば〜なら〜』という助言を先生たちはよくするが、主体的な学習ならそういう助言は逆にいらない。先生が何か例をあげると、それが成績評価が高くなる『期待される答え』と生徒が受け取るので、それに合わせようとして、自分からの発見がなくなる。実際、受験勉強なんて求められている答えに近づけることだけだった。」

　調査した卒業生達のうち、1名より後日メールがありました。以下、文面を載せます（2020年10月29日メール受信）。

大学で学んだことがあったので、共有したいと思います。もしかしたらもう既にご存知かもしれませんが、ジョン・デューイという哲学者が教育原理について述べています。（中略）GKAでおこなっているグローブはデューイが提唱した教育論に近く、子供達が自ら問題解決能力を養えるプログラムだとおもいます。（中略）大学のレポートで、「共感した思想や、思想を生かしてどのような教育実践を行いたいか等についてコメント」という質問が出たので、自分の答えを添付します。特に最後の部分はグローブの大切な部分とデューイの思想が重なったと思うところです。「デューイの学校と社会の結合から、学校は子供達が興味を持ち、自発的に社会生活を営む場でなければならないという考えに共感した。（中略）自分自身も高校の時に経験したことであるが、特にドキュメンタリー映画をチームで作ることで、デューイが提唱した教育方法が生かせると考えた。ドキュメンタリー映画では映画を作る楽しみも味わえるが、それだけではなく、社会の問題や興味を題材とするため、映画を通して様々なことが経験できる。他にもチームワークや想像力を養うことができ、取材交渉も自身で行うことで、社交性も養える。そのため、映画制作をさらに教育の場で実践したい」

上智大学　福島慶悦

　卒業生に「映画制作の学びが現在も生かされているか？」を調査した結果、「質問：映画以外でも生かされている」に関しては、大学での学びの中でグループでの研究活動の際のチームワークや、取材を行うことなど行動的な学びの姿勢が生かされていることがわかりました。またグローブで強調してきた作家性（オリジナリティ、個性）に関しても、卒業後も大事な視点として学びに生かさ

れている、という結果には、クリエイションの経験が人生にも生かされている
ようです。特に芸術系大学に進学した卒業生にとっては、芸術の視点がより色
濃く、その他の一般総合大学に進学した生徒にとっては、フィールドワークと
してのドキュメンタリーの学びが役に立っているとの結果が出ました。もちろ
んメディアリテラシーとしての映像読解力のコメントもあれば、社会人として
今後も生かされる協働性や多様性を評価するコメントもありました。

　インタビュー調査した卒業生から、大学でデューイについての講義があっ
た後に、「グローブはまさにデューイの教育だった」と連絡がきたことには、
デューイの芸術教育の直系であるアイスナーを拠り所にカリキュラムの改善
をしてきた私にとって、手応えを得たと感じた出来事でした。

　このようにドキュメンタリー映画制作の経験は一過性のものではなく、制作
経験に大きな価値を見出し、その後も学びや活動の姿勢、創造性の向上、メディ
アリテラシーの能力形成に影響を残すことができました。

　調査した卒業生には、映像を専門に学んでいる学生はいません。しかし調
査からは、映像制作に直接関わらなくとも、映画の経験はそれぞれの活動の
場で生かされていると感じていることがわかります。記述からは、視点の獲得、
思考の仕方、アクティブな取り組み姿勢が具体的に見られ、彼らのその後の
成長からも「ドキュメンタリー映画制作の活動は『自己の在り方生き方』や、
『自ら課題を発見し解決していくための資質・能力』の育成」には、効果をも
たらすのか？」というカリキュラム開発における仮説に対して、もたらすこ
とができた、と言えると思います。

5.2 ｜ より良いティーチングのために

5.2.1　指導方法について

　「指導方法」「生徒の関心・意欲・態度」「評価方法」の 3 つのコンポーネン
トに分けて振り返りたいと思います。まず指導方法からです。グローブが目
指したのは、教師が答えを教えるのではなく、ファシリテーターとして、生
徒の気づきを引き出していくための仕掛けの指導です。年度ごとの指導方法

の改善の中で、技術的な話を極端に減らしたことは正解でした。教える／教わるを超えた、主体的な学びの様子は前述した通りです。自由が保証された制作の中で、世界と対面して得た学びが生き生きとあらわれた記録からは、諏訪監督の言葉を思いだします。

> 「教える／教えられる」という関係は、教える側がより多くの知識や経験をもっており、教えられる側より優位であるという関係を前提とし、その関係を維持しなければ成立しない。（中略）映画の撮り方を教えることはできない。イマジナリーラインがどうのこうのと言ってカットの割り方などを技術として教えたとしても、映画の撮り方を教えたことにはならないだろう。なぜならカット割りの原則など単なる慣習でしかなく、本来のルールなどない自由なものであり、映画の撮り方もまた自由であるからだ。（諏訪 2020：271）

　今日のあらゆる情報にアクセスできる環境と、マニュアル化された学習モデルは、よりスムーズに制作や学習を進め、且つ失敗のリスクを回避することができるでしょう。しかし問題を回避するように教えるべきなのでしょうか？もちろん安全面に配慮しなくてはなりませんが、今の学校教育では「問題を起こさない」ということが目的化してしまっているように感じます。世界との繋がりを謳いながら、門を閉じ、生徒を学校の外には出さず、また外部との接触も過去と比較して積極的になったとは言い難い現状です。グローブでは生徒が社会と接触するための能動的なアクションを支援します。ドキュメンタリーには制作マニュアルなどはありません。なぜなら作家と対象者の関係性であらゆる意思決定がその都度生成されるからです。問題が生じるリスクも増えるでしょう。しかし、むしろ問題に直面した時がチャンスです。生徒には、あらゆるスキルを駆使して、困難を乗り越える方法を自力で見つけ出すこと、世界と対峙することで自分の存在意義を自力で構築することを強調して伝えています。その意味で「失敗は多い方がいい。乗り越える機会が増えるから」ということを繰り返し言ってきました。頷く生徒の様子から、高校生はその重要性を理解できることがわかります。むしろ教師側の方が、特に外部との接触において、リスクを回避し、生徒の失敗の経験を避けたが

る保守的傾向があるように感じます。失敗体験の重要性については、岸博幸氏から助言を受け非常に励まされたことがあります。以降「失敗の経験と失敗から乗り越える力」がグローブの教育の大きなテーマとなりました。

> 「これからの教育に一番に必要なことは問題解決力でなく、問題を見抜く力、問題設定力である。教育においてもっとも教育的効果が高いのは、失敗の経験に他ならない。真の学びとは、失敗からの学びであろう。今の日本の教育の最大の問題は『子どもに失敗体験をさせない』こと。大人がそれを避けるようなプログラムにしてしまっている点だろう。ドキュメンタリー映画を作らせる取り組みは、必ずどこかでうまくいかないことがあるであろうから良いのではないか。」
>
> （岸博幸 パーソナルカンバセーション　2019年12月 慶應大学日吉キャンパス）

　一方で小学校からの「指示されたことを完璧に再現する」という学校教育の慣習に慣れすぎたのでしょうか。発想に限界を感じ、「何をどうしたらいいのかわからない」という生徒も一定数存在しました。そうした生徒にも、解決策は教えません。解決するためにチームに投げかけよう、解決の糸口を名作の手法から盗もう、などの助言は行いますが、具体的に、「何々をどうこうしなさい」という指導を敢えて避けました。そうした生徒は、チーム内に「先生」を求めます。そうするとチームの中で一種の教え合いのような関係が生まれます。チームの人間関係が健全に機能している班は、それがむしろ上手くいったようです。

5.2.2　生徒の関心・意欲・態度について

　グローブに対する生徒の関心・態度を述べたいと思います。コンテンツに関する関心はすでに述べたので、創造性と並びグローブの大きな柱である協働性の視点から、関心・意欲・態度を見ていきます。長期にわたるチームでの活動は、大きな学びの核であり、生徒にとって思い出深い体験です。しかし同時に半年間の活動の中で、多くの生徒が、チームで活動することの楽しさと同時に、チームワークの難しさも体験しました。生徒が困難を抱えるのはむしろ成長の機会となります。チームの危機を如何に乗り越えるか、試行錯誤する中で困難を克服する体験としての学びが、より生徒の成長の助けとなるでしょう。

図 5.4　より良いチーム・ビルディングの意見交換中の様子

　協働性から得られる学びと効果は他の教育活動でも言及されることなので、ここでは負のキーワードであった「フリーライダー」の存在を中心に述べます。初年度から、フリーライダーの問題は顕著でした。何もせず、頑張る子に全てを頼る「タダ（フリー）乗り人（ライダー）」。つまり「チーム内の活動度合いの格差」の問題です。

　6 年間の実践から、フリーライダーのパターンとして、「（能力はあるが）大人しく、意見を言うのが苦手」、「発想力が発展途上で自信がない」「これは受験に関係ないからやる意味がない」という類型が見られました。そしてフリーライダーが出た班は、熱意のある生徒に自然と役割が集中してしまい、その生徒もそれを引き受けてしまいがちになります。またフリーライダーを許してしまう理由として、「フリーライダーにかかわるより、熱意のあるメンバーだけで制作した方が早く、ストレスもかからない」「フリーライダーに何かを任せて、制作が遅れ、またクオリティが低くなることが嫌だ」ということが挙がりました。ただ、モチベーションが低い生徒も、チームが健全に機能すると、次第に変わり、フリーライダー化するのを食い止められる、ということも見られました。

　フリーライダーをなくすことを目標とし、その方法を考案してきましたが、

なるべく教師が介入することなく、自分たちで解決できるような方向に導くことが望ましいでしょう。映画作品も大事ですが、制作過程において、いかにチームとして困難を乗り切ったのか、という体験がより重要です。アクティブラーニングにおける指導、班活動の学習支援は、従来の座学形式の授業とは異なる手法が求められるのです。

5.2.3　評価方法について

　グローブでは学習過程に評価の力点をおく「形成的評価」を採用してきました。生徒の自由な制作活動を尊重し、作品に結実していく前の発想・構想過程を重視する評価方法です。生徒の学習状況をとらえ、指導者と学習者との交互作用によって指導の軌道修正を図りながら、現在の形に落ち着きました。一般的にアクティブラーニングの評価は数量的な評価では難しく、質的な評価でなければ測定できない部分が多くあります。グローブでは、ポートフォリオ評価を取り入れてきました。毎年度初めには、生徒から評価についてたくさんの質問をされます。「評価の観点はなんですか」「ルーブリックを示してください」「模倣すべき模範の例を示してください」「テストを行わずにどうやって数値化するのですか」等の質問です。年度初めは「映画は芸術」という意識もないのでしょう。数値化で評価を行っている他の教科の評価方法と比較して疑問に思うのも無理はありません。

　しかし、「ポートフォリオ評価とパフォーマンス評価で成績をつける」「その中には自己評価とピア評価を含める」「ポートフォリオには記述提出物も課し、プロセスの過程を重んじる」「作品については、技術的な熟練度は問わず、オリジナリティ・ストーリー性・パーソナリティで評価する」ということを一通り説明し、授業を重ね生徒の芸術についての理解が深まる中で、「映画の評価は数学や理科のようなものではないのだな」ということは生徒も理解していきます。生徒は、一度納得すれば「主体的な学びは、こういう成績のつけ方なのか」と数値化では評価しきれない学びにも励みます。そして次第に、表現することの面白さや、自分のこだわりがでてくると、オリジナリティや作家性を追求する価値観や深みに興味を持つようになります。

　アイスナーは、「目標に準拠した評価では、定義された目標を基準にして量的な評価を行うが、この方法では芸術領域や精神活動を質的にとらえ、判断することができない」と主張しています。いわゆるアイスナーの行動目標批判です。活動のプロセスで想定外の学びの体験が起こる。ここにこそ創造的な学習の可能性があるのではないでしょうか。事前に測定可能な目標を設定し達成できたとしても、それは真の意味で創造的学びとはいえないでしょう。想定内の枠に閉じられた中に、創造性はあるのでしょうか。クリエイションとは、一般化できない個の中から生まれるものなのです。マーティン・スコセッシが「最も個人的なものは最も創造的なものである」と言う様に。ですから学びの目標も、作家のアイデンティティとの関係性の中で制作活動を通して生成される個人個人あるいはチームごとに、それぞれ個別のものであるべきではないでしょうか。グローブではそれをパフォーマンス評価とポートフォリオ評価の2つの軸でみていくことを模索しています。

5.2.4　映像制作の教育的効果のサマリー

　ドキュメンタリー映画制作から得られた生徒の学びを、「映像制作の教育的効果」（松野ら 2013：185）[43] の図を応用してまとめました（**図5.5**）。
　グローブの実践では、映画芸術の文脈に立って、生徒が獲得した学びに注目しています。具体的には「映画美学」「作家性」「世界の発見」「自己発見」です。メディアリテラシーとしての映像は、日本の中等教育における映像教育の現状では主流ですが、「芸術」としての映画制作は、より多岐にわたって全人的な教育効果をもたらすことが確認できます。これからの日本が何に教育的価値を置くのか？その視点からもう一度、あるべき教育の方法について議論がなされるべきでしょう。学習指導要領を読んでもわかる通り、主体的な学習、探究的な学習、協働的な学習、問題解決型学習に移行し、いわゆる「知識詰め込み型学習」からの脱却を国策としても図っていることは明らかです。センター試験廃止により大学入学共通テストに変わり、また AO 受験など、数値で測れない学びを評価する動きは拡大しています。アクティブラーニングの一つの事例として、グローブの映画教育の取り組みが映画・映像を取り

入れたいと考えている学校関係者、或いは教育に関心のある映画界のクリエイターの方々の参考になれば嬉しいです。

図 5.5　ドキュメンタリー映画制作から得られる学び

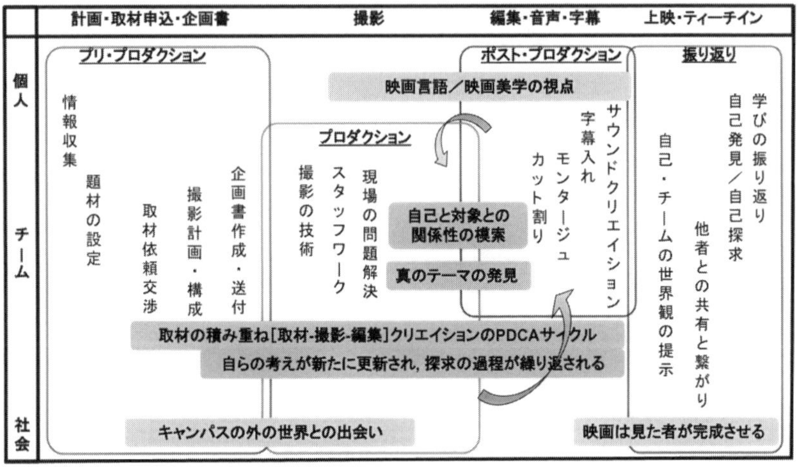

計画・取材申込・企画書　　　　撮影　　　　編集・音声・字幕　　上映・ティーチイン

個人　チーム　社会

プリ・プロダクション
情報収集
題材の設定
取材依頼交渉
撮影計画・構成
企画書作成・送付

プロダクション
撮影の技術
スタッフワーク
現場の問題解決

ポスト・プロダクション
映画言語／映画美学の視点
カット割り
モンタージュ
字幕入れ
サウンドクリエイション

自己と対象との関係性の模索
真のテーマの発見

取材の積み重ね[取材-撮影-編集]クリエイションのPDCAサイクル
自らの考えが新たに更新され, 探求の過程が繰り返される

キャンパスの外の世界との出会い

映画は見た者が完成させる

振り返り
学びの振り返り
自己発見／自己探求
自己・チームの世界観の提示
他者との共有と繋がり

第6章　映像リテラシーから映画芸術へ

6.1 | 出会いのメディウム

　6年間の実践から、「探究的・横断的・総合的な学習を行うことを通して、自己の在り方生き方や、自ら課題を発見し解決していくための資質・能力を育成すること」の教育目標実現には、ドキュメンタリー映画制作のプロセスの体験は、教育のツールとして適している、と手応えを得ました。

　特に学習指導要領で示された「実社会や実生活と自己との関わりから問いを見いだし、自ら課題を立て、情報を集め分析し、表現する能力。探究に主体的・協働的に取り組む姿勢」についてのより良い学びのためには、従来の映像メディア教育では十分に注目されてこなかった、映画美学に基づく作家性の育成の視点が大きな役割を果たすことも確認できました。10代の映画監督の誕生です。映画制作の取り組みは、中高の教育の中では新しい実践でしょう。その方法論として、アイスナーの美術教育理論やデザイン思考的なアプローチ、クリエイティビティに関する心理学など、様々な分野の知の蓄積が映画教育の実践を厚みのあるものにしました。本書が、中等教育での映画がもたらす可能性の提示と、映画をツールとした教育の研究資料となれば幸いです。

　以下に、生徒の学びの視点、教師の教える視点からの、気づきの点をいくつか述べ、まとめたいと思います。

　L. ディー・フィンクはアクティブラーニングには次の3つのレベルの活動があるといいます。[44]

1.　「情報・アイデア」を得る
2.　能動的な「経験」
3.　学習プロセスの「省察」

　ドキュメンタリー映画制作でいえば、1は取材での情報収集から、作品分析、映画理論・美学の理解にまたがります。2に関しては、取材交渉から編集まで、制作過程の全てのプロセスです。3については、生徒は撮影素材を自ら見返し他者からフィードバックを得る中で繰り返し省察を行い、「次の取材撮影にどう生かすか」「自己と対象の関係性の中で物語が語られているか」と振り返りながら制作を続ける中にみられるでしょう。「何を学べたか」「どのように制作に生かせたか」「何がチームワークを促進し、また何が阻害しているのか」というドキュメンタリー映画制作で得た総合的な学びの定着化です。

　アイスナーが指摘するように、「生徒は当初の意図通りに学んだのか」ということと「生徒は何を学んだのか」ということは違います。「総合的な探究の時間」で求められる学びは、後者の学びと捉え、個々の生徒の気づきや発見に対して、教師が価値を見出すことを指導の姿勢として重んじてきました。

　生徒は何を学んだのでしょうか？群馬県普通科の高校生の、主体的に創造性をもって仲間と共に映画表現を探究するプロジェクトの体験とそこで得た学びの記録からは、「カメラを通した世界に対する『私』のまなざしの中で、自己の在り方生き方を考え、仲間と共に探究し問題を解決し表現することに価値を発見していく若者たちの姿」が浮かび上がります。

　「映像制作過程における各種能力の連続的（巻き込み）取得モデル」（松野ら2013：187）の図を応用し、映画制作のプロセスの中で、「総合的な探究の時間」で求められる能力がどのように高まるのか、図で示してみたいと思います（**図6.1**）。

　生徒がグローブでの「一番の学びは何か？」の設問に回答して、「制作を通しての人との出会い」「自分が知らない世界の一面を見た」「自分はこう思う人間なんだと気づいた」と発言したことは大きな収穫です。大島渚がいう「対象への愛」、佐藤真がいう「世界の発見」、そして諏訪敦彦がいう「自己探究」

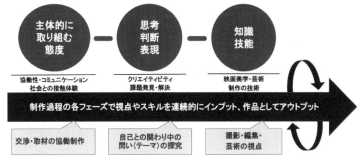

図 6.1 ドキュメンタリー映画制作過程における能力の連続的取得モデル

が成し遂げられた映画制作の体験になったと言えるでしょう。

「人との出会い」が半年間のドキュメンタリー制作の一番の学びであった、という生徒の言葉は、デビュー作である『教室の子供たち』（1955）で日本のドキュメンタリーに革命を起こした羽仁進の言葉とも重なります。

> ドキュメンタリーというのは、あったことを記録するんじゃなくて、映画を撮った時に生まれてきた新しいものを撮ること。僕にとっても新しいけど、写されている子どもにとっても新しいことです。両方にとって不思議な「出会い」しかないわけです。それを追いかけるのが、本当のドキュメンタリー。
>
> （羽仁インタビュー「NHK E テレー ETV 特集－映画監督羽仁進の世界～すべては "教室の子供たち" からはじまった～」2020 年 5 月 9 日放送）

映画の制作は作家の主体性と共に、常に他者性が内在します。映画という総合芸術メディアは制作過程においても、完成後も、あらゆる側面で他者との相互関係性に満ちている出会いの媒体（メディウム）なのかもしれません。

> 映画は観られて完成する。結局、完成品を監督は一生観ることが出来ない。なぜなら観客にはなれないから。映画は観客にしか存在しない。人間が感情や記憶や知識を伴って観たことによって、その人の中に観た映画が生まれる。それが映画です。僕たちは最終的にそのきっかけを創っているだけなので、完成した映画を絶対に観られないという宿命があると僕は思っています。
>
> （諏訪インタビュー「映画ログプラス」2020 年 2 月 3 日）[45]

そして最終的に映画を完成させるのは、作り手でなく、映画を見た者の頭（あるいは心）の中、というのも面白い捉え方ではないでしょうか。

6.2 教えない教育

指導に関しては、「映画を」教えるのか、「映画で」教えるのか、は初年度からの問いでした。従来のメディアリテラシーを超えて、「映画のための教育」ではなく、「教育のための映画」という、映画の立ち位置を再定義しました。はっきりしたことは、「映画で」教える教育プログラムが構成主義的な学びになりうるということです。

「これはクローズアップで撮って、このシーンの後に繋ぎましょう」などと具体的な指導は、生徒の主体性を奪い取ってしまうだけでなく、自分たちの力でやりたい、という生徒のモチベーションまで下げてしまいます。仮にそれが、映画的に「普通そうする」ということであってもです。こうしたティーチングはむしろ助言を超えて「指示」になってしまっているでしょう。

そして教師はどうもそうした具体的な指示をしたくなる傾向が強いのかもしれません。GKAだけでなく、この6年間で他の学校や大学の映画ワークショップに呼ばれ、指導をしてきましたが、先生たちは、生徒の前ではじっとできず「何か教えたい」という欲求が出るようです。あるいは、「積極的に口を出すことが、適切な指導である」との思い込みがあるのかもしれません。または、教室で生徒の活動をじっと見守る時間が「自分が何もやっていないようで居心地が悪い」と感じるのかもしれない。「授業」という括りの中では、思考中の「深い静かな時間」を遮ってでも言葉によって埋めたがるのが大人なのでしょうか。生徒の主体性を力説しながらも、実際に主体性を重んじた学びの指導は難しいものがあります。

指導者が勢い余ると、生徒作品の監督になってしまう危うさがあります。生徒に、こうした方がいい、ああすべきだ、これを削れ、というのは、生徒をスタッフとして従えた監督の姿です。

映画監督は抽象を具体に変換する解釈者です。シナリオという文字媒体に

限定された抽象世界を、カメラと共にリアリティをもって具体化するのです。ドキュメンタリーでも、ある人物とある社会の中に、何か関係性や物語的な構造を見出し、あるストーリーを伴った映画として再構築する解釈者です。先生が解釈者になってしまっては折角の生徒のクリエイションのチャンスを奪うことになります。ここはぐっと堪えて、生徒自身がクリエイティブに解釈する瞬間を待ちたいものです。

　諏訪監督には活動のアウトプットとしての完成作品について、理想とすべきイメージありました。それは、「どのチームもすべて違う映画になっているべきだ」ということです。以下は、2015年度の完成上映会である映画祭の準備の時の諏訪監督との会話の内容です。非常に印象深い言葉であったので紹介します。

> 小田さん、1年間の制作の結果が、それぞれが違っていると映画を通した良い学びになると思う。同時に皆同じような映画になってしまったら、失敗かもしれない。学生を指導した映画発表上映会に呼ばれることがあるが、結構、どれも同じような作品が上映されている事が多い。理由はわかります。指導者が監督になってしまっているのだろうとわかる。学生の映画ではなく、指導者の色が入りすぎて、もはや学生を使ったその指導者の映画になってしまっているのだろう。実際には、全く指導をしない、手を加えない、というのは恐ろしいのですよ。「あなたが指導したのにこの程度の映画にしかならなかったのか」と言われることの恐怖があるのでしょう。だから、手取り足取り教え込み過ぎてしまう、または手を加えてしまうという事が起こってしまう。でも、グローブでは小田さんが見栄え良くなるように教え込んで生徒の主体性を奪うような事はしない方がいい。どんな作品でも、それがその子達の創作の結果なのだから、それを受け入れて、努力を讃えられるといい。むしろ小さいことでも生徒が成長したことを小田さんが発見できるか、それを大事にできるかということが重要になるでしょう。

　この言葉からは、諏訪監督が、どのように映画が子どもの教育の中で生かされるべきと考えているかがわかります。
　もう一点、協働性について述べます。「映画はチームでつくる芸術」という

ことは、すでに述べてきました。何十人というスタッフ、ハリウッド大作で
あれば 1 つの映画が完成するまでに何百人という人間が関わります。他者と
関わりながら集団でモノづくりをする中に映画教育の核があるでしょう。

　しかし「協働でつくる芸術」であるということを、筆者がはっきりと気づ
いたのも、諏訪監督の指摘からです。筆者の監督作品『Schoolgirl』の助言を
求めた際、「小田さん、これ全部一人でやってつくりましたね」と見抜かれま
した。確かにシナリオ執筆から、演出も撮影も編集もすべて一人で行った作
品です。一人で制作して完成させたことが、ある意味自信にも繋がりました。
一瞬褒められたと思ったのですがそうではありませんでした。「そこが小田さ
んの課題ですね」。この一言に衝撃をうけ、映画作家としての課題を悟りまし
た。私は「全部一人でつくれた」のではなく、「他者と共に制作する実力がな
かったのだ」と。そしてこの衝撃こそ、映画教育だと確信したのです。

　学びの探究とは、井戸を掘るようなものです。深く、より深く水脈を求めて。
教師の仕事は、水脈の在処を示して、効率のいい掘り方を教えることだけで
はないはずです。まだ誰も知らぬ宝の水脈を求めて自らの力で深く深く掘り
進む若者に、勇気と冒険の自由を与えることも、"ティーチング"と言える
のではないでしょうか。

6.3 ｜ 映画とは何か？

　グローブの取り組みについて、早稲田大学での映画教育シンポジウムで生
徒とともに登壇した時、生徒が以下の学びの振り返りを発表しました。

> 映画制作からクリエイティビティ思考を学べた。チームで作る芸術なので、お互い
> の思考を言語化して意思疎通を図る必要があるから映画制作は言語活動だと思う。
> しかし出来上がった映画は言語では説明できない。言語的な活動を通して、非言語
> のフォーマットに落とし込んで制作することが面白いと思う。「映画」とは何か？
> を追求できたらと思う。（生徒プレゼンテーションより、2020 年 1 月 11 日）[36]

　諏訪監督、安藤紘平教授を講演者として迎えたシンポジウムでしたが、会

場の映画関係者や教育研究者も、子どもの鋭い視点と映画に対する理解に驚かされました。高校生でも制作を通して、哲学的な深い洞察が得られていることが確認できた瞬間でもありました。

ドキュメンタリー映画制作で生徒が得てきたこと。それは「探究的に社会と関わる中での、世界と自己の発見」であり、「主体的な創作活動の中で自らの視点を持つこと」であり、仲間と共に様々な困難を体験し時にぶつかり合いながらも「協働して芸術作品をつくる中で、問題を乗り越え他者と共に生きることを学ぶこと」です。これこそ「探究の時間」の教育目標です。そして6年間の実践を通して、ドキュメンタリー映画制作は、この教育のツールになりうると確信しました。

芸術作品とは、作家の眼差しを通した、鑑賞者に対する問いそのものでもあります。個人が世界を発見したことから創造されたクリエイションは、作家の手を離れて、社会の中で動的に作用する可能性をもつでしょう。私は毎年度の生徒達の作品から何を感じとってきたのだろう。私が生徒の作品の中に共通して発見したのは、10代の若者たちの「ヴォイス（声）」です。映画という芸術に託されたあるべき教育の姿とは、「何を言うべきか」を大人が教え込むことでは決してない。「この世界の中であなたは一体何者か？」という問いに対して、未来を担う若者に寄り添い、彼ら自身に「声を与えること」ではないでしょうか。そして子どもたちは仲間と共に世界と出会い、創作の冒険を通して成長し、映画作品として果敢に自分のヴォイスを世界に発します。映画という総合芸術の125年の歴史は、中高における教育の中で大きな力を発揮できると信じています。

第7章　対談：諏訪敦彦監督を迎えて

7.1 | 映画は子どもを発見した

映画教育の実践記録の意味

小田　諏訪監督、よろしくお願いします。

諏訪監督は映画の教育もやっていらっしゃいますけれども、ご自身の映画の中でも、『ユキとニナ』『ライオンは今夜死ぬ』など、子どもが一つのテーマになっている作品もあります。それも含めて「映画は子どもを発見した」というかたちで、ドキュメンタリー、フィクションを問わず、映画や教育についてお聞きしたいなと思っています。

諏訪　僕も CCAJ とか子どもの教育に関わっていく中で、やっぱりいろんな人がやったことにアクセスできる必要はあるなと思ったんですよ。例えば、「こういう教育はいいよね」とか、「こういう教育が素晴らしい」と言いたいわけではなくて、様々な観点があっていいわけですけれども、今はあまりにもリファレンスがなさすぎる。映画を教える上で何を参照すればいいかというときに、拠りどころになるものが非常に乏しいと思うんですよね。

だから、例えば CCAJ に関わったきっかけも、これをいったいどうやっているのか知りたかったわけですよ。フランスではどうやっているのか。それは実際に体験すればわかるし、その「フランスではこうやっていますよ」というのが、一つの資料として日本でも参照可能なものになったらいいなというふうに思ったわけね。そうすると、「それは自分たちのポリシーとは違う」とか、「いや、そうじゃなくてこういう方がいい」とか、いろんな可能性が増えた方がいいわけで、この小田さんの本もそういう意味では一つの有効な資

料になるかなと思いましたね。

自分がいいと思えることをやるしかない

　小田　　教員として生徒に映画を教えていますが、それをやる上で諏訪監督にご助言を求めました。その中で、こういう観点でやっていくんだなという学びがあって、諏訪先生の下、僕自身が一番アクティブラーニングを受けていたというような感じがすごくあったんですよね。この本も僕の経験とかも入っているんですが、やっぱり諏訪監督から刺激を受けた中でやれたことなので、それをまたいろんな人に共有できたらすごくいいなと思っています。

　諏訪　　ただ、同時に、そういう話を改めて聞くと、僕はじゃあどこから自分の教育ポリシーみたいなものが来ているのだろうかとか、本当にそれでいいのかとか、映画の教え方としてはこれが正しいのかとか、そういうことについて自分自身でそれほど検証したわけでもないなという部分もあって、自分が関わる以上、こういうふうに教えたいよねというか、こういうことはしたくないなとか、映画をこういうふうに扱いたくないとか、子ども達にはこういうことは教えたくないとか、そういうようなどちらかというと自分でもかなり主観的な中で出来てきた考え方だったりして、それは教育的に検証されているわけでもないし、甚だ心もとないところは改めて思ったりするわけです。

　ただ、自分が関われる以上は、自分がいいと思えることをやるしかないので、そういう形で関わらせてもらったんですけど、逆に言うとそれはこういうふうにアクセス可能になることで反論する機会もあるでしょうし、反論もしてもらっていい。「それはおかしいんじゃないか」とか、「ここはこういうふうにするべきじゃないか」というような指摘はむしろあっていいことでしょうし、そんなふうにして少しずつ蓄積されていくものが、映画の教育という中でも出来ていけばいいんじゃないかなと思います。

　結局、教育って、やったことが本当に良かったかどうかというのは定かじゃ

ないのね。たぶん教育ってそういうものが常に検証されないじゃないですか、ほとんど。それはもしかしたら20年後に何か役に立っているかもしれないとか、その10年後にその人に何らかの影響を与えるかもしれないとか。今回、小田さんは卒業生にインタビューとかして、過去からの振返りがあって、それも十分書かれていました。結局その子たちは全然映画をやっているわけじゃなくても何かそれが残っているとかいうことはもちろんあると思うんだけれども、確実にそれが良かったか悪かったかというのは、誰も責任を取れないし、検証もされないよね。だから自分が良いと思ったことをただやるしかないというところがつきまとっているなというふうには思いますね。これは自分自身、今その時点で、これがいいと思っていることをやるしかないんだろうなというふうに思ってやってきましたけど。

作ることと教育することは一つのつながりの中にある

　小田　　僕がずっと思っていたことなんですが、教育と映画制作は似ている部分があるのかなと思っていて、いろんな俳優さんやスタッフと皆で探りながら制作する中で、そこから生まれてくるものに期待をする、という映画の考えは、教育と一緒だなと。子ども達に映画を作らせた時に、「教わった通りにやる」という予定調和の学びを超えたところに、子ども達が持つ可能性を発見できましたね。「あっ、こんなことを感じるのか」とか、そういうのが一番おもしろかったです。それはうまくいったこともそうですし、失敗したことに関しても、「これは響かないのかな」とか。それは僕にとっては指導の在り方の発見でしたね。特に諏訪監督の映画の作り方のお話を聞いていると、教育と映画は似ているのかな、と思うことがよくあります。

　諏訪　　今回の小田さんの本の中で基調となっている美術教育者。

　小田　　アイスナーですね。

　諏訪　　うん。期待された目標に対する評価とか、それに対する成果とか、

ある目標に対してどの程度それに到達したのかという考え方があるじゃない
ですか、基本として。だけど、期待しなかった、全く予測しなかった効果と
いうのが教育の中にはあるという、そういう観点というのはやっぱりすごく
大事だと思うのね。大事だと思うし、そのことはあまりオフィシャルに語る
ことがなかなか難しい状況に今なっている気がする。

　だけど、僕は教育に関わり始めたときに、最初から教育に対して意識があっ
たわけではなくて、映画を撮っていただけなのだけれども、あるときに大学
の教育に関わるということを依頼されて、そこで初めて自分が教育に関わる
ことを突き付けられてね。そのときにどういうふうに関わっていくかという
ことを悩みながら進んでいったわけ。手探りでしたね。そのときに、制作す
ることと教育することというのは、多分すごく違うことである、というふう
に考えることも可能なのだけれど、僕は作ることと教育することというのは
何か一つのつながりの中にあるんじゃないかな、という予感があった。

権威を棄て、関与せよ

諏訪　　そのとき僕を大学教育に誘ってくれた人というのは中川邦彦です
けれども、アラン・ロブ゠グリエなんかのテキストを映画化したり、割と物
語の実験映画をやっていた人なんです。彼はやっぱりある時代のフランスの
映画理論とかそういうものに関わっていた人で、クリスチャン・メッツの研
究室にいた人ですけど。彼が僕の恩師だった。彼が誘ってくれて、一緒に東
京造形大学の映画教育を作っていくというメンバーに僕も加えてくれたわけ
です。だから、僕の基本的な教育の考え方というのは、その時に中川さんと
一緒に考えたことがやっぱりベースになっている気がするんですね。彼はや
はり68年世代ですよ。68年の時代にフランスにいた人なので、その時代の
フランスの考え方ということを色濃く持っていると思います。それはやっぱ
り権威的なものに対しての反発です。

　それで、これがなかなか映画界ではあまり理解されないところなんですが、
映画監督とか映画作家という考え方なんですけれども、高等教育におけるある
種の映画教育の役割は映画作家を育てようとしたりするわけですよね。で、そ

のときに作家と呼ばれる者はすごい特別な能力を持った人で、素晴らしい作家が素晴らしい作品を作るという、そういうものに基づいているところがあるわけですよ。でも、そういうふうに映画を捉えたくなかった。映画というのは、誰か特別な能力を持った素晴らしい人が素晴らしい作品を作るという、そういう特権的な人が映画を作るのではなくて、社会デザインというか、社会を作っていくという営みとして、映画を作るというようなことをベースに考えた。

　それは現代美術がやっぱりそういうフェーズに入っていった時期で、つまり素晴らしい作家が素晴らしい成果物を生むというのが古典的な芸術家のイメージなのだけれども、現代の美術というのは、アーティストというのはある事象のメディアとして関与して、結果がどうなるか、成果物がどうか、ということを問うているわけではないのです。

　つまり、ある状況にコミットしてあるプログラムを作るとか、ある方向性、ある何かの仕組みを作るとかで、そこに関わった人間が別の何かを生むとか、別の関係性をその中に捉えるとか、メディアとして、アーティストがそれに関わっていくという考え方が現代美術の中で起きていったわけだけれども、映画の中では相変わらず監督が権威を持って、作者として、あるいは権力者としてその作品を作るみたいな考え方が旧態のまま今でも残っている。これはヨーロッパでも残っているんです。

経験は教えない

諏訪　だから、そういう教育をしたいわけではなくて、特に学校教育の中は、映画を学んだからといって映画の専門家になるとは限らないわけです。いろいろな活動の中に映画というものを見つけ出していくということが可能なのではないか、そういうことをどういうふうにやっていくかみたいなことを考えているんです。だから、僕の中で別に明確な教育理論があるわけではなくて、そういうところで何か考えてきたこと、あるいは自分が最初に映画を作り始めた時に、これだけはしたくないなと思っているのは、「経験を教える」ということでした。それは経験を教えられたことがあるからですけれども、そういうものというのは、無残というか、ある時代にそれは有効なのだけれども、時代

が変わっていったときにそれは過去の遺物になってしまうというか、全く機能しない作法みたいなものになって形骸化してしまうわけです。「こういうふうにやるものなのだ」ということを教えるということは、そこに何の思考も働かないわけです。「なんで？」と聞いてはいけないわけですね。「なぜそうするんですか」と聞いてはいけないわけです。「脚本をまず書くのだ」って言われて「なんで？」って、「いや、そうするんだ」というふうに答えるしかないわけです。だけど、「なんで？」というふうに問い掛けることで思考が始まるわけです。

　時代はどんどん変わっていく。あるいは状況はどんどん変わっていく。映画自体もどんどん変化していく中で、既存のシステムが常に有効だとは限らないわけです。そうすると、それがもう変わり果ててしまったときに、その作法というものは本当に無残に形骸化してしまうと思うし、そういうことを教えられることがすごく嫌だった。そんなことから何かが生まれるとは思えなかったのね、自分の経験として。だから、何かそういうことが一体化して、自分にとって映画を教えるということは、「映画ってこういうものだよ」とか、「こういうふうにやるものだよ」ということだけはしたくないという、何かそういうのがスタートにあった。

　だから、子ども達とやるときには、初めて映画と出会うときに、こういうふうにやるものだよとか、作法を教えてしまったら、永遠にその映画との出会いは失われることになると思うんです。それは自分の個人的な危機感です。そういうふうにしてほしくないというのがあって、そういうことが一つのエネルギーになったと思う。

スタッフとキャストの中に「ある関係性」を作り出す

小田　個人的危機感というのは、アーティスト、映画監督としての危機感なのか、それとも大学で教える教育者としての危機感なのか、どちらですか？

諏訪　アーティストというのは単にものを作る人間ではなくて、社会に、あるコミットの仕方をプログラムしていって、結果何か違った関係が表れていくというメディアとして関わる、というのがアーティストだとすると、それは教育でも作品制作でも同じなんです。そこに区別はなくなるんですよ。

だから、僕がこども映画教室でやっている時に、その映画を作ったのは彼らなのであって僕の作品ではないのだけれども、活動としては、営みとしてあまり変わらないんです。それは自分が映画を作る時というのは、そのスタッフとキャストの中に「ある関係性」を作り出すのであって、こども映画教室でやる時は子ども達の中にそういう関係を組織しているだけで、だからそういう意味であまり区別がないわけです。もちろん、それは自分の作品ではないけれども、でも自分にとっては自分の映画でもあるんです。

　それは、誤解されたくないのは、やっぱり教育者として関わった時に、子ども達を通して自分の作品を作っちゃう人がいるわけですよ。それは彼らを無意識的にマニピュレートしてしまう。いろいろなことを教え込んでしまって、その人の価値観に基づいた映画を作ってしまうということが起きるわけで、そういうものはたくさん見てきたし、そういうふうに関わることがすごく情熱的な教員であると勘違いしてしまう人がいるわけですよ。言いたくなってしまうし、そういう人は映画が好きだから、教育の中に映画を生かしたいのだけれども、そうすると知らず知らずのうちに子ども達に自分の好きな映画を作らせてしまうわけです。それは、アーティストがメディアとしてその関係性の中に、ある新たな変数を加えていくとか、そういうことではないんだよね。結果をコントロールしてしまうんです。

　現代美術というのは、別に結果をコントロールしようとしていないんですね。だから、そこに何らかの変異を与えていく。そのことによって違う体験を生み出したりとか、違うビジョンを生み出したりできればいいわけで、結果がどうかという旧来のクラシックな美術とかアートの概念はない。そういう考え方というのは、映画界で全く共有されていないので、いまだに監督の世界をありがたがっているという、そういう世界なんだよね。それは変わらないんですよ。

映画を作る主体は何か？

小田　僕も感じることがあるんですけど、美術っていつもいろいろなところの一歩先に行っているなという気がするんですよね。音楽と比べても、

映画もそうですけれども、何かの新しいムーブメントはやっぱり美術から起きて、それが後でこぼれていくみたいな。

　　諏訪　　まあ、それはどうなんだろう。連動する場合もあるし、映画が美術にある影響をすごく与えるということもあったと思うんですよ。だから、必ずしも美術が先端を走っているのかどうかはわかりませんし、逆に美術では、今僕が話したような「アーティストが単にメディアとして関わる」とか言うと、「またそれですか。もうそれはいいよ」みたいな。それこそ、逆に今はもっと、主体的に作品を作る主体というのは何なのか、もう一回問い直す、みたいなことが起きていたりするわけで、そういう意味では常に美術がリードしているとも言えないし、映画が遅れているとも言えない。もしかしたら映画はすごく進んでいるかもしれないことだってあるわけですよ。

映画はもともとポストモダン

　　諏訪　　というのは、もともと最初から誰が作っているかよくわからないんですよ、映画というのは。だから、それは作者という概念があまり通用しないメディアなんですよね。今はそれだと困るから、監督が作っているとか、脚本家が脚本を書いているとか。著作権の問題もありますから、そうしないと流通しない面があるわけだけれど、本質的に考えたときには、誰が作っているのかというのは実は定かではない。「このショット素晴らしいね」とか「この俳優の表情のクローズアップは本当に美しい」とか言ったときに、その美しさは「その人が美しい」という問題と不可分です。その人の美しさを僕は作っていない。「この子役の表情、素晴らしいね」とか言って、表情だけが素晴らしいというふうに言えないじゃない。その人の顔とか造形とか遺伝子の問題とか、その撮り方とか照明とかあるけれども、それを切り離すことはできないでしょう。だから、撮り方が素晴らしいのか、演技が素晴らしいのか、その存在が素晴らしいのかというのを分けてもあまり意味がないんです。そうすると、結局、誰が作っているのかというのは、本当はよくわからないというところが映画にはある。もともとポストモダンですから。

　　小田　　映画自体がポストモダン。

　　諏訪　　そうそう。主体というものが常に解体されている。でも、それを
ある時期から何とか作家という概念を当てはめている、と僕は思います。だ
から、リュミエールの時代に、リュミエールは写真家だから、あれは私の作
品だと思っているはずですが、今みたいな意味で監督しているわけじゃない。
要するに、作品世界を自分が創造したというふうに見ているわけじゃない。
そういうふうに問う必要もなかった。そういう意味で、子どもとやるときに
監督を決めないでやるというのは、どこかでそういう意識が働いているんで
す。映画というのは、全員、何となく皆んなで作るみたいなことが起き得る
のではないか。そういう可能性というものが表現の中にもあるような気がし
て。それは一般的な考え方じゃないと思いますけど、でも映画の本来持って
いる可能性というのはそういうところにもあるような気がします。それは教
育と何らかの親和力があるんじゃないかと思う。

　　デューイ的なもの
　　小田　　諏訪監督と一緒にやらせていただく中で、デューイの芸術教育と
か構成主義的なアプローチに近いのかな、と思うことがありまして。
　　諏訪　　私はデューイも読んでいないんですよ、実は。
　　小田　　影響を受けたわけじゃないんですか。
　　諏訪　　ないです、全然。僕は教育理論と呼ばれるものはほとんど読んだ
ことがないです。読んでみようかなと思います。
　　小田　　そうなんですね。
　　諏訪　　教育学とか教育理論をきちんと読んだことはないし、そういうも
のに基づいて自分の教育をデザインしたわけでもないです。どちらかという
と、本当に手探りだったと思います。
　　小田　　映画監督をしながら、ある種のインスピレーションみたいなもの
が教育をやったときに出てくるみたいな。スタッフとか俳優との関わりの経
験が、教育の中でも結果としてそうなった、ということでしょうか。
　　諏訪　　そうですね。これを機に考えてみた方がいいかもしれないですね。
　　小田　　僕は前から、諏訪監督はデューイの影響を受けているのかなとか、

そういうのをちょっと思ったんですが。

　　諏訪　　主体的に学ぶということに近づいているというのは確かですね。それはずっと自分の中に昔からある感覚と何かと結びついていると思います。それは結局自分の映画作りにも結びついているし、自分の映画の中では、やっぱり監督という存在が従来のピラミッド型の権力構造の頂点に立つディレクターとしての役割から、如何にそれを共同作業の中に開いていくかということが、ずっと自分の映画との関わりの基調にはあったと思います。それはたぶん僕の映画との出会いの中に、何かそういうものがあったんでしょう。それは、さっきも言ったみたいに、誰かある天才が作り出す独特な世界みたいなものだけではないもっと関係の中に開かれたものとか、人々がよってたかって何か参画できるようなものというふうな理想があったのかもしれない。

アルトマンと開かれたメディア

　　諏訪　　高校のときに、僕が親父に映画の仕事に就きたいと言ったら「お前は無理」って言われたんです。「あの世界はほんとに個性がないとやっていけないんだよ。お前は普通だからちょっと無理だ」と言われて、すごく納得した。僕は普通だなと思った。でも、普通の者の生き残り方というのがあって、自分には特殊な才能はない。非凡なものはない。だから皆でやる、ということの中で何かできないのかということ。徹底的に普通にやろうと。そういう気持ちはどこかにあったかもしれないですね。だから、例えば、高校の頃にロバート・アルトマンの『ナッシュビル』を見た。あれは24人主人公がいる映画です。パンフレットを見ると、24人の中には有名な俳優も無名な俳優もいるわけですけど、ギャラは全員一緒だと書いてあった。それは素晴らしいなと。何かそういうコミュニスト的な理想というか、こうやって人と一緒にフェアに何かを作り出すということがすごく映画の力に思えて、だからそういうところがベースにあるんでしょうね。

　　だから、教育においても、それぞれのいろんな人たちのかけがえのなさみたいなことを如何に肯定していけるのか、みたいなことが映画に出来ることなんじゃないかと思ったわけです。映画でやるのであれば、映画にそういう

能力を発揮してもらいたい。だから、すごい天才が作るのであれば、小説でも絵画でもいいわけですけど、映画というのはもっと何か開かれたメディアのような気がして。そういう可能性から教育で何かできるんじゃないかというふうに思えたんだと思う。

10代の終わりに何と出会うのか

小田　諏訪監督が少年時代に見ていたのは、アメリカン・ニューシネマですか？

諏訪　いや、子どもの頃は普通のハリウッド映画ですよ、スティーブ・マックイーンとかアクション映画とか西部劇とかです。

小田　最初からユニークなヌーベルバーグの監督とか、そういう影響から今みたいな発想とか得られたというわけでもなく？

諏訪　それはわからないけれど、ヌーベルバーグを見たときに、それはやっぱり皆それぞれ思春期に何に出会うかという問題があると思うんです。今ヌーベルバーグに出会ったって何も思わないわけで、もう還暦過ぎているから（笑）。10代の終わりに何に出会っているかというのはすごく大きいじゃないですか。つまり、その人が世界というものに出会っていくときに、どういうものと出会ったのかということはやっぱり大きいわけですよね。僕にとってそれはやっぱりヌーベルバーグだったと思うんです。彼らが開いて見せてくれた世界が、自分の映画というものに対する見方を開いてくれたというところがあって、そのことにはやっぱり深く影響を受けているんです。映画はどこか別の場所にあるわけではなくて、今自分がいる世界と繋がっているんだということを感じたわけです。そうすると、商業映画の中で、あるフィクションを完璧に作り上げていくという映画制作にはもう興味がなくなるわけです。それは仕方がないんです。そのように映画と出会ってしまったから。

そういうことと同時に、映画を作るのであれば、どのようにそのセットを作り上げるのか、世界観を作り上げるのかということを学ばなければいけないわけだし、そこには必要な技術や配慮やテクニックや労働が必要になってくるわけです。それを教育するということはあるでしょう。それを伝授していくとい

うこともあるでしょうけれども、そうではないことに僕は目覚めているので、必然的にあるメチエとしての映画を教えることには関心を持たないわけです。

考えてから撮るのではなくて、撮りながら考える

小田　諏訪監督の著書の中にありましたように、いわゆる「レンガの映画」ですよね。

諏訪　「岩の映画」「レンガの映画」という比喩はバザンの非常に美しい比喩で、ロッセリーニの映画に対して言われたことなので、あまり単純には言えないんですけれども、子ども達にそれを語ったときは、それは一つわかりやすい比喩としてあったので、そういうふうに言ったのね。子どもとやる何回目かでした。自分にとって 2 回目か 3 回目だったときに、それまで思っていたけどできなかったことというのがあって、それは事前にプリプロダクションで内容を考えて、シナリオでお話を考えて、プロダクションで撮影をして、ポストプロダクションで編集する、というプロセスが本当にいいのかという疑問があったんです。

　最初は非常に具体的な問題があって、3 日間しかないから、子ども達に「さあ、お話を考えてごらん」とやると、話し合いが終わらないんです。会議室みたいなところで、延々と「僕はこれをやりたい」、「あれをやりたい」、「いや、そうじゃない」、「ああだ、こうだ」みたいなことで話がまとまらずに 1 日が終わっちゃうわけです。2 日目もまだ続いていたりするわけね。映画の一番豊かな時間というのは、やっぱり子ども達が体を動かして実際にどこかに行って、何かを撮影したりして動いているときにいろんなことが起きるわけ。それが一番豊かな時間なのに、延々と会議室で終わらせてしまっているのは何かおかしいぞ、と。これは変えた方がいい、というところから、まず最初に撮影に行こうと。

　つまり、プリプロダクションとプロダクションを分けないで、プロダクションしながらプリプロダクションをするというふうに持っていくべきだと思ったわけ。子ども達はまず外に出て行く。外に出ていきながら映画の内容を作っていくというプロセスを考える。だから、シナリオを最初に決めるのではなくて、お話を考えてから撮るのではなくて、撮りながら考える。これはワーク・

イン・プログレスですよね。そういうアプローチでいいはずだと思えるベースには、やっぱりヌーベルバーグがあるんです。

ゴダールが経験したことを「一緒にやっていこう」

小田　ありますね。ゴダールとか。

諏訪　彼らはやっぱり即興的な映画を作っているんですよね、ある意味で。ジャン＝ピエール・レオと話したときに聞いたのは、彼は即興が嫌いなんだと。「ヌーベルバーグというのは俳優は即興していないから。即興をやっているのは監督だから」と。確かに、監督は全部の準備を完璧に仕上げて撮影しているわけじゃないんだよね。そういうワーク・イン・プログレス的な、作りながら考えるとか、考えながら作るとかいうことを、これでいいのだと思える価値観のベースには、やっぱり自分がヌーベルバーグを体験しているということがある。

小田　それはおもしろいですね。だから、ある意味ゴダールが経験したことを、子ども達に「一緒にやっていこう」みたいな。

諏訪　そう。ああいうものを見ていなければ、いわゆる伝統的な映画制作しか知らない人だったら絶対そういう発想はしない。「いやいや、脚本なしで撮影はできない」というふうに思うしかないじゃないですか。「君たち、脚本ができていないんだから撮影には行けないよ。だから頑張って脚本を書こうね」としか言えないですよ。だけど、「いや、もういいんじゃない。もうなんか撮ってこいよ」みたいな。とにかく「おもしろそうな場所を見つけてきなさい」と言って外に出す。で、そこで写真かなんか撮ってきて、「これは何がおもしろいのか考えよう」と言って、そこで「じゃあ、おもしろい場面を一個撮ってごらん」と言って撮って帰ってくる。「これ、続きはどうなるの？」というのを次の日にまた撮る。そうするとお話ができていく。撮りながらお話ができて、その時点で結末はどうなるかわからないですよ。だけど、進んでいけるわけです。そういうふうな発想で映画ができるんだということを支えているのは、やっぱり自分のそのときの映画体験だったりするわけですよ。

小田　まさにヌーベルバーグだ。それをやったら、子どもが、最初から

ストーリーをやっているよりも、むしろもっと能動的になる。

「自分の言葉」で語らせる映画教育

諏訪　最初にこども映画教室に関わったときに感じたのは、そのときはフィクションとドキュメンタリーと二つチョイスがあった。フィクションをやる子たちとドキュメンタリーをやる子たちがいて、僕はドキュメンタリーをやめて全部フィクションにしたんです。

小田　それはいわゆる伝統的な方法で作られた映画ですか。

諏訪　伝統的というわけでもないと思います。いろんなアプローチはあったと思うんだけど、フィクションで見たときに、やっぱりお話を考えて演じている子たちを見ていると、どうしてもやっぱり学芸会というか。彼らにとっては、与えられた台詞を覚えて言うだけで精いっぱいです。プロの俳優というのは、それを自分の言葉のようにして演じることができるわけですけど、子ども達はそういうテクニックがあるわけでもないし、それを求めたってしょうがない。結局、「この台詞を言ってね」と言われてしゃべっていると、何が映っているかというと、台詞を一生懸命覚えてしゃべっている人が映っているわけね。

だけど、それを覚えるという行為をやめちゃって、お話を皆で考えながら撮っているときというのは、全員で映画に参画しているので、シナリオを皆の議論の中で共有しているわけ。だから自分でもしゃべることができちゃうわけです。そういうときの言葉って、何が映っているかというと、やっぱりその子が映っているわけです。その子がしゃべっていることが映っているわけ。それは覚えて再現している演技が映っているわけじゃなくて、演技なんだけど、その子の表現が映っている。

小田　自分の言葉として。

諏訪　どんな子でもおもしろいんですよ、それがあれば。

小田　それってまさに諏訪監督の映画ですよね。

諏訪　まあそう。自分のやり方を子ども達に押しつけていいのかなというのはあったけれども、でもその方が絶対に子どもは生き生きと自分の表現ができるという確信があったし、それはやはり自分がこの教育に関わってい

る以上、自分が信じているものをやるしかないなと思ったわけ。それ以来、こども映画教室では台本なしというやり方が定着しています。僕じゃない人がやるときも、基本的にそういうやり方でやっている。

「自分が理解できないこと」＝ 映画の可能性

小田　諏訪監督がプロの俳優たちと、台本無しという形でやるのと、子ども達に台本無しで制作させるのと、似たようなことがおこりますか。

諏訪　期待するもののベースは変わらないと思うんですよ。やっぱりその人自身が主体的にその表現に関わることを期待しているので、その表現というのは、それを見ている私が知らないものであるわけですよ。それは自分ではないからね。自分が書いた脚本をこういうふうにやってくださいというときは、どこかで、本当はそんな単純でもないんだけど、そこには自分があるわけじゃないですか。だけど、それを委ねたときというのは、自分ではないもの、その人の表現。そうすると、それは僕には理解できないことがあったりするわけですね。それが最初言ったような、ある開かれ方というか、僕にとっての映画の開かれ方なんです。映画の可能性なんです。メディアとしての。だから、それは俳優とやるときも、子ども達とやるときも、僕はあまり変わらないです。

小田　なるほど。

諏訪　簡単に言うと、僕はそれを見ておもしろいと思うから、そうなるんです。でも、それが別にベストな方法ではないし、もちろん子どもの映画教育は必ずそうした方がいいと思っているわけでもない。全然別のアプローチがあり得るわけですけれども、僕がやる場合はやっぱりそういうものを見たいと思うし、それは美しいな、と思うんですね。彼らが自分の言葉で自分の役割を表現していくというのは、そのお芝居は本当に美しいなと思うんですよ。

その子の個性、その子そのもの

小田　つまり、言われたことをやる、というのじゃなくて、その子の個性とか、その子そのものが出てくる。

諏訪　だから、つまらないなと思うフィクション映画は、俳優さんがす

ごく皆従順なんですよ。言われたら「はい」ってやるんですよ。俳優という仕事は本当に美しい職業だと思うんですけど、普通は恥ずかしいことっていっぱいあるじゃないですか。俳優の人はそれを恥ずかしくないかのように進んでやらなきゃいけないでしょう。だから、それはそれで美しいんだけれども、結局やれと言われたら「はい」とやるわけでしょう、皆。だけど、本当はそんなことしたくないとか、それは恥ずかしいから嫌だとか、それは普通の人間としてはあるわけでしょう。

　子ども達にそういう従順さを求める必要はなくて、「この世界の中であなたはどうしたいのか」、「自分だったらどうするか」、「自分はどういうことを言いたいのか」ということを見た方がおもしろいわけですよね。おもしろいし、その子にとっての表現というものが出てくる。俳優というのは言われたことをただやればいいというわけでもない。そういう関わり方もありだと思うんです。子ども達を見てそう思ったわけですよ。だから、子ども達だって「こういうふうにやれ」と言われれば、台詞をちゃんと覚えてやりますよ。「あっ、あれは何とかだ！」とかやりますけど、一生懸命ね。それはそれで美しいけれども、本当にそこに映っているものというのは、その子自身ではなくて、その子が一生懸命何か役割を全うしようとしている姿が映っているというふうに見えちゃう。カメラってそれはもう映っちゃうものなので。

本当の子ども

　小田　今それを聞きながらちょっと思い出したことがあって、僕が大学生くらいのときにスピルバーグの『フック』という映画がありました。

　諏訪　ロビン・ウィリアムズの。

　小田　ええ。ニューズウィーク誌のレビューがあって読んだら、「最悪の映画だ」と書いてあった。「こんなに子どもが抑制されているのを見ても仕方がない」みたいなこと。徹底的に「こう動け」「こう言え」みたいな演出が透けて見えて、子どもが生き生きして見えない、と。

　諏訪　そこにも落とし穴はあると思うんです。子どもが生き生き見えて素晴らしいというのは。つまり、「生き生きとしていいね、美しいね」と言え

るということは、本当の子どもではないかもしれない。つまり、大人が自分をまだ投影できる「子ども」にとどまっているから、「ああ、生き生きとして素晴らしい」と言えるという。バザンが、『ドイツ零年』のエドモンドについて書いているんですが、あのエドモンドというのは全く無表情。親を殺すときも無表情。表情から何も読み取ることができない、と。そのときに僕たちは不安になるわけです。「この子はいったい何を考えているんだろう」と。普通の子役というのは、不安にさせないでどこかで安心させるわけです。そのときに大人は自分のミニチュアを子どもに見出して、すぐ何かしら投影してしまう。そんなことをバザンは書いている。だから、「ああ、自然で生き生きとしている」というのは、それはそれで美しいことなんだけれども、でもそれですら結局、大人が思い描く子どもに収まっている以上は、僕たちは拍手を送れるけれども、「本当の子ども」が現れてきたら、みんな怖くて逃げ出す。そういうことはあると思います。スピルバーグはもちろん才能がある監督だと思うし、子どもが撮れる監督の一人ですよね。ただ、それが生き生きとしていて素晴らしいと言えるかどうかはまた別問題だと考えていいんですよ。

映画には画一的なフォーマットはない

　小田　　大人の方が、子どもを知らないのかもしれません。子役に演技を仕込みすぎる、ではないですが、教育においても、子どもの潜在的な可能性を大人が考える枠に当てはめるべきではない、という考えは重要ではないかと思います。教育も時代とともに変化していますから、教え込んで目標に到達させる教育の一方で、今日は構成主義教育が注目をあびています。子ども達の中に既にあるものを引き出す教育です。僕は映画制作の体験を通して子どもの総合的な能力が引き出されるのではないかと思って実践してきたのですが、特に諏訪監督の映画教育の考え方は教育の手法としても大きな可能性を秘めていると手ごたえを感じてきました。映画教育・映像教育の中ではかなり前衛的な手法ですが。

　諏訪　　規範もなく、「とにかく何か撮ってこい」みたいなところで始まって、それをどうやってまとめあげていくのかというのは、本当に臨機応変に

フレキシブルな関係の中で作っていかなきゃいけないんだけど、それを本当に学校の授業に落とし込めるのか、という問いがまずあるわけですよ。「そんなのは無理だよね」というふうに言われてしまう可能性があって、でも「いや、こうすればできましたよ」という一つのモデルというのはすごく意味がある。でも、フランスのCCAJみたいな取り組みも、世界的に見たらレアケースだし、皆がシェアしている内容でもない。（映画）教育と言われるものは、どちらかというとカリフォルニア発のものが主流にならざるを得ないんですよね。恐ろしいことに、今、脚本やレファレンスというのはほとんどシド・フィールドですから。誰に会ってもシド・フィールドと言いますものね。

　　小田　　やはり米国の影響が強い。

　　諏訪　　そもそも映画というのは脚本の決まった書き方なんてなかったわけです。その組その組、あるいはその国その国によって全然違う書き方をしていたわけで、それでいいわけですよね。別にグローバルなフォーマットが必要なわけでもない。

何を目的にその映画教育を導入するのか

　　小田　　本書の中では、米国の制作システムを模倣した方法としての「スタンダードな映画の作り方」に対して、「こういうやり方もあるよ」という文脈で書いているんですが、職能技術を追い求めるのであれば、制作システムの技術指導が有効かもしれない。でも僕の授業の場合はどちらかというと、フォーカスがクリエイティビティの育成、創造性を中心とする総合的な能力です。映画制作という探究的な活動を通して、自分の潜在的な能力が高められると。でもいろいろな目的があってもいいと思います。技術であれ、技術以外のことであれ。

　　諏訪　　それを何か十把一絡げに教育というフレームでやろうとすると、やっぱりすごく混乱するというか。何を目的にその映画教育を導入するのかということがすごく不明瞭になると、結局わからなくなってしまうというか。今映画を教えるというときに、限られたリファレンスしかないとなると、例えば、プロが作ったマニュアルみたいなものをベースにするしかないという

ふうに選択肢がそれしかなかったとすると、目的がどういう目的であっても同じ方法でやらなきゃいけなくなっちゃうわけですよ。だから、方法と目的が混同されてしまうと、本当は何を言われたかわからなくなってしまう。映画というのはすごく広いものなので、映画をやりましたと言っても、実際には様々な要素があるわけで、何を目的にやるのかという議論は重要だと思うし、そういう意味でいろんな可能性とかオプションというのは、吟味されていく。そういう検討が進んでいく必要はあると思う。

映画の専門家、教育の専門家

小田　音楽とか美術ではリトミックとか、アートを使ってどうするとかあったと思うんですね。美術の人とか、音楽家やダンサー、演劇人たちは、わりと子どもの教育に関わってきた歴史がそれなりにあると思うんですけど、比較すると映画人が関わった事例はあまりないですよね。

諏訪　子どもに対する教育ということでは、やっぱりそんなに歴史があるわけではないでしょうね。CCAJだって25年だったかな。

小田　25年ですね。

諏訪　25年か。逆に言うと、そんなもんなんですよね。1990年代半ばでしょう。

小田　僕が本を書いた目的の一つが映画制作をツールとした取り組みを学校の先生方にも知ってもらいたい、ということ。構成主義的な教育というのは、実はこういう現代の機器を使っても実現可能だと。もう一方で映画業界の方々にももっと教育に関わってほしい。教育の場にいろんな映画監督が入ってくれば、教育界も映画界も活性化すると思うんですね。

諏訪　そうなんだよね。だから、映画と教育という両方に関心を持つ人というのはすごく限られている。映画の研究者とか、映画をやっている人ってたくさんいるんだけど、そういう人は教育のことはあまり知らないでしょう。僕も教育のことってそんなに詳しくないからあんまり言えないですけど、ただ現場に長くいるから。教育の専門家ではなかったけど、映画の専門家だったから教育に入ったんですよ。もう一つは、教育をやっていた人が、映画を

教育現場で使えないかなと思って関心を持つという場合と両方ありますね。それらがもう少し力を合わせないといけないわけです。

　　小田　　そうですね。

　　諏訪　　大学において映画教育をしている人たちというのは、本当に行き当たりばったりというか、僕もそうだけど、初めて教育に関わっている。彼らはもともと映画を撮ったり、監督しかしていないんだけど、でも教育にふっと関わることになるわけですね。そうすると、別に教員免許も持っていないのに教壇に立つようになるわけじゃないですか。なぜならば、あなたは映画の専門家だから専門的なことを教えなさいというところで立つわけだけど、そこで初めて教育に出会うということが起きるわけですよ。だから、教育についてはある意味で素人じゃないですか。一方で、教育に関わっている人が映画に関心を持った場合、映画についての専門知識というのはやっぱりゼロから作り上げていくことになってくる。そういう意味では相互の知識なり経験がもう少し融合されていく場が、僕は必要だと思うんですよ。だから、CCAJの場合は、「必ず外部から一人呼びなさい。そして学校の教員とペアになってやりなさい」と。これは多分、他の芸術教育でそういうシステムがありますよね。それってやっぱり一つのある経験的に出てきた一つの解決策だと思うんですよね。だから、学校の中で閉じてしまうんじゃなくて、アーティストがそこの中に入っていく。そして同時に学校の先生と協力してやっていくというかな。そういう組み合わせも必要だと思う。

映画教育に関わる人材の育成

　　小田　　理想的ですよね。

　　諏訪　　映画の人たちで、子どもに対する教育に関心を持っている人はやっぱり少ないと思うんです。

　　小田　　この前、早稲田大学のシンポジウムで諏訪監督と安藤紘平先生に講演をしていただいた時も、映画業界の人は運営メンバーぐらいで。結構いっぱい人が来ましたけど、教育関係の参加者が大半でした。意外だったのが、教育関係の人がこれだけおもしろがってきてくれるんだというのがありまし

たね。だから、逆に教育が映画を発見しているフェーズの方が早いのかな、とちょっと感じるんですけど。

諏訪　こども映画教室も東京藝大の卒業生が多いんですよ。

小田　そうなんですね。

諏訪　うん。基本、多いです。映画を勉強している学生たちで、子どもの映画教育に関心を持つ人というのが出てきているのかもしれない。

小田　だんだんそういう世代も出てきて、ちょっと何か変わってくるのかもしれないですね。

諏訪　そういう場所がなければそういう人は出てこないわけでね。こども映画教室は長年やってきた中で、人を育ててきたところがありますよ。やっぱりノウハウが要るのね。子ども達とどうつき合っていくかとかね。そういう人も育っていかないとできないですよね。

小田　そうですね。指導者というか。映画教育に関わる人材の育成ですね。

諏訪　だから、本当は映画業界も、僕は映画の観客を育てるという意味でも、映画体験を与えていくということを業界全体が考えるべきだと思うんですよ。

7.2 ｜ 映画の可能性

日本映画と日本文化は同一ではない

小田　共同で映画教育を研究しているトーマス・フリントさんからも、諏訪監督にぜひ聞いてくれという話もあるのでお尋ねします。

「世界の映画教育に貢献できるような日本映画のユニークな点はありますか？言い換えれば、イギリス、アメリカ、ブラジル、フランスなど世界中の映画教育者が、日本の映画文化を理解することで自分たちの教育の方法を豊かにすることができるのか。というのは、ヨーロッパの映画教育者の多くはベルガラやフランスの映画文化から大きな影響を受けていますが、彼らや彼らの生徒たちは日本の映画文化から何か特別なことを学べるのでしょうか？」

諏訪　日本映画のユニークな点？

小田　はい。

　諏訪　これって、ちょっと混同があるんだけど、日本の映画の文化というのと日本文化は同一じゃないですよね。映画というのは、結局、ものすごくミックスなわけですよ。つまり、小津映画は日本独自の文化ですか？

　小田　一般的にそう思われているのでは？

　諏訪　小津は何に影響を受けているんですか。エルンスト・ルビッチとかアメリカ喜劇でしょう。そして小津に影響を受けたのはドイツのヴェンダースとか。アッバス・キアロスタミはあんまり影響を受けていないかもしれないけど、小津のシンポジウムに集まった監督たちは皆海外の監督たちですよね。それから、ジョン・フォードとかがいなければ黒澤明の映画は生まれていないですよね。映画というのは、ある意味でその国独自の文化的な土壌の中だけで育まれ育ってきたものではない。でしょう？そもそも混合的なものです。

　小田　そうですね。

東洋的なもの、西洋的なもの

　諏訪　だから、ただ総合的に「アメリカ映画」と括られたときに、アメリカ映画文化が持っているようなものというのは何となくイメージがつく。あるいは日本的な映画、「日本で作られる映画というのはこういう感じだよね」みたいな何かはあると思うんですけど、それは日本文化なのかというと、関係はあるけど、そこから日本的なものだけを抽出するというのはかなり難しいと僕は思います。だから、日本的な映画というのはそう簡単ではないですよ。ただ、フリントさんから見たら何か感じるものはあると思う。例えば、「これはすごい東洋的だね」とか、「西洋と違うな」とか感じるものはもちろんあるのだけれど、その中にでさえ西洋的なものは混ざり込んでいるし、逆に西洋的だと思われるものの中に東洋的なものが入り込んでいるということは映画の中では平気で行われているわけです。

　小田　なるほど。

諏訪　　　黒澤明の映画はかなり近代的な発想で作られた映画じゃないです
か。登場人物だってかなりシェイクスピア的というか、西洋的な人物造形を
するでしょう。彼らは黒澤が言いたいことをある程度代弁するんだよね。で
も、小津の登場人物は絶対に小津が考えているようなことはひと言もしゃべ
らないでしょう。そんなことを別に言いたいわけではない。だから、小津の
中にある西洋的なもの、東洋的なもの、日本的なものというのはもちろんあ
ると思いますよ。それは日本文化と無関係で生まれてきたわけではないので、
日本的なものを指摘することも可能だとは思うんだけど、危険でもあるんで
すよ。何が日本的かと。これが日本的ですよね、これは西洋的ですね、とやっ
たときに抜け落ちてしまうものもいっぱいある気がします。だから、小津の
映画は西洋的ですよ、ある意味。

小田　　　そうですか。

諏訪　　　と、思います。

世界全部は作らない

諏訪　　　溝口健二なんてとても西洋的だと思います。

小田　　　おもしろい。

諏訪　　　だけど、東洋的でもあるよね。東洋でなければ生まれなかった表
現かもしれないです。僕は自分の映画もすごく日本的なものだとは全く思っ
ていないけど、でも関係あるんだなと思うときもあるんです。やっぱり自己
というものが…。まあ今回ね、自己表現って僕そんなに言ったかなと思って
いるんですけど、自己表現とか自己探求とかということが目的だとそんなに
思っていないんだけど、実はね。でも、小田さんの記述の中で何かそれをか
なり強調して書かれていて。それは小田さんがそれに注目したんだろうなと
思うんだけど。表現とか自己探求って僕はあまり思っていないんですよ。

小田　　　映画が？

　諏訪　自己を探究することは目的ではない。結果的にそういうことが表れると思うんです。自分の場合ある意味、多中心的というか。「私がその世界の主であって、私が表現したい世界を作るんだ」というふうに、「王として君臨する」という考え方をとれないんですよ。とりたくないんです。クラシックな権力者としての作者という形を取りたくない。もっと自然発生的なものに開いていきたいという考え方ってわりと日本的だよね。東洋的だというか。例えば借景という考え方がある。西洋の庭園というのはやっぱり世界を作ってしまうわけです。日本とか中国の借景というのは自然の風景、山の傾斜、斜面の延長の中にそれを借りて手前に構築される世界を作るわけ。だから、世界全部は作らないんです。半分作って半分は作らない、ということをやるじゃないですか。そういう主体の曖昧さというか、主体というもので世界を完全に支配しないという考え方というのは、自己を自然というものに対して超越する立場に置かない。それって結構東洋的だと思う。

　小田　東洋的ですね。

　諏訪　西洋というのは、混沌としたものというのは克服しなきゃいけないもの。混沌とした状態というのは、ある理性の中に置き換えられて乗り越えなきゃいけないものなんですよね。だけど、東洋の場合は「混沌なんだよね」みたいな。「混沌でいいじゃん」みたいな。それは別に悪いことじゃないという考え方があるのは、多分すごく東洋的なものなんだろうなと思うんですよ。

映画文化的なオリジン、人間的なオリジン

　小田　実は、フリントさんが書いた論文も諏訪監督のことで、今のお話の点に注目していました。諏訪監督から西洋にない映画教育の視点を学んだと。それは東洋の発見でもあった、と。金継ぎの話を例に出して、コントロールされた完璧な世界を目指すのではなく、不完全なものの中から新しい別個の美を産み出す発想は西洋にはないと。これを日本で発見したと。彼も映画監督をやっていますから、それこそ、結局ハリウッド的な制作システムの批判なんですけれども、ここに新しい教育の可能性があるんじゃないかと書いています。僕は諏訪監督の映画を見たときに、逆にフランス映画っぽいなと

いうふうに思っていたんですけど、今お話を聞いて「あれ、東洋なんだ」と思って。諏訪監督もそのことを意識されていると聞いて、興味を惹かれました。

諏訪　まあ、最初から意識しているわけじゃないよ。だけど、事後的に見たときに、僕の映画は日本映画的ではない、非日本映画的なんだけど、でも東洋的な側面だって持っているなという。だから映画文化とその文化というのは違うでしょう。

小田　なるほど。そうですね。

諏訪　僕は映画文化的にはヨーロッパの映画にすごく影響を受けています、やっぱり。日本映画にはほとんど影響を受けていない。だから映画文化的なオリジンで言うと、ヨーロッパなんです。だけど、人間的なオリジンは東洋だから、世界の見方とか世界の感じ方とか、そういうのはやっぱり東洋的なものがあると思うんです。そのことと、映画の中で起きている出来事が結びついているところもあるかもしれない。でも、それは無意識ですよ。そういう主体を消すとか主体を開いていくということにある価値を見出していくことを発見し、見出していったのはヨーロッパなんですよ。それは彼らに強い主体があるからです。だから主体を解体しようということが起きるわけ。それがポストモダン。

小田　で、ゴダールとかいる。

ゴダールの逆説

諏訪　だけど逆説。ゴダールは逆説があるんですけど、つまり僕が最初に紹介した中川邦彦さんの時代、68 年世代と言ったけど、あの時代に起きたことは「作家」というものを殺していくわけです。「作家の死」ということが言われたよね。作者という存在があって、そこから読者は何か読み取る、受け取るという存在じゃないんだって、それを引っ繰り返すわけ。作者が偉いんじゃなくて読者が価値を作り出すんだ、だから作品というのは一つのテクストなんだ、編み物なんだ、というのがそのポストモダンのベースにあると思う。そこからいかに価値を読み取っていくのかというのは、作家が偉いんじゃなくて読者がそれを作り出すんだと。作品はそれを作り出す場所なんだ、

という考え方なんです。それがあの世代の考え方なんですよ。作者を特権的なブルジョアから引きずり下ろすわけ。で、受け取るものたちが価値を作り出していくという逆転を起こそうとしたわけです。僕はそういうところが何かベースにあると思う。

　　小田　そうですね。やっぱり5月革命の時代の空気ですか。

　　諏訪　だけど、逆説があって、ゴダールは結局、権威になっていくわけですよ。

　　小田　カリスマ…。

　　諏訪　カリスマじゃないですか。ゴダールは何をやっても許されるみたいな、それはパラドックスですよね。彼らの世代というのはそういうものをいかに消していくかという時代だったと思うんですけど、結果的には彼らは新たな権威を作り出してしまった。だから、一時期、彼は名前を消しましたよね。ジガ・ヴェルトフ集団みたいなときは、そういう無名性で。

　　小田　あれはそういう意図があって。

　　諏訪　うん。だけど、結局は回帰していくんだけど。今はもうそういう時代は去ってしまって、もう一度作家というのは権威を取り戻しているわけですよね。だから、崇め奉る対象になるわけです。

ヌーヴェルバーグの後継者

　　小田　雑誌のインタビューで、ジャン＝ピエール・レオが、「諏訪監督はヌーベルバーグの後継者」と言っているのがあったんですけど、何かそういう思いはありますか。

　　諏訪　それは僕だけじゃなくて、例えばヌーベルバーグの直接的な影響というのは、フランスの次の世代の人たちに直接的な影響を与えにくいんですよ。例えば、大島渚というのは、小津安二郎は嫌いだったわけです。それはわかるんですよ。何かというと、自分の生きている場所において、自分の先行世代はやっぱり乗り越えなきゃいけない。だから、大島さんとか吉田喜重さんとか、もちろん愛憎ですよ。吉田さんなんて小津の映画を愛していたと思うけれども、同時にものすごく否定しなければならなかったわけです。だから、ヌーベルバーグというのはフランスの若手の映画作家にとっては乗り越えるべき、

憎むべき、目の上のたんこぶみたいな、「もうヌーベルバーグはいいよ」みたいな話。だから、今ゴダールの映画が好きな人たちは日本だったらいっぱいいるけれども、向こうだと「ゴダールなんか嫌。変だよね」みたいな、そういう雰囲気なんです。それはわかる。やっぱり自分たちのすぐ上にいるものに対しては、ある反発を持たなければ次の表現って生まれないわけ。だけど、その直接的な支配関係にない僕とか台湾の監督とか、アジアの監督にむしろヌーベルバーグの次の後継者が出てくる。普通にそれを引き受けることができる感覚というのは、たぶんフランスの同世代の監督とは違うんですよ。

　小田　　なるほど。

　諏訪　　むしろ、アルノー・デプレシャンとかは、ものすごくヌーベルバーグの影響を受けているけど、それ以上にアメリカ映画の中に何を見出すか、みたいなことがあったと思う。それはしょうがない。別に僕はヌーベルバーグを引き受けようとは思っていませんけれども、でも決定的に自分がその影響を受けたし、個人的には支配されたわけではないので、自由にそのことを引き受けることができたわけです。

映画は複製がオリジナル

　小田　　そう考えると、映画ってやっぱり何か成り立ちが、さっきの話でもそうですけど、グローバルそのものなんですね。グローバルじゃないと存在できないフォーマットというか。

　諏訪　　それは文学だってそうなんじゃないですか？

　小田　　文学もそうですか。

　諏訪　　村上春樹なんて完全に翻訳の文学としてスタートしている。

　小田　　文化そのものがそういうグローバル性というか、こういうものがこっちに飛び火してあっちに飛び火して、こっちに来たものが来ないように否定してみたいな。

　諏訪　　もちろんあると思うけど、映画の場合はそれが如実ですよね。つまり演劇だったら、日本の演劇を海外に持っていくのはものすごく大変なことでしょう。もちろんビデオとか映像に変換してしまえばいいわけですけど、

皆で例えば海外へ行って公演するとかしなきゃいけないけれども、映画の場合は簡単ですよね。

　小田　デジタルフォーマットなら瞬時に。

　諏訪　複製がオリジナルなので、結局、どこで見たって同じものが見られるわけでしょう。だから、もともと日本映画だって全部海外の映画を、アメリカ映画とかヨーロッパの映画を見ることで自分たちの表現を作っていったわけじゃないですか。

映画と演劇の違い

　小田　おもしろいです。僕が映画教育を捉えるときに、映画教育と演劇教育と何がどう違うのかとか考えるんですよ。例えば「映画教育とは何ですか」というときに、「集団で作るアートだ」と。「集団で作っていく中の創作活動だ」と言ったときに、「それは演劇でもそうなんじゃないですか」みたいなことを言われたりすることがある。自分でも自問するんですけど、メディアとして確かにコピーしていくことが容易だというのも一つの映画の特徴ですね。特に今の時代だったら、何か新しい可能性とか、もしかしたら演劇とかじゃできないことが映画ならできる、ということがいっぱいありそうですね。

　諏訪　うん、まあ、映画と演劇の話というのは、そう簡単でもないかもしれない。もともといろんな側面があるんでしょう。映画がコピーしやすいから演劇とは違うというのは確かにそうなんだけど、それだけが演劇と映画を教育に導入する場合の本質的な違いかというと、まあ、それだけではない、という気はしますよね。

　単純に言うと演劇は、僕は文学に近いと思うんだけど、古典的な演劇の場合はだいたい目をつぶって聞いても話はわかるんです。でしょ？なぜならば言語的に造形されているから。そこが海であれば、「おう、この海は何とかかんとかだ」と言ってしまうわけですよね。そのことで、聞いていればだいたいわかるわけです。だけど、映画の場合は目をつぶって聞いていてもさっぱりわからないです。目をつぶったらほとんどの映画はわからないでしょう。想像してみてください。目をつぶって音だけ聞いていてわかる映画というの

は珍しいですよ。ほとんどないでしょう。

　　小田　　なるほど。

　　諏訪　　だけど、シェイクスピアでもチェーホフでもだいたい目をつぶっていても、聞けば情景はわかるんです。出来事もわかる。

　　小田　　そうですね。

　　諏訪　　わかるように書かれています。現代的な演劇は違いますよ。全く台詞がない演劇とかもあるんで。だけど、古典的な「戯曲」と呼ばれているものは、戯曲として作品が構築されているので、聞いていればわかるようにできています。映画というのはそのように構築されていないので、つまり見なければわからないわけです。逆に言うと見なければわからない映画であるべきです。聞いていてわかるような映画というのはないでしょう。

　　小田　　聞いてわかる映画なら、説明しすぎている映画である、と。

　　諏訪　　それは「演劇的な映画ですね」と言われてしまうかもしれない。だから、見なければわからないものですよね。ということは、見ればわかるものでもあるわけです。つまり言語にそこまで影響を受けないということです。なので、字幕の翻訳をしなきゃいけないけれども、見ればだいたいわかるよね、というところがある。まあ、そういうグローバルさというのもあります。

　　小田　　それは大きな違いの一点ですね。

　　代替不可能性

　　諏訪　　映画と演劇の本質的な違いはそういうところにもあると思うし。やっぱりもうちょっと、それは僕たちも何とか言語化しようと思いながらね。決め手はなかなかないんですけど。演劇と映画。教育において、演劇が果たすことと映画が果たすことの大きな違いは何なのか、という部分ですよね。

　　小田　　そうです。まさにそこなんです。それが僕も問いにあって、明確な答えが出なかったんですけど。

　　諏訪　　一時期は、それは代替不可能性であると。表現の代替不可能性ということを指摘してもらったことがあって、代替不可能性というのは取り替えがきかないことということなんですけど。それがわりと映画の本質を表し

ているところもあるんだと思うけど、やっぱり映っているものの代替不可能性もあるし、表現そのものの代替不可能性もある。そういうものが映画の一つの特徴かもしれないなというふうに感じるときもあるんです。でも、それだけでもないと思うんですけど。

教育は求められている人材を複製するツールになってはいけない

　諏訪　あともう一つは、今演劇で言われているのは、何と言うかな。コミュニケーション能力を高めるという文脈で教育の中に落とし込まれているようなところがあるんですよね。

　小田　平田オリザさんとかやっていますね。

　諏訪　でも、そこにちょっと疑問がある。ということは、「コミュニケーションがうまくできる人に価値がある」ということなんです。社会はそういう人を求めています、ということに結びついてしまうわけです。コミュニケーション能力が高い人は価値が高いという。だけど、コミュニケーションがとれない人もたくさんいるわけです。その人に何をさせるのか。そういう人たちはどういう表現が可能なのか、ということを考えなければいけないと思う。ある意味で、求められている人材を複製しているツールになってしまってはいけないと思う。その社会が求めようとしている「コミュニケーション能力が高い人」とか、「メディアを愛する人」とか、わからないけど、そういう社会が求めている能力を提供しますよ、ということにするべきではない。それは社会自体を変えていかないので。

　小田　まさに、僕も同じことを考えています。

　諏訪　今、そういう場が与えられていない人とか、あなたには価値がないと言われてしまいかねない人たちをどうやって救うのか、という観点に僕は興味があるんです。エリートを育てるよりも。映画制作というのは、そういうことに何か資するのではないかと。

　小田　そうですね。

　諏訪　いや、舞台の上に立って演じるというのは相当ハードルが高い。そんなことができる人はだいたい何かできますよね、逆に。家から一歩も出

られない人とか、一人で何かやるしかない人というのは、どういうふうに表現が可能なのかとかですね。

日本の教育の中で失ってしまったものが引き出せる

　小田　僕自身はエリート教育のために映画を導入したいとかいうことはないんですね。僕自身も映画を作っていますけど、自主映画を作ったときに、ものすごく大変だったのと同時に、何か自分が一皮剥けたというか成長したなという何かすごい自信がついたんですよね。そのときは既に教員だったので、これは教師として子ども達に体験してほしいなと思って、帰国する前に勤めた日本人学校（フランス甲南学園トゥレーヌ）で最初はクラブみたいな感じで始めてみて手応えを感じたんです。で、日本に戻ってきた時に群馬の学校でも総合学習の文脈で特設科目としてやり始めたんですけど、エリート教育というよりも、あるいは困っている子に自信をつけさせるというよりも、それ以前にとにかく何か今の日本の教育の中で失ってしまったものが引き出せるような気がしたんです。25 年間学校教師をしてきましたが、「日本は夢を持つことが否定されるような社会である」と子ども達が感じていると思います。教員をしているとわかるんですけど、中学生ぐらいからもう「〜は無理だ」ということを思っているんですよ。印象的なエピソードで、高校生ですごく絵が好きな子がいて、「何かアーティストっていいよね」みたいなことを言っていて、で、「いいね、アーティスト。じゃあ、美大とか挑戦してみたらいいんじゃない」と言ったら、怒られちゃった。「先生、何を言っているんですか。さっきのはただの妄想で、そんなものになれるわけがない。成功する確率は 0.0001 ％。仮に美大を卒業しても就職なんかできないでしょう。現実的じゃない」と。「いや、でもわからないよ」と返すと、「アーティストの夢は生まれ変わったらにします」と。ショックを受けました。人生これからの 16 〜 17 歳の子が、「この世ではできない」と決めつけているんですよね。こういう社会って何だろうと。「じゃあ、何をやるの」と言ったら、「英語が得意だから、通訳ですかね」とか言って、「やりたいの」と聞くと、「いや別に」と言うんです。

　担任もしてきましたけど、三者面談とかして「やりたいことは何ですか？」

と聞くと、多くが「やりたいことが見つからない」と言うんです。見つかるわけないです。最初から本当にやりたいことは無理だと決めているわけですから。そうすると何をやっていいのかわからないわけです。で、どうしようみたいな。そういうことがよくある。そういうのばかりでした。だから子どもにそうした発言をさせてしまっている社会の在り方に疑問を感じています。諏訪監督の映画を見ていると、『2／デュオ』の西島秀俊さん演じる青年と何か通じるところがあると思うんですね。社会の中で埋もれてしまう不透明感の中を彷徨っているというか。何かそんなぼんやりとした不安のようなものを僕は今の子たちの中に実際に感じています。そういう状況で教育の意味を問う時、何のための教育なのか？というのをすごく考えています。

　特に今そうだと思うんですけど、とにかく現代の世の中が利益を生み出す人材教育と学校教育とをごっちゃにしている気がするんですね。学校の中でもやっぱり企業の人材育成みたいな方法論が導入されるし、それこそ「ゴールを設定して、戦略的になんとかで」とか「成長、成長」という言葉が飛び交っている。子ども達に「どうなりたいの？」と聞くと「成長したいです」と。「何を？」と思うんだけど、とにかく何かより一歩高いところに行くことがもう人生の目的のような。この国の教育がすごく軸を失っているように思っています。こういう中で映画教育というのはどういう意味をもたらすのだろうか？というのが、僕の活動の一つの問いで、答えがないんですけど、何か人材育成教育とは違うことをやりたいなと思っています。

　フリントさんも、アメリカの学校で最初の授業に、「ハーイ、トム（・フリント）です。これから、映画つくっていきましょう！この中で映画監督になりたい人、何人いますか？」と言うと手を挙げたのはたったの一人。彼がGKAでグローブに関わって、諏訪監督からも学んできて、気持ち新たに母国アメリカで、さあ、教えるぞ！となったのに、この状況を見て、この子たちに映画を教える意味って何なんだろう？と思ったらしいんですよね。それがやっぱり僕たちの問いで、とにかくやり続けて僕たちが思っている従来型の教育とは違うものをやっていきたい。それはやっぱりデューイや後継のアイスナーの教育論だし、僕たちだったら映画美学。諏訪監督のお考えも芸術教育を超え

て教育全体に大きな価値をもたらすと思うし、それを生徒がかけがえのない一人の人間・作家として映画をつくる中で、あたらしい教育の可能性を探っていきたい。そんなことを考えて取り組んでいます。だから、一概にエリート教育とか何とかの教育とかという以前に、日本の学校教育が見失ってしまったものがありそうな気がしています。

教育はビジネスモデルに収まらない

諏訪　結局、何かそれって「幸せって何なんですか？」みたいな話になってくる。今の話の中にいろいろな問題があるよね。簡単には言えないんだけど、例えばキャリア教育ということでいうと、僕たちの時代はキャリア教育なんてなかったけど、今はかなり小学校からやらせるでしょう。それで「あなたが将来こうなりたいのであれば、そのためにあなたは今何をしたらいいんですか」みたいなことをやるわけでしょう。

小田　まさにそうです。

諏訪　そうすると、自分の将来というのが常に職業に結びついているでしょう。何の職業に就くかがその人の人生であるという感覚に結びついている。でも、そんなことはないよね。

小田　ないです。

諏訪　どういう職業に就くかがその人の幸せに関係しているというふうに考えること自体が、すごく狭い。で、そういう意味で、大学の教育の問題で言うと、やっぱり大学において今求められているのは実利的な、実学主義的なものでしょう。これをやったらいったい何の役に立つのかということをはっきりさせろ、と。その結果もちゃんと客観的に評価しろ、というような方向じゃないですか。これのベースになっているのは、ビジネスモデルなんですよ。ビジネスのサクセスモデルを教育にあてはめることに、今みんなすごく希望を持っている。教育ってやっぱり捉えどころがないものだから、ビジネスモデルを適用すると「なるほど素晴らしい！」と言って拍手を送る人たちがたくさんいる。

　なぜこんなにも経済あるいはビジネスというものによって社会が牛耳られ

ているのか。「広告代理店がいかにビジネスの目的を果たすためにおもしろいことを押しつけできるか」ということがクリエイションだ、みたいな話になっているわけです。そういう意味では、そこに新しいその人の幸せというのはないような気がしますよね。全てがビジネス、経済でしか測れない。だから小田さんが本の中で言った「目的以外の効果というものがあるんだ」ということをやっぱりちゃんと言っていく必要があると思うんです。教育というのは、必ずしもそのようなエクセル上のものではないということですよね。でも、それをちゃんとエクセルで言っていかなきゃいけないし、ただ何か気分で言っているだけでは誰も聞いてくれない。現行のフォーマットの中で扱いにくいことを扱う場合というのはね。やっぱり実践していくことの意味はそこにあると思うんですよ。

　　小田　　はい。

教育から「人」が抜け落ちている今日

　　諏訪　　で、中教審でだいぶ前から「予測困難な時代を生き抜く力をつけなければいけない」とか言われるでしょう。でも、予測困難な時代をどうやって生きたらいいか、誰が知っているんですか？と（笑）。

　　小田　　そうですよね（笑）。

　　諏訪　　予測困難な時代を生き抜く術というのは一つしかないわけ。それは「いろいろな人がいる」ということです。さまざまな人がいれば誰かが生き残るわけです。それを今までの日本の教育ではやってこなかったから、予測困難になったときにどうしたらいいか誰も本当はわからないわけです。その時にすがりたいものがあって、それを今はビジネスモデル教育に見出してしまっている。原因と結果がわかるのだといって。小田さんも書いていたけど、「どんな人がやっても同じような効果が上がる授業でなければいけない」とか言われるでしょう。そんなことがあり得ないのは、教育に関わっている人はみんな直感的にわかっているわけです。そんなことはあり得ないし、自分が受けた最大の教育というのは「その人間」なんですよ。「その人」、人なんです。そういうことが全部抜け落ちていっているというのが、今の教育業界の

現実です。それは単に文句を言っていても変わらないので、「少しでも変えたらこうなるよ」とか、「こういうことが可能だ」とか、「違う可能性もあるよ」ということを具体的に示していくしかないと思っている。

学びを「自分の体験」として捉えていく

小田　そうですね。それを映画で示していきたいですね。諏訪先生が言われた、「とにかく生徒の作品が完成した時に一つ一つ違うのがいいんだ。皆んな同じになっちゃうと駄目なんだ。それは映画の教育が失敗したことになるよ」ということがすごく残っていて意識していることです。結果としてやっぱり全部違う多種多様な作品がそれぞれの生徒から出てきたから、それはすごくよかったなと思っています。プロではないですから、映画としてすごくおもしろいとか、そうでもない、ちょっとよくわからないとか一応あるんですけど、でも仲間と協力して何か一つの形にしたというのはいいなと思っています。それから、僕が変にこうしろああしろとか、映画はこういうものだ、とか教えていたらできなかっただろうというぐらいの高いクオリティの作品を生徒が自分たちの力で作って、実際に映画祭に送ったら入選や受賞したこともあります。逆に下手に教え込まなくてよかったというのは、驚きでしたね。

諏訪　それは僕もありますよ。この間、中学生とやって、ジョージアでグランプリとった作品とかも、なんでこんな作品がつくれたんだろうと思いましたね。素晴らしいですけど。どうしてこの子たちがここまでできたのかわからない。そういうことが起きる。

小田　起きますね。教員の役割として一つの、何と言うかな、もちろん一方で何かを教えるということはあると思うし、そうしないと成立しない教科もあると思うんですが、「映画制作で得られる学びを体験として捉えていきましょう」と主体的な活動ベースでやると、生徒は取り組みに熱中してくれるんです。それはなんでかというと「自由だから」と。「自由にやらせてくれる」って。だから、自由になった時に彼らから生まれてくる何か、というものがすごくいい。

制限があったほうが自由になれる

諏訪　ただ、自由って簡単に言えば簡単だけど、結局それを実現して、彼らが納得するために踏んだ手順というのが小田さんにはやっぱりあったじゃないですか。自由っていきなり言われたら、たぶんどうしていいかわからないし、そんなものがどうやって成績になるのか？みたいな非常に具体的な問題にぶつかる。そこを一個ずつクリアしていくということがあって、初めて自由という授業が実現していくんだということがとても大事だと思う。でも、自由って確かに好き勝手をやればいいわけじゃないので、好きにできることとも違うんだよね。やっぱり自由に表現していくということは、その表現に対する責任というのがあると思いますよ。そういうことを学んでいってくれればいいな、と思います。

小田　非常におもしろかったのは、制限があった方が自由になれた、みたいなことが見られました。

諏訪　そういう面もあると思う。だから、制約を全部外してしまえば自由なのかというと、かえって不自由というか。結局、じゃあ何に頼るかというと、今まで自分が見てきたものに頼るしかなくて、そうすると、結局、過去の映画にとらわれてしまうとか、自分の好きな映画にとらわれてしまうみたいなことがあるから、必ずしも制約を外せば自由かというとそうではない。だから、何らかのガイドを与えたり、どういうフレームを与えるかとか、そういうことはやっぱり重要だと思うんですよ。教育としてはね。「好きにやりなさい」と言うだけじゃないんです。

小田　つまり、生徒の能力や頭が活性化するような、みんなと一緒にやりたくなるような仕掛けをしていく。何かを教え込むというのではなくて。

監督すること、教育することの繋がり

諏訪　僕もアクティブラーニングじゃないけど、教育に関わってきた中で思うのは、やっぱり自分が何か教育、例えばある授業でも自分が頑張っちゃった時というのは、必ず失敗するんです。いろんなことを準備して、やっ

ぱり不安だから、こういう準備をしてこういう授業をやろうとパワーポイントなんか作って、一生懸命やったときというのは、ほとんど効果が薄いというか、みんな黙って聞いているだけ。でも「自分もよくわからないんだけど、どう？」みたいな感じで行った時、彼らが初めて活性化する。だから、僕はちゃんと専門の教育実習もしていないし、専門が教育ではないけれど、でも僕なりに経験的に知ったのは、授業のデザインというのは、あるフレームを作って、仕組みを作り出していけばいいだけで、自分がやり過ぎてはいけないんだ、ということがすごくわかりました。

　　小田　　ちょっと映画と似ていませんか。映画監督と教師が。そんなことはないですか？

　　諏訪　　それはね、まあ、人によるんだよ。全部自分でやっている人もいるし。

　　小田　　諏訪監督の映画の作り方を見ると、諏訪監督の教育のアプローチと近いと思います。

　　諏訪　　それは繋がっているからやっているのであって、教育は教育で切り離してやっていたらたぶんできないと思うんです。自分にとっては一つながりのものだと思えるから、子どもたちの映画の教育にも関われると思う。

純粋性の着地点、『泉』と『4分33秒』

　　小田　　では、そろそろ最後の質問になります。

　映画授業を通して、年間の最後に生徒が、「1年間の授業を経て、映画とは何か？とより探究心が深まった。もっと追求したい」みたいなことを言った子がいたんです。それはすごくいいなと思って。実際に頑張った生徒で芸術に興味がある子なんですけど。一方で諏訪監督とこの前お会いしたときに、「映画とは何か」という、純粋性を求めると原理主義に陥ってしまうということを聞いて、逆に「えっ、そうなんだ」と思って、おもしろかったんですね。おもしろかったのと同時に、あれ、ちょっと僕の方向性は違ったのかなとか思ったりもしたんですけど。

　　諏訪　　その「映画とは何か」。例えば、生徒たちの話の中で、「愛とは何だ」とか、「愛とは何ですか」みたいな質問があって、「いや、愛とは何だと

か自分に問い掛けない」と言ったことがあるんだよね。「映画って愛とは何か
に答えるものじゃなくて、愛することがいかにつらいかとか、愛することが
いかに苦しいかとか、愛することがいかに幸福かを示すだけで、愛とは何か
という答えを示すものではない」という話をした。「映画とは何か」という問
い掛けというのは、もちろんあっていいんですけど、映画とは何かを追求し
てしまうと、それは映画の純粋性を追求することになるわけです。映画でし
か表現できないものは何か。同じように絵画もそういうことが起きたわけで
す。絵画は、写真が登場すると肖像画というものは必要なくなるわけですよね。
何かに似ているということを再現する必要がなくなってしまった。そういう
のは写真ができてしまうから。そうすると、絵画っていったい何なんだろう？
絵画の純粋的な表現って何だろう？ということをずっと追求していくと、「便
器」になったわけです。

　　小田　　はい、マルセル・デュシャンの『泉』ですね（笑）。

　　諏訪　　デュシャンの。それは総合的な関係性の中にある、見る側と作品
との関係の中にあるんだよ、というところに行き着いちゃうわけじゃないで
すか。それはある意味、破壊的なわけです。だから、20世紀の純粋性の探求
が行き着いたところは何かというと、それは原爆だと。物理化学の純粋性を
探求していくと結果的に原爆が生まれるということが起きたわけです。似た
ようなことがメディアにも起きる。だから、純粋性の探求というのは、そう
いう破壊的なものがあるわけね。絵画とは何か。音楽とは何か。例えば、音
楽はジョン・ケージの『4分33秒』の無音っていうところまで行っちゃうで
しょう。その探求を20世紀はやったわけだよね。「絵画とは何か」とか、「映
画とは何か」というのももちろんあったと思うし。

不純なものの中にある豊かさ

　　諏訪　　だけど、そうすると表現ってすごく痩せ細っていくわけですよ。
これは映画にとっては不純なものだ、これは映画ではないとか、これは演劇
的なものだというふうにして排除していってしまうわけですよね。そうじゃ
なくて、僕がそのとき言ったのは、映画をすべて肯定していくというプロセス。

だから、「これも映画だ」と、「ここにも映画はあるよ」とかいうこと。「これ
は文章なんだ、映画じゃないです」というんじゃなくて、「ここにも映画はあ
るんじゃないの」というふうに考えた方がおもしろいし、クリエイティブだと。

　中川邦彦と考えた時というのは、そういうことだったんですよ。つまり、
造形大学のデザイン学科映像専攻だったのを「映画専攻」に変えたんですね。
映像が包括概念で、その下に映画があるというふうに普通は考えるんです。
動画だから。だけど、そこを引っ繰り返した。つまり、映画というものがい
ろんなものを包摂する上位概念にならないのか、というふうに考えて、そう
いう社会作りとか、ソーシャルアートみたいなものを含めて「映画」という
ふうに呼んでみようというのが、僕たちのコンセプト。だから、「映画とは何
か?」というふうに考えるというのは、もちろん問いとしてはあるんだけど、
それをその純粋性だけを探求しようとすると排除になっていくんです。不純
なものを排除していくということになる。そうではなくて、「いや、いろんな
ところに映画があるんじゃないか?」と考えた時には、彼らが卒業して生活
をするようになった時に、自分の仕事、全然関係ない仕事の中で何か映画を
発見することができるかもしれない。だから、排除して純粋性を求めていく
ということは、排除の論理になる。そうではない問い掛けというかな。映画
とは、映画の純粋性を問うのではなくて、あらゆるものに映画を見つけ出す
というふうに考えていくという概念もあるんじゃないかなと思っている。

　小田　逆に、不純なものの中に豊かさみたいなものを発見するという。

　諏訪　不純なものですよ、表現というのは。

　小田　ああ、表現自体が不純なもの…。

　諏訪　僕はそう思う。「不純でいいではないか」「なぜ純粋でなければい
けないのか」と。

　小田　なるほど。

　諏訪　純粋さを求めるというのは、必ず悲劇を生むでしょう。

　小田　そうですね。

　諏訪　真理というのが、ただ一つどこかにあると考えると、やっぱりす
ごく破滅的になってしまう気がする。もっと開かれていったようなもの。真

理というのは、ここにおいてはこれが真理かもしれないが、それをここにおいては真理ではない。こっちから見ると、ここに真理があるということが多層的に起きていてもいいわけです。

　小田　純粋なものという考え方は。

　諏訪　陥りがちというか、そのことを求めたいという気持ちがあるエネルギーを生むかもしれないんだけれども、同時にそれは「ただ一つのものではないのだ」という視点がないとすごくつらいことになってしまうと思う。痩せ細ってしまう。豊かにはならないという気がする。

　小田　そうですね。

　諏訪　それはやってきたからそう思うんだよね。20世紀というのはそういうことをやってきたので。

　小田　やっぱりその積み重ねの上に。

ショックをやわらげてはいけない

　諏訪　その果てに。今、僕たちはその果てを見てきたわけなので、「純粋性の探求というのはもういいんじゃないの、次に行こうよ」みたいな。そういうふうに考えることも可能なんじゃないかなと思う。だから、「何々とは何か」という問いは一見美しいのだけれども、でもかなり破滅的だよね。あまりいい結果をもたらさない気がするときもあるんですよ。

　ただ、無自覚に何か「これは映画だ」とか、無自覚に「これが真理だ」と思ってしまうということはすごく危険だと思うんだけど、自分から「これが映画だよね」と思っちゃうと、「本当にそうなの？」って。「これは映画なの？」とか、それを揺るがしていくというかな。自分がこう思っていたことが揺るがされたり、「いや、そうじゃないかもしれない」という経験をするということが、表現あるいは成長というものと結びついていく。だから、芸術に出会うということは、やっぱりあるショックが、これはベルガラだってそうだけれども、「芸術として映画と出会わせるときは必ずショックを受けなければいけない」と言うわけね。ショックをやわらげてはいけない。先生が事前学習とか準備させて、そのショックをやわらげようとするのだけれども、それは

絶対にいけないんだ。ショックが必要なんだ、と。だから「教室でブーイングが起きたっていいんだ、そのショックというものを大事にしなければ芸術との出会いはないのだ」というのは、かなり勇気が要ることなんだけれども、本質はそうだと思うんです。それはもうショックで揺るがされてしまう。そのときにいろんな疑問が生まれるわけじゃないですか。

　　小田　そうですね。

わからないことに価値がある

　　諏訪　それをね、やっぱり何か、よくわからないものというものを肯定していく。受け入れていく。そこに違和感を感じたり、ショックを感じたりしながら。でもそれを体験していくという視点は、やっぱり今の社会全体が見失っているところだと思いますよ。今の社会は、わかりにくいこととか、わからないことに価値を置かないんだ、ほとんど。だから、目から鱗が落ちる説明をする人がもてはやされる。わからないということが如何に楽しいことなのか、ということが、もう少し社会に普及されていかないと。だから、夢が持てないというかさ、それってやってどうなるのと言う。誰も「それが楽しいから」と言わないからですよ。

　　小田　ありがとうございます。でも、こうして諏訪先生のお話を聞いて、僕も更に勉強して映画芸術から得られる教育の新しい形を探究していきたいと刺激をうけました。

　　諏訪　僕が何か小田さんに期待するのは、今回の成果は素晴らしいと思うんだけど、ただ僕の影響が強すぎる。

　　小田　強い。とても強いです（笑）。

　　諏訪　だから、僕がやっていることは「ここはいいけど、ここは違うよね」という視点で、小田さんにはこの次のフェーズでこの教育をもう一回検証してほしい。さらに映画教育を進歩させるためにはそういうことが必要な気がする。僕がすごく不安なのは、本当に個人的な考えに基づいて自分のできる範囲の中でやってきたことなので、やっぱり議論され、いろんな批判とか検証に

さらされていかなければいけないでしょうし、それがやっぱり結果的によい方向になっていくと思う。これは一つのケーススタディだと僕は思っている。小田さんは教育に関わり続けていくけれども、僕はもう辞めるかもしれない。

　　小田　　ええ！？

　　諏訪　　すぐには辞められないけど。それは何か継続的に違うビジョン、違う角度から、違う何かを。

　　小田　　ありがとうございます。今日は長い間、本当にありがとうございました！

写真 / 森本佳奈子

2021 年 9 月 26 日（日）
文京シビックセンターにて

第 8 章　「諏訪監督 × 高校生」講演集

8.1 | 諏訪監督基調講演『映画を通して知る世界』(2015 年 4 月 23 日)

日時：2015 年 4 月 23 日（木）15：10-16：00（図書館スペース）
講師：諏訪敦彦監督（東京藝術大学大学院教授）
　　　西岡貞一教授（筑波大学大学院教授）
司会：小田浩之（ぐんま国際アカデミー高等部 1 年学年主任）
参加生徒：全高等部 1 年生徒（2 クラス　30 名）

以下は基調講演の抜粋である。

―小田：皆さん、諏訪監督は国際的に著名な監督で、東京藝術大学大学院教授もつとめておられます。縁あって諏訪監督には運営委員長として高 1 生の科目「グローブ」でご指導・御支援を頂いています。今日は諏訪監督にいろいろ映画のお話をしていただきたい思います。今年度 1 年間、生徒は映画制作を行うわけですが、諏訪監督、映画の魅力はどこですか？

―諏訪監督：僕の最初の映画を上映してくれたところはオランダでした。暗い映画です。西島秀俊君が出ています。その映画が出来たとき、オランダの映画祭で発表しましたが、席を立つ人もいたし、泣いている人もいたし、主人公の行動に怒っている人もいたし、本当にいろんな人がいました。そのことは僕にとって新しい発見だったし、ひとつの映画の可能性に思えました。映画の本当の力はいろんな見方ができるところにあるんです。言葉とは、ずばり物事を捉えちゃうわけでしょ。例えば諏訪監督はどういう人か、ということを言葉で表す事もできるわけ

ですよね。今皆、僕のプロフィールが書かれた栞をもっていますが、このプロフィールがどれだけ僕を表しているかというと、僕のほんの一部のことだけですよね。でもこうして初めて会うけど、目の前に表れた瞬間に、ああ、こんな人なんだ、と一気に掴めちゃう感じがありますよね。で、カメラってそういうところがあるんですよ。あるもの、ある人をパッと掴んじゃう。それは言葉や文学とは全く違う力であってパッと掴んじゃうんです。撮った映像を見たら、会った事が無い人でも、どういう人か何かわかりますよ。で、そういうものを撮れる事が映画の一つの力なんだと思います。

―小田：諏訪先生はフランスで映画を制作されていますが、外国で映画を作ることの難しさというのはありますか？

―諏訪監督：僕がフランスで映画をつくっているのは、サッカーもそうですけど、一人で映画は作れないじゃないですか、チームがないと。チームは日本に限った事ではないんですね。僕の場合はたまたまフランスで僕を監督として呼んでくれるチームがあったわけです。フランスで映画をとりませんか？と。ではやろう、と。日本人どうしでやる時の方が難しい場合もあるんですよ。映画に対するいろんな考え方があるんですね。例えば、僕の映画は普通とは違って、脚本がないんです。俳優に即興で演技してもらうんですね。それは通常の映画業界では普通のことではないんです。普通は台本があって、決

まった台詞を言うのですが、僕はそういうやり方ではない。でも僕がチームでやっているフランスの制作スタッフは、そういう僕のやり方を理解してくれているんですね。言葉は直接は通じないんだけど、演出していて、僕がやりたい事は通じるんですよね。でも同じ日本語でも、日本のスタッフで僕のやりたい事が通じない人の方が多いです。なぜ台本がないのか、一から説明しなければならない。不思議なもので、自分の価値観が共有できる場所は必ずしも自分が住んでいる場所とは限らないのです。

―小田：「良い映画」とはどういう映画なのでしょうか？

―諏訪監督：「良い映画とはこういうのですよ」と言われることに徹底的に抵抗する映画ですね。それが良い映画です。（会場笑）　モノを作る、クリエイトするっていうことは、戦うことなんですよ。人が「これは良いよ・ね」「そうだよ・ね」と、「ね」ってよく言うじゃないですか。「私とあなたは一緒だよ・ね」の「ね」なんです。そういうコミュニケーションは比較的日本的なコミュニケーションです。そのことの美徳もありますよ。和を重んじるということでもあるし。しかし、コミュニケーションでは「私とあなたは違う」というのが前提なんです。だから「私はこう思う」というのが大事になってくるんです。これは特にこれからモノを作っていく時に大事な事かもしれません。その前提として、相手を信頼することが大事なことです。「だから違っ

ていてもいいんだ」「私とあなたが違うということを尊重する」コミュニケーションなんですね。そしてその価値観を共有するところがグローバルな世界です。いろいろな映画があるという事が豊かな事なんです。それが、「皆が同じに」「皆がこれが良い映画」となっていったときに豊さは消える。文化として映画を見た時に問題なのはハリウッド映画が世界的に観客を獲得してしまっているということです。これが共通言語であって、これが良い映画と思われてしまう事はあまり豊かな事ではない。ハリウッド映画が良くないわけじゃないですよ。商業映画も無ければいけないのですが、それだけになってしまうのは文化が貧しくなってしまうという事なんです。だから皆さんが作った映画が、外からみて、「何となく皆、似ているね」「何となくあのドキュメンタリー番組に似ているね」と言われたらマズいわけです。「こんなのもあったし、あんな作品もあったね」と言われる事が、このプロジェクトのより良い方向性だと思います。

—生徒：テーマはどうやって思い浮かぶのですか？

—諏訪監督：映画のテーマですか。『パリ・ジュテーム』はご覧になりましたね。原作はアンデルセンの童話です。アンデルセンの童話に、子供が死んでしまったお母さんの話があるんですが、童話の中の死神を、僕は映画ではカウボーイに置き換えたんです。あの時期、フランスに 1 年ほど住んでいたんですが、ちょうどス

マトラ沖の地震があって、大津波が襲いました。フランスでも大きく報道していました。家族が津波に流されてしまったり、多くの悲劇が起こったんですね。僕は広島で生まれたんですが、原爆の時も同じだったんですが、生き残った人たちが罪の意識を感じたんですね。「何で私だけ生き残ったんだ」と。だって、たまたま生き残ったんですもの。たまたま子供が死んでしまったり、お父さんが死んでしまったり、災害ですから、誰が生き残って、誰が死んでしまうか、それは偶然なんですよね。だから生き残った人たちは罪の意識を感じてしてまったんです。私だけ何で生き残ったんだろう、と。そういうことが毎日報道されていた時に、アンデルセンの童話を思い出したんですね。あの話は、子供が死んでしまって悲しい、出来る事なら死んだ子供に会いたい、それで死神に問われるわけです。「私に付いてくれば、死んだ息子に会わせてあげよう。あなたにその勇気があるのか？」と。つまり息子に会うために、死神について行き、死んでもいいのか？ということですね。そしたら、母親は、死んでもいい、会いたい、と言うんです。しかし生き残ったお父さんとお姉さんが「ママっ！」って声をかけるんです。息子に再会するんですが、息子から「お父さんと、お姉ちゃんが呼んでいるよ」って言われるんです。つまり、「あなたには生きている人に対する責任があるでしょ」ということに気づくんですよね。僕が映画を通して伝えたかった事は「生き残ったことは罪ではない」ということなんですね。でも映画と

は不思議なもので、それを伝えるための道具じゃないんです。あの時はそのことを伝えたかったんですけど、テーマというのはね、作ってみると分かるんです。テーマと題材という二つのものがあって、これを撮ってみようかな、というのは「題材」なんです。で、その題材を撮っていく中で、とくにドキュメンタリーは作ってみないと、どんなものになるか分からないんですよ。作って、上映して、人に見てもらったときに初めて、「ああ、自分はこういうテーマを撮りたかったのかな」と分かる時があるんです。芸術とはそういうものです。例えば絵画でも、いろんな計画やモチーフをもとにこういう絵を描こう、と思うんですけど、そこに秘められたテーマは描いてみないとわからないんです。だから、描くんです。小説だって書く前に分かっちゃったら書かないんですよ。よし、こういう話を書こう、こういう登場人物を出そう、と書きはじめていくと、だんだん変わっていくものなんですね。で、最終的に書き上がったも

のを見てみると、「あれ、おかしいな、こんなになっちゃったぞ」と。でもそれは自分が書いたんですよね。それがその作家が無意識的にもっていたテーマなんです。その人がもっていたテーマが、制作する中で浮かび上がってくるんです。クリエイションとはそういう所があるんです。テーマとは、あとから自分が発見するんです。でも普通に生きていたらこういうことに出会わないです。こういうクリエイションに関わった良さというのは、自分が普段気づかなかった自分の中に隠れていたテーマが見えてくることだ、と僕は思います。それから、ドキュメンタリーを作る中で、先入観を捨てることが大事。カメラを向ける事で、今までと違う事を発見できる可能性があるんですね。だから「もうそれ知っているよ」ということを、「いや、実は何も知らない」と思って見てみると何か見つかるかもしれません。それが、君たち自身の中に隠れていたテーマなのかもしれません。

8.2 ミニ・ドキュメンタリー上映講評会（2015 年 7 月 2 日）

日時：2015 年 7 月 2 日（木）15：10-16：00（レクチャーホール）
講師：諏訪敦彦監督（東京藝術大学大学院教授）
司会：小田浩之（ぐんま国際アカデミー高等部 1 年学年主任）
参加生徒：全高等部 1 年生徒（2 クラス　30 名）

―小田：皆さん、今日はお忙しい中、諏訪監督をお招きすることができました。

2 作品ずつ皆さんが作ったドキュメンタリーを見ながら、諏訪監督に御講評いた

だきたいと思います。

～＜２作品上映＞～

—諏訪監督：僕がコメントするっていうよりも、皆が作ってみて君たちがどう思ったかを知りたいですね。今日こうして、上映会をしているんですが、皆で見ている時に自分たちがどう感じるか、自分たちで見た時はおもしろかったけど、知らない人と見たらどうかな、とか、これで話がわかるかな、とか、もっとこうすれば良かったかな、とか、いろいろ感じると思うんですよね。そういうのが大事ですよね。知っている人が出ているだけで、楽しいんですが、その面白い事が他の人が見ても面白いのか？ということを感じながら見て欲しいですね。２分ですよね。２分って結構あるんですよ。その２分の中でどう見せようか考えたと思います。どのシーンを使うのか、あるいはどれをカットするのか。それが編集ですよね。２作品とも編集はできていたと思います。２作品目は、これドキュメンタリーじゃないと誰か言っていたけれど、何か楽しげなものが映っていて、何が楽しいのか分からないけど、楽しいということはよくわかるよね。でも意味は分からなかったですよ（笑）。ドキュメンタリー的ではない部分があったけど、それはフィクションかもしれないけど、それで本当のことが見えてくることもあるんですね。フィクションの要素を取り入れてもかまわないと思う。

～＜次の２作品上映＞～

—諏訪監督：（早回しの高い声やスローの低い声があったけど）あれは小田先生の声をいじったんですか？自分たちで見る分にはかまわないけれども、上映するときは映っている人がどう感じるのか？と考える事も大事ですね。信頼関係を前提に大丈夫だとおもって上映しているから小田先生は多分笑ってみてくれたと思うけど、本来は気をつけた方がいいところですね。この２つの作品は構成ができていましたね。どういう順番で、どういう展開で、編集するとどう伝わるのか考えていたことが見えたと思います。

～＜最後の２作品上映＞～

—諏訪監督：『船田先生』という作品では、画面では別の映像をみせながら、船田先生のインタビューをかぶせる、ということをやっていましね。必ずしもしゃべっている映像を映す必要はないんですね。違う映像をかぶせても良いよね。映画は、オーディオとビジュアルで表現されていることがわかったと思います。またナレーションがありましたね。ナレーションが入ると分かりやすい事は分かりやすいですね。そのことで船田先生を知らない人でも、船田先生がどういう先生か、情報が伝わりますね。そういう工夫はされていたと思います。だから何を伝えた方がいいのか考える必要がありますね。次の作品『敬語』も面白かったです。なん

で敬語を使わないといけないのか、皆がもっている日常的な疑問をテーマにしたところが良かったと思います。あと友達のインタビューも上手かったですね。インタビューって撮っている人は普通映らないんだけど、カメラを向けている人と向けられている人と、どういう関係なのかというのはしっかり映ってしまうんですよ。だから友達を撮ると、仲の良い関係性の中で撮れて、画面にそれが出てくるんですね。あまり知らない人を撮るとお互い緊張するでしょ。そういうところも映っちゃうんですよね。そういう意味では、生き生きとしたインタビューがしっかり映っていました。よく見せていこうとする工夫と、それを展開していく構成が出来ていたと思います。知らない人に向けてどういう風に伝えるか、ある程度出来ていたと思います。今回良かった所と、改善する所と確認できたら良いと思います。映画を見て「ああ、なるほどね」というのは、単に情報が伝わっただけなんですよ。「何かわからないけど、面白かったね」というのは、意味じゃないんですね。なんか印象に残っちゃう映像ってあるんですよ。それは映像の一つの表現であり、体験であり、不思議なところなんです。でもその面白さが自分たちだけのものなのか、それとも他人とも共有できるのか、というところが次に作る時にかかってくるところです。例えばホームビデオってあるでしょ。人のうちのホームビデオを見てもおもしろくないよね。でも撮っている人はおもしろいんですよ。自分の子供はかわいいからね。だけど人が見たと

きに、お父さんお母さんが感じるようには感じないんですよね。だから自分が好きなものや、自分がおもしろいと思うものが、自分と同じようには人に伝わらない。だからどうしたら良いだろう、どうしたら伝わるだろう、ということを考えるのが次の課題ですね。全体的にはどの班もよく出来たと思います。

――小田：では、お待ちかねのプライズに移りたいとおもいます。1作品、諏訪監督の目から、これがベストという作品をえらんでいただきます。

――諏訪監督：プライズの前に一言いっておきたいのですが、芸術に順位をつけることは難しいですね。最近は何でもランキングとかいって順位をつけることが多いですよね。賞とかもね。僕も映画祭で受賞したりもしたんですが、僕が尊敬する監督がいるんですけど、クリント・イーストウッドという監督であり俳優がこういうことを言ったんです。「たくさん賞を取るくだらない映画もある。ひとつも賞を取らない素晴らしい映画もある。ただそれだけのことだ」。その通りですよね。芸術の世界はスポーツと違って勝ち負けの世界じゃないんです。いろいろな考えがあって、ある人はこっちがいいと思い、ある人はあっちがいいと思う、というのが芸術の世界なんです。唯一の答えは無いんです。そういうことを理解してください。でも僕の価値観で一つ選んでくれといわれれば、『敬語』のドキュメンタリーを撮った班が一番面白かったかな。

（会場拍手）

―小田：では、上映会、講評はここまでですが、皆さんがこれから取り組むメインプロジェクトの題材候補について、諏訪監督からアドバイスをいただきたいとおもいます。

―諏訪監督：まず、一班は何を一番やりたいんですか？

―1 班生徒：「お化け屋敷！」

―諏訪監督：面白そうですね。結構こういうところにお国柄の違いがでるんじゃないですかね。何を怖いと思うか、お化けも国によって違いますしね。単にお化け屋敷だけでなく、デザインの違いなど目を向けてもおもしろいですね。

―2 班生徒：「絶対サッカーをやりたいです！」

―諏訪監督：これは目がハート企画ですね。自分が好きなものをとる企画。できれば有名な選手を撮れたら良いな、とか思っているのかな？

―生徒：「マイナーリーグの頑張っているチームをとるつもりです！」

―諏訪監督：マイナーリーグで頑張っている選手か。そういう視点があるならいいですね。単にサッカーの面白さという

ことだと、漠然としているし、サッカーを伝えるメディアってすでに一杯ありますよね。すでにいろんな情報がある中で、自分達が見つけた、これだ！という面白さを伝えることが出来たら面白いんじゃないかと思います。別の視点では、野球ってどんなスポーツだろうって思われているんですよ。アメリカでは人気ありますが、世界ではマイナーなスポーツですから。フランスでは、ボールを打ったら何で右に走らないといけないんだろう？という程度の理解です。野球はサッカーと比べるとすごく複雑なルールのスポーツですよ。世界中どこでも知られているというものではないんですね。だからいろいろ視点を切り替えてみるといいんです。サッカーの面白さを別の視点で見るとどこが魅力なのか？ということが見えてくると面白いんじゃないかと思います。目がハート企画といったのは、さっきの子供を撮る時と関連するんだけど、大好きなものとか愛しているものを撮ることは難しいんですよ。自分達では、撮っただけでもう嬉しくなっちゃうんですよね。だけどサッカーなんて全然興味ないって人もいるわけでしょ？サッカーに興味ない人が見ても、面白い！と思わせることがこの班の課題ですね。見せ方を考えてくださいね。

―3 班生徒：「私たちは、空港を撮るつもりです！」

―諏訪監督：空港も面白いですね。空港は撮影が難しいかな。セキュリティーが

厳しいところだからね。事前に許可を得ないといけないよね。条件付きでこの範囲のこの時間ならいいよって、言われるか、それとも駄目だよ、って言われるか。もし駄目ならどうするか。ちょっと考えないといけなくなるかもしれません。

―生徒：「代案は、安倍総理に会いに行く企画です！」

―諏訪監督：総理大臣に会いに行くのはハードルが高いなぁ（笑）。会いに行くっていうのもおもしろいと思いますが、どうにかして会おうとして会えなかったというドキュメンタリーもおもしろいかもね（笑）。昔ね、萩本欽一さんが、チャップリンにアポ無しで会おうとしたテレビ企画があったんですが、チャップリンのような大スターに会えるわけないですよ。それでも萩本欽一さんと坂上二郎さんは毎日毎日チャップリンの邸宅の前でいろんな仮装して待っているんですよ。そしたら何とある日チャップリンが君たち家に入りなさい、といって入れてもらえたんですが、もちろんカメラは入れてもらえなかったんですが、そういう一種のドキュメンタリーもありましたよ。だから安倍さんに会いたいというのはハードルが高いですが、ひょっとしたらということもあるかもしれないですね。

―4班生徒：「私たちは、温泉か伝統工芸、伝統芸能です！」

―諏訪監督：これ自体は作品になるとお

もうんですけど、例えば温泉といっても温泉の番組っていっぱいあるでしょ。TVをつければどこかでやっているみたいな。伝統工芸もドキュメンタリーでよく好んで撮られますよね。そうすると TV にはない、自分達が発見した面白さや、自分達の視点がより重要になってきます。例えば NHK で撮っているようなことを真似してもしょうがない。そこと勝負するよりは、自分達の見方というものがみえてくれば、この題材でも面白くなるんじゃないですか。温泉の効能とか、ただ紹介しても温泉番組と一緒になっちゃいますよ。自分達が、なぜ温泉に興味を持ったのか、そういうところを話し合って詰めていくと、自分達の映像というものが出てくるかもしれません。ただカメラを回せば何かが見えてくるってわけではなくて、自分達が何をどう面白いと思ったのか？ということを話し合って絞っていくといいと思います。

―5班生徒：「水族館です！一番撮影しやすそうな感じがするからです。あとゲーム会社とか……」

―諏訪監督：水族館にしても、ただ「水族館の裏側はこうです。こういう仕事をしています。」と紹介だけになっちゃうとつまらなくなっちゃうよね。自分達が何をおもしろいと思ったか、ということを考えてほしいんです。自分達の想像していたことと違っていたことや、意外にこうだったということがあるとそれが切り口になると思います。あるいはそこにすごく面白い人がいたとかね。そしたらその人が切り口になる

かもしれません。それはつまり、自分達が何に面白がれるか、何に興味を持てるかというところにかかっているんですよ。「この水族館の一日はこうです。こういう仕事があります」では、それはただの情報にすぎないんです。自分達が面白いと思うところを見つけるということが大事ですね。

—6 班生徒：「私たちの班は、おでん、味噌汁です！」

—諏訪監督：味噌汁とか、だしとか面白いとおもいますよ。日本人からみたら当たり前のものでも外国から見たら謎の食材かもしれませんしね。そういう視点が出やすい題材ですね。それでも膨大な情報があるわけで、だしといってもどういう切り口で見せればいいのかで、全然変わってくるし、これもどう絞りこんでいくのか考える必要がありますね。で、その時に君たちならではの視点を意識してほしいですね。そうでないと、どこにでもある TV のドキュメンタリーになってしまう可能性があるんですね。TV 番組にない視点とはなんだろうか、自分達が見た味噌汁とは何だろうか、そういうところがみえてくると良いものが出来るんじゃないでしょうか。

—7 班：「祭です！」

—諏訪監督：たしかに祭は画になりますね。自分たちも日本の祭のことをよく知らないから、もっと知りたいという素朴な欲求があればいいんですけれど、画に

なる分、画にたよっちゃいますから、逆にテーマを絞るのが難しいかもしれないですね。

—生徒：「アメリカに行くのでそこでも撮って比較しようかなと思っています」

—諏訪監督：アメリカの何州ですか？

—生徒：「カリフォルニアです。可能性としてカリフォルニアのフェスティバルと日本の祭を比較することもできるかなと」

—諏訪監督：なるほど、例えばカリフォルニアのフェスティバルと太田の祭を比較するときに、何でカリフォルニアを取り上げたのかなと思われる可能性がある。オレゴン州じゃいけないのかとか、アイスランドじゃいけないのか、という話になるでしょ。で、何でカリフォルニアかというと、「私」がたまたま行ったからですよ。ということは、「私」がこのドキュメンタリー映画のストーリーを担うことになる。という考え方ができるんです。そうすると太田の祭とカリフォルニアのフェスティバルが繋がることが成立するんですね。で、TV だとそういうことはできないんです。ディレクターが、たまたま親戚の結婚式がオレゴン州であったから、撮ってきて放送しました、ということはできないんです。言えないでしょ。TV ディレクターは。でも君たちは言える。なぜなら君たち自身も物語の一部だから。そういうことがさっきからいっている君たちならではの視点なんです。そしてこ

れは TV ディレクターではできないこと。TV では私を出せないんですよ。昔ね、僕がはじめて NHK の番組をつくったときに怒られたことがあったんです。インタビューしたときに、相手に「ああそうですか。へー」とか思わず、言っちゃったんですよ。話をしてくれているわけだから、相槌をうってあげたいじゃないですか。でも、NHK ではそれはしちゃいけないって言うんですよ。声出すなと。で、それって僕は必ずしもいいと思わないんです。ではなぜ NHK ではそういう指導がはいるのかというと、「誰かが撮っている」ということを視聴者に忘れさせようとしているんです。つまりディレクターがいてカメラがいて誰かがお話を聞いているんじゃなくて、TV を見ている視聴者が（直接）聞いていると思わせたいから、声出すなっていうんです。それは、誰でもない誰か、つまり透明になれっていうことですよ。でも僕は必ずしもそれが良いとは、思いません。人間が透明になる必要はない！むしろ自分の存在を出した方が面白いんです。そうなったときに君たちにしか撮れないものが見えてくるんです。今日の上映会の作品も各班、それぞれ君たち皆の存在が出ているんですよ。君たちならではの人間関係でないと撮れない先生や友達の姿や表情が映っている。僕が撮ったら、そうは撮れないですよ。僕が撮ったら皆は構えるでしょ？君たちが撮ったようなインタビューはとれないですよ。そういう映像を撮るのが、関係性をつくると言うことなんです。そういうことを活かして次のメインのプロジェクトも頑張ってくれればと思います。

8.3　ミニ・ドキュメンタリー上映講評会（2016 年 6 月 15 日）

日時：2016 年 6 月 15 日（水）13：20-16：00（レクチャーホール）

講師：諏訪敦彦監督（東京藝術大学大学院教授）

司会：小田浩之（ぐんま国際アカデミー高等部 1 年学年主任）

参加生徒：全高等部 1 年生徒（2 クラス　57 名）

【ミニ映画制作課題】

・各班 1 分の作品。

・各テーマは抽象的な反対語。

・テーマはそれぞれ、くじで選ばれた。

●無知 / 教養●保守的 / 革新的●リスク / 無難●楽観的 / 悲観的●正常 / 異常●空っぽ / いっぱい●安全 / 危険●真実 / 嘘●自然 / 人工●ファンタジー / 現実●複雑 / シンプル●分断 / 融合●個人 / 集まり●普通 / 変わっている

　上映会は諏訪監督を招き、各班の上映後に諏訪監督の講評を挟んだ。以下は諏訪監督の講評の内容の抜粋である。

〜「概念は撮れない。映像で撮れるのは唯一のもの」〜

—**小田**：本日はフランスで新作映画撮影中というご多忙の中、一時帰国されている諏訪監督にお越しいただきました。まず、生徒の作品を一班ごとに上映し、区切りながら、諏訪監督に作品のご講評を頂きたいと思います。

〜1班作品の上映〜

—**諏訪監督**：皆さんこんにちは。今日、制作した映画を皆で見せ合うのは初めてですか？自分たちが作ったときは、各班ごと「こうだよね、ああだよね」と言いながらディスカッションして制作したと思います。それを今度は、他の人がどう見るだろう、というのは怖い事でもありますよね。僕が初めて映画を作ったのは高校生の時でした。文化祭で上映したんだけど、凄く恥ずかしくて、上映が終わってから逃げました（笑）。自分たちが作った映画を人に見せる事は、怖かったり、恥ずかしかったりするけど、それは大事な体験で、「自分たちが思った事が人にどう伝わるんだろうか」ということに可能性があるわけですね。自分たちが思った通りに伝わる、ということは一つ大事なことですね。でも一方で自分たちが思わなかった事を、人が発見する、自分たちはそういうつもりじゃなかったけど、人がそういうふうに見ちゃった、というこ

とも面白いところなんですね。今回は、テーマとする対となる言葉を与えられて、始まったプロジェクトですが、言葉で言い表せる内容なら、話せばいいんだよね。そうじゃない？「こういう事が言いたかったんです」という内容なら、話せばいいんじゃない？「この映画を通してあなたは何が言いたかったんですか？」とよく聞かれる事があります。本心を言えば、口で言えるくらいなら、言いますよ。でも映画というのは、2時間なら2時間、その時間を見るというのが大事なんですね。「昨日どんな映画みた？こういう話でさ、ああなって、こうなって、最後にこうなるんだよ」と見た映画の事を話す事がよくありますよね。映画の内容を伝える事はできるよね。2時間見た映画の内容を短くまとめて説明してね。でも30秒で言えてしまう内容と同時に、2時間見なければ体験できないこともあるわけですよね。例えばハリーポッターでも、どんな話かは1分くらいで言えてしまうかもしれないけど、2時間見る楽しみというものもあるわけですよね。それは、言葉では言えない部分もいっぱいある、ということですよ。見なければ味わえない事もあるわけです。今の第一班の花の映像で言えば「楽観的/悲観的」というお題を与えられて、「花」を悲観的、「ニワトリ」は楽観的としましたよね。でも花

の映像はもっといろんな事を感じさせた
よね。それを味わうのが大切だね。「悲し
い」という一言ではないよね。何か言葉
で言えないものが映るわけですよね。

—諏訪監督：言葉と映像と何が違うとお
もいますか？（「花＝フラワー」と文字を板
書し、次に花の絵を黒板に描きながら）さて、
この「『花』の絵」と、「『花』という言葉」
と、どう違うのか？

—生徒：目に見えるかどうか、ですか？

—諏訪監督：花という言葉は目に見えない？

—生徒：（文字として）書けば見えるけど
言葉にすると見えないです。

—諏訪監督：（言葉は）見えないですよね。
でも「花」という内容は伝わるわけですよ
ね。「花」と言えばね。他にどう違うかな？

—生徒：映像は見ると雰囲気が伝わって
きます。

—諏訪監督：そうだね。なんか雰囲気が
あったね。「花」「ニワトリ」という一言
とは違うね。花という言葉と、花を撮っ
たイメージは随分違うよね。この映像に
は何が映っていましたか？と聞くと、た
ぶん一番多いのは、「花」という答えだよ
ね。なぜなら、花が中心に映っていたか
らね。でもいろんなものが映っていたよ
ね。草も映っていたし、風も映っていた
よね。ちょっと揺れる感じとかね。それ
が多くなって来て、いろんなものが映っ

ていたね、となると、だんだんテーマが
ボケてくるわけですね。で、ここに何が
映っていたかを、全部を言葉で言う事は
できないんですよ。「花」という言葉で言
える事と「花」というイメージは随分違
うんです。でも実は「花」というものを
映像で撮る事はできないんです……何で
だと思う？「ニワトリ」も撮る事はでき
ません。「人間」というものも撮れないん
です。……何で？

—生徒：人それぞれ思うイメージが違う
から。花って言われて、大きな華やかな花
を思い浮かべる人もいれば、小さい素朴な
花を思い浮かべる人もいて、それらの全て
を映像に収める事は出来ないから。

—諏訪監督：そうだね。「花」を撮ってく
ださい、といわれても、「花」という概念
を全部カバーすることはできないんです
ね。映像で撮れるのは、「花」ではなくて、
“『この』花”しか撮れないんです。一個の、
世界でただ一つの「この花」しか、撮れ
ないんです。「花」という言葉は概念です
よね。そこに咲いているその花しか撮れ
ないんです。同じように人間一般は撮れ
ないよね。「ある誰か」しか撮れません。「男
性」というのも撮れないよね。「先生」と
いうのも撮れません。でも例えば「小田
先生」という「先生」なら撮れるんですよ。
映像は唯一のものを撮る特性があるんで
す。皆がミニ映画のプロジェクトで与え
られたテーマでやろうとしたことは、実
は「撮影した唯一のものを『概念』に替
えていくためにどういう風に映像で扱っ

たらよいか」という事をやってみようとしたわけです。「花」という文字と、「花」のイメージは全く関係がないです。花はフランス語では「フルール」ですが、フルールと聞いて、フランス語を知らなければ何かわからないでしょ。日本語を知らない人は「ハナ」と言われても、日本語を勉強していなければ何を意味しているかわからないですよね。でも映像はどうですか？どこの国の人が見ても花だとわかりますよね。なぜかというと見たまんまだから。つまりイメージというのは「そのもの」と密着しているんです。言葉と「花そのもの」は何も関係ないんです。単なるルールですから。これは勉強しないと結びつかないんですけど、映像は一気にそのものに結びついちゃうんです。だから同じ意味で、唯一のものしか撮れない。それを撮ってしまうのが映像の面白さ、映像の力なんですね。誰でも撮れるわけですよ。カメラでボタンを押せば撮れるわけですから。それを自分たちが表現しようとすることにどうやって結びつけるか、ということをやってみたわけですね。

　　～以下、2班から14班まで、生徒作品を上映し、上映した作品について、一つひとつ諏訪監督から、講評を頂いた。内容はどれも哲学的視点にあふれた深い講評であった～

～「愛とは何か？」～

―小田：では、一作品一作品ご講評をいただきましたが、その他何か質問はありますか。折角の機会なので、何でも聞いてみましょう。

―生徒：諏訪監督は、前の時間に愛について語られたと思いますが、諏訪監督にとって「愛」とはなんですか？

―諏訪監督：「愛とは何か？」。「愛とは何か？」ですか……「～とは何か？」。僕はこういう質問を自分にしません。「映画とは何か？」あるいは「音楽とは何か？」。「～とは何か？」答えを知りたいんだね。愛とは何か知りたいですよね。あるいは「人生とは何か？」…。実は「こういう質問に答えない」という事が大事なんです。

―生徒：「深いですね……」（会場笑）

―諏訪監督：映画は人に答えを与えるものではないです。「愛というものは何か？」について映画を見て「ああ、なるほどね」とはならないですよ。僕の作った『パリ・ジュテーム』の「ジュテーム」は「愛してる」という意味ですけれども、じゃあ映画を見て愛についてわかるか？というとわからないですよ。わかることが大事ではないんです。わかることが大事ではなくて、「愛するということは如何に苦しいか。愛するという事はいかに辛いか。愛するということは如何に楽しいか。」ということを表現できればいいんです。「愛とはこうこうこういうものです」とか聞いたら「嘘つけ！」と思うでしょ。（会場笑）人を愛するとか、何かを愛するという事

は、理由ではないよね、ということです。
理屈ではないんです。そりゃ言いますよ。
「私のどこが好きなの？」とか「何で私の
事を好きになったの？」とか。そして、
それに答えたりするじゃないですか。で
も嘘に決まっている。だって理由があっ
て好きになるわけではないんですよ。こ
れは交通事故みたいなもので、好きになっ
ちゃったんですから。その理由とは後か
ら考えられたものなんです。僕は実感す
るんです。映画を作るとか、絵を描くと
か、音楽を作る、小説を書くということは、
そういうことと似ているんです。「自分
でもよくわからないもの」というものが
あるんですよ。アクション、あるいは行
為ともいってもいいんですけど、皆が普
段行動するとき、頭で考えて行動するで
しょ。今日はあそこに行こう、とか、あ
あしようとか、考えて行動しているわけ
です。まず考える、そしてそれに基づい
て行動している、それが自分というもの
を支えていると思うわけですよね。だけ
ど実際には考えていない事もいっぱいあ
るんですよ。人を好きになるという事は
そういう領域に含まれているんです。考
えて好きになるわけではないんです。そ
して同じ様な領域で、もの（作品）をつく
りだすということがあるわけです。絵を
描くということは、「よし、こういう構成
で、こういう構図で描いてやろう」と思っ
たりして、人間の意識の中で一応考える
んだけど、でも、ここで収まらないんだ
な。描いていると、はみ出すんです。無
意識的にここはこういう色を塗ろうとか、
こういう形にしてしまおうとか。そうい

うときに自分の考え以外の領域に自分の
表現行為が広がっていくんです。それは
行為＝アクションなんですね。やってし
まうんです。

―生徒：諏訪監督があえて脚本を書かな
い手法で映画を制作されるのも、その理
由と一緒ですか？

―諏訪監督：近いところはあります。僕
の場合はね。映像には二つの側面がある
と僕は考えているんです。一つのベクト
ルは行為とか、構成とか。脚本や、例え
ばカメラを置いたらこういうアングルで
撮ろうという構図とか、人間が意識的に
考える事にあります。皆、今回のミニ映
画制作でいろいろ考えたわけですよね。
これは、「私が世界に対して働きかける」
という外に向かうアクションですよね。
同時に、今日見た作品に出てきたように、
ボールがたまたま当たっておもしろいと
か、人の表情が面白いとか、ありました
よね。これは皆がつくった事ではないで
しょ。たまたまですよ。たまたまその人
が面白かったとか、ずっこけたら面白
かったとかというのは、向こうからやっ
てくるもんなんです。こっちから働きか
けるもの、つまり能動的なものではなく
て、受けとるという逆向きのベクトルも
カメラのフレームの中でおきてくるんで
す。フレーミングするということは、「私
が外（世界）に対して働きかけていく」と
いうベクトルと、「外（世界）から受け取る」
というベクトルのせめぎあいの中で、こ
の二つのベクトルを扱うということです。

いわば、このせめぎ合いが愛ですよ。こっちが一方的に何かを掴み取ろうと思っても駄目なんです。向こうからやってくるものに対して、こちらがそれをどう捉えるか、ということをやっていく。その中で何かを表現するということを映画ではやるんです。絵画の場合は、それを自分の意識の中に一度通過させて、それを技法として色彩とか、形の中に表現していくわけです。音楽では、それを音程とかメロディーとかリズムの中に表現していくわけです。でも映画は、それを全部自分の意識に通過させていくとは限らないですよね。カメラが客観的に世界をダイレクトに撮ってしまうからです。だから人の顔をスケッチするのと、カメラで撮っちゃうのは全く違うんです。「世界がダイレクトにやってくることを私が受け取る」

ということがあるんです。だから両方の力がカメラを構えた時に行き交っているわけです。どっちか一方しか無いのはつまらないですよ。意識だけで撮られたものは、「ああ、なるほどね」で止まってしまいます。でも世界が来ることによって、映像でなければ味わえないものになってくると思います。とくにドキュメンタリーの場合は、如何に世界をよく見て、何を受け取っていくか、何を発見していくか、ということですよ。つまり「世界」を発見していくということです。そして投げかける方のベクトルは、「私」を発見していくということです。みなさん、是非映画制作がんばってください。

8.4 グローブ中間発表（2016 年 11 月 9 日）

日時：2016 年 11 月 9 日（水）　13：20-16：00　（レクチャーホール）
講師：諏訪敦彦監督（東京藝術大学大学院教授）
司会：小田浩之（ぐんま国際アカデミー高等部 1 年学年主任）
参加生徒：全高等部 1 年生徒（2 クラス　57 名）

～「作品は自分達自身が語るもの」～

ー小田：今日は特別講師に諏訪監督にお越しいただき、皆さん全 13 班各班の映画制作の途中経過の発表とラッシュ上映を行いました。撮ってきた映像の一部を皆で見ながら、テーマや意図、制作過程の発表後、それに対して諏訪監督から各班丁寧にコメント・ご助言をしていただきましたが、諏訪監督に今日の総括のお話しをしていただきたいと思います。

ー諏訪監督：皆さん、中間発表お疲れ様でした。皆さんどの班も非常に良く撮れています。まず皆にとって一つステップアップした事は映画を作るという行為において、取材したい人に会いに行けた事。「取材交渉していいですか？」「こういうことを知りたいんですけど教えてくれますか？」といって話を聞けたこと。いろんな人にコンタクトをとって、ちゃんとみんな取材できたね。そのことによって（質問した内容を）知る事ができた。映画を作る上でとても重要なことであると思うし、ドキュメンタリー制作のステップだと思います。ただ意外にインタビューの

映像はつまらなかったりする。それよりはどうでもいい事（映像）の方が印象に残ったりする。なぜか？インタビューで面白いのは話している内容だからなんです。音を消しちゃったら、その映像自体の面白さはそんなには無い。まあ中にはありますよ。話の内容よりも、話し方とか、表情とか、面白い場合が。でも「映像」の面白さは、言葉とか意味では無いんですね。だから映像体験の面白さはそういうところにあって、インタビューが必ずしも映像的に面白いかどうかは別の話なんです。インタビュー取材ができたっていうことは、今回一つ良かったことですね。しかしインタビューの映像を使えばいいかっていうとそうでもない。今後編集の中でインタビューをどう生かしていけばよいか考えなければならない。かつインタビューというのは「その人が話したいことを話している」というもの。だけど、皆の映画は皆さん自身が語っていくわけだから、インタビューを使いながらも、自分たちの作品として語っていく事が大事ですね。だから話を聞いて、「あ

あそうなんだ」というだけじゃなくて、一つの映像材料としてインタビューを使っていかなければならない。それによって「どういう映画を作っていくのか？」ということを、これから考えてほしいです。最終的に映画とは、「こういうことが言いたかった」「こういう結論」ということが伝わる事が重要じゃないんですよ。これが社会学のレポートだったら結論を出さないといけないかもしれない。また多くの TV 番組で最後の締めのナレーションがよくあって、「こうこうこうなんです」といっちゃう番組がよくあるんですけど、結論を聞けばいいんだったら、最初から結論を言ってよ、という話になってしまう。昨日みた映画の話をするときに「主人公がこういう人で、こうなって、ああなって、終わった」ということを 30 秒で言えるかもしれないけど、じゃあ何で 2 時間、映画を見なければいけないのか？ 2 時間見ることと、30 秒で要約する事は違うわけですよね。映画は 2 時間みることに意味があるんです。「最後にどういう結論に達するか？」ということを知るために（映画を）見ているわけではないですよね。見るのが楽しいから見る、2 時間の映像体験をすることが面白いから見る、わけですよね。だから、ドキュメンタリーを制作する時には 2 つの脳を使わないといけなくて、一つは言語的な脳。これは

皆がレポートを書く時の脳といっしょで、始まりがあって、次にインタビューが来て、この言葉が来て、こういう道筋になるね、っていうそういう処理能力です。物事を順序だてて述べるにはそういう能力も必要です。でも一方で今日皆が面白いと感じたのは逆の脳の作用で、例えば死刑制度を題材とした班で映されたあの囚人の人の絵が「はっ！」と印象に残ったのは、論理的な思考ではないですよ。「何とも言えない、言葉では言いようの無いもの」を見ちゃった、ということのある強さがあるんですね。それが映像の力なんです。その両方の脳を使っていかなければいけないです。今日見たのはインタビューが主体だったよね。それはそれで良いとおもいます。やはり「最初に何か知りたい。誰かに会いに行く。」そして「そこで得た事をどうやって視覚的表現に高めるか」ということは、皆でアイデアを出し合って、話し合ってやってみてください。映像の良い所はやってみて駄目だったらやり直せるところです。一発ではないので、やってみて「これは違うなぁ」ということがあれば、もう一回やり直してもいい。それは皆で話し合いながら進めてください。今回見てみて、皆さんの作品は素晴らしいものになりそうです。期待していますので、是非頑張ってください。

付録 1 ｜ 取材ハンドブック

グローブ「ドキュメンタリー映画制作」
取材ハンドブック

(1) 取材者への連絡方法 (撮影前)

　取材したい人が決まったら、いきなりカメラを持って撮影に行くのではなく、
事前に電話、メールして依頼する。(街頭インタビューの時は別です)

①電話で連絡をする場合・・・

> 「もしもし、ぐんま国際アカデミー高等部 1 年生の○○と言います。
> いま、学校の授業で映画制作を行っており、取材をお願いしたくてお電話しました。
> 少しお話を伺いたいのですが、いまお時間大丈夫でしょうか？」

⇒もし取材者が忙しそうだったら、「何時だったらお話できますか？その頃にまたかけ直します」と取材者の都合の良い時間を聞く。
＊ <u>取材をさせていただく</u> 立場なので、できるだけ取材者の負担にならないよう向こうの都合に合わせて動きましょう！！

②直接行って話す場合・・・

> 「ぐんま国際アカデミー高等部 1 年生の○○と言います。
> いま、学校の授業で映画制作を行っており、取材をお願いしたくて来ました。
> 少しお話を伺いたいのですが、今お時間大丈夫でしょうか？」

⇒撮影依頼書を作って渡す（見本は班長に配布します。）

③メールの場合・・・

> 　○○様
> 初めてご連絡します。
> ぐんま国際アカデミー高等部 1 年生の○○と言います。
> 学校の授業で映画制作を行っており、取材をお願いしたくてご連絡しました。
> ○○のドキュメンタリーを企画しており、
> 貴社の○○について取材をさせていただけませんでしょうか。
> 内容は・・・・。
> ご回答いただけましたら嬉しいです。

※先生にもメールを「CC」で送信してください。

連絡がとれたら詳細を詰めよう！

a) 撮影の目的・内容を伝える
　例）"富岡製糸場"に関する映画をつくる場合…

> 「今回、"富岡製糸場"に関する映画を作ります。その中で、富岡製糸場はどのような
> 文化遺産かを紹介するため、富岡市世界遺産観光部富岡製糸場課を取材させていただ
> き、仕事の様子や、インタビューを撮影したいです。」

⇒取材の目的、取材する内容を、できるだけ具体的に伝える。

b) 撮影日時を相談
　まず取材者の都合を聞いて、向こうが"いつでも大丈夫"であれば、こちらから
　「○日○曜日の○時はいかがですか」と聞く。

c) 撮影に行く人数、機材を伝える
　「撮影の時には、○人で小さなカメラを持っていきます」

d) 連絡先を伝える
　向こうから連絡が取れるようにするため、自分の名前（代表者）と連絡先を伝える。
　「何かありましたら、○○にご連絡ください。連絡先は○○です。」

e) 撮影日に対応してくれる人の名前を確認
　もし大きな団体・組織に取材にいく場合は、撮影当日、誰が対応してくれるのかを聞く。
　「当日は、どなたをたずねれば良いですか」

f) 完成した映画のアウトプットを伝える

> 「今回撮影した映像は、3月に校内映画祭で発表いたします。作品完成後、ご覧いただ
> き、御許可をいただけたら、国内外の映画祭など外部に発表するかもしれません」

　g) 企画書を送ることを伝える
　　「後日、詳細を企画書にまとめてお送りします。」
　　最後に、必ず丁寧にお礼を言いましょう！！

➡得た情報をもとに企画書を作成して送る。

※ 企画書の内容は次ページの先輩の例を参考にしてください。

<<取材者へ送付「取材撮影協力企画書」（昨年度先輩の企画書）>>

ドキュメンタリー映画取材撮影協力企画書

2015 年 8 月 26 日

○○○　様

ぐんま国際アカデミー GKA 高等部 1 年
生徒班長　　○○○
TEL : ○○○ - ○○○○ - ○○○
Email: ○○○○ @ ○○○

下記の通り私たち生徒による取材の協力をお願いしたく、ご連絡いたします。

■取材日時　：　2015 年 9 月中の週末（土・日どちらか 1 日）

日時は○○○様と○○○様の可能な日時に合わせさせていただきます。
ご指定・ご指示下さい（私たちは 9 月 12 日・13 日の週以外はどの週末でも可能です）

■取材目的　：　ぐんま国際アカデミー　ドキュメンタリー映像制作の授業のため

■上映　　　：　ぐんま国際アカデミー映画祭での上映（2016 年 3 月 6 日（日））
※発表は学校の校内映画祭で 3 月に上映いたします。校内で賞を取ることができれば、国内外のドキュメンタリー映画祭に応募サポートのシステムがあります。完成後、東京ドームシティ様のご許可がいただければ、映画祭出品にも挑戦したいと思っております。また、許可なしでインターネット等に掲載することはいたしません。

■ご連絡担当生徒：

ぐんま国際アカデミー高等部 1 年
生徒班長　　○○○○
TEL：○○○ - ○○○○ - ○○○
Email：○○○○ @ ○○○

■生徒班人数：3 名　（名前：○○○、○○○、○○○）

■取材内容

概要	お化け屋敷プロデューサーをはじめ、日本と外国の「恐怖」の感覚の違いや日本の恐怖・怪談の特徴を探る生徒によるドキュメンタリーです。そこで、○○様にお化け屋敷プロデューサーや、日本の「伝統的な恐怖」について探るべく、○○様の作品であるお化け屋敷や普段の仕事の様子を撮影させていただければ嬉しいです。
具体的な撮影内容	■　普段お客さんが入ることのできないエリアで、もし○○様が何かお仕事をされているのならその様子 ■　映像制作の班員が実際にカメラを持ってお化け屋敷を体験し、そのお化け屋敷内での自分たち生徒班員のリアクションや表情 ■　お客さんの許可をいただけるのならば、お化け屋敷の付近でお客さんのお化け屋敷での感想 ■　東京ドームシティでの取材撮影は以上になります。 ※　他のお客様のご迷惑にならないように東京ドームシティ様が許可していただける範囲内のみで撮影いたします。禁止区域、禁止事項はご指示ください。

映画制作教育プロジェクト指導教員：小田浩之
ぐんま国際アカデミー GKA 高等部
〒○○○ - ○○○群馬県太田市○○○○　　TEL：○○○ - ○○○○ - ○○○

---

(2) 撮影の流れ (取材者を訪ねるとき)

1　約束の時間の 10 分前には取材場所に到着

・万が一、電車の遅延などで約束時間に遅れる場合は、必ず電話をして伝える。
　「すみません、電車が遅れているため、○分遅れます。大丈夫ですか？」

2　撮影前に関係者に挨拶

・取材者と会ったら、撮影する内容、スケジュールを再確認する。
　「今日撮影するものは○○で、○時までお願いします」
・荷物が多い場合は、どこか邪魔にならない場所に置かせてもらえるか確認
　※家の中に入る場合は床を汚さないために、機材や荷物を置くためのビニール
　　シートなど敷物があった方が良い

3　撮影開始

・取材をすることで、取材者や周りの人の邪魔にならないように十分注意する。
　⇒道をふさがない、取材以外のことで大きな声で私語をしない・・・
・もし、取材先で何かモノを動かす場合は、必ず確認を取ってから動かす。
　⇒インタビューをするために、イスや机を動かす場合は、動かす前の状態を
　　覚えておいて、撮影後に元に戻す。(動かす前に写真を撮っておくと安心)

4　撮影終了後

・撮影のときに動かしたものを、必ず元に戻す
・取材者、周りの人にお礼の挨拶をする
・テロップで出すときのために、取材した人たちの名前や肩書きなど、基本的な情報を
　聞いてメモしておく。
・「映画の上映日が決まったらご連絡します」と伝える。

(3) 街中で撮影をするときの注意事項

①安全第一で行動！！！

撮影だからといって危険な場所 (車道、踏切の中、エスカレーター、橋・ビルの屋上、ベラン
ダなど高い場所) での撮影はしないように。また電車やバスの窓から顔をだすのも禁止です。
皆さんはプロではありません。無理をしないで、常に安全第一を心掛けてください。

②人の敷地内に入らない

駐車場、マンションなど私有地に無断で入らないようにしましょう。
お店の前で撮影して入口をふさぐ行為はやめましょう。
店内（モール、デパート含む）・駅構内でも許可なく撮ると注意されます。

※撮影できるのは、公共の場か、許可を得た場所のみです。

③三脚を使用しない

三脚を道路で使用すると目立ちます。
また、人の邪魔になるので、使わないようにしましょう。
※三脚は、一番トラブルのもとになるので、街中では使用禁止とします。
アポイントメントを取った取材対象者で、三脚も OK と言ってくれた方の敷地内のみ三脚の使用を許可します。

④通行人の邪魔にならないようにする

人通りが多いところはできるだけ避けましょう。（車道は禁止です）

⑤むやみに通行人にカメラを向けたり、ジロジロ見ない。

⑥誰かに"何を撮ってるの？"と聞かれたら、学校の授業であること、学校名を伝える。

※アポイントメントをとって会う人でない限り、通行人はどういう人かわからないので、自分たちの個人連絡先は教えない！！

※撮影中はカメラに夢中になり、外部に意識がいかなくなります。特に車、バイク、自転車に気をつけてください。また一人で撮影しないで他の班員が車が来ないか、他の人の邪魔になっていないか、たえず注意してください。

(4) 街頭インタビューをするときの注意事項

街頭インタビューは難しいです。トラブルなくできそうだと思える時のみにして下さい。

①いきなりカメラを向けない。まずは、撮影をしてよいか確認をする。

「ぐんま国際アカデミーの○○と言います。いま学校の授業で映像制作をしていて○○に関する映画を作っています。○○に関して、お話を伺いたいのですが、お時間大丈夫ですか？」

※自分たちで紙やカードに学校名や取材内容の情報を記入して渡した方がやりやすいです。

②インタビュー撮影する時は、通行人、車の邪魔にならない場所で行う。
道の端など、空いているスペースで行う

③インタビューする相手を選ぶ
優しそうな人、真面目に協力してくれそうな人を選ぶ。※怖そうな人には近づかない

④長い時間街頭インタビューしない
長くても 1 分です。それ以上は嫌がられます→相手が、飽き始めたら、すぐに中断する

⑤お礼を言う

「このインタビューは授業の課題制作で使用させてもらうかもしれません。有難うございました。」

　⑥連絡先を聞かれたら、学校の連絡先を伝える
　自分の個人連絡先は先生から教えないように言われていると言う

(5) その他

　①急に学校のカメラが故障した場合…
　　・取材中にカメラが動かなくなった場合、そのことを伝えて、撮影できないことを謝りましょう。
　　・後で先生に連絡をして、相談して下さい。

　②学校のカメラを紛失した場合…
　　・電車で忘れた場合は、駅員さんに伝える。
　　・忘れた場所が分かる場合は、そこに連絡する。
　　・失くした場所が分からない場合は、近くの交番に行って伝える。
　　　その日、自分たちが立ち寄った場所 (取材先、電車) に連絡を入れる。
　　・後で先生に連絡をして、相談して下さい。

[電車で紛失した場合の問い合わせ先]
東武鉄道：お客様センター　[03-5962-0102] (8:30-19:00)
JR：JR 東日本問い合わせセンター　[050-2016-1601] (6:00-24:00)
東京メトロ：お忘れ物総合取扱所 [03-5227-5741] (9:00-20:00)

　③注意された場合…
　　・直ぐに撮影を中止する
　　・学校の課題で撮っていたことを伝え、謝る。
　　・その場を離れる
　　　(もし、どこの学校かきかれたら、学校名を伝え、連絡先を聞かれたら学校の連絡先
　　　を伝える。自分の連絡先は教えない)
　　・後で注意されたことを反省し次回に活かす (撮影禁止場所？邪魔だった？など、
　　　何がいけなかったのか振り返る)

※何かトラブルが起きたときは先生に連絡をして、相談して下さい。

学校電話：〇〇〇 - 〇〇〇〇 - 〇〇〇

付録 2 ｜ ピッチ・シート

　フリント氏と共につくったドキュメンタリー映画企画のピッチ内容を記入するためのシート。以下、生徒が提出した「ピッチ・シート」（1 点）を例として掲載する。

プロジェクトピッチ PROJECT PITCH

Group#_5_ Members: ○○○○、○○○○、○○○○、○○○○

トピック TOPIC

限界集落

探究の問い INQUIRY QUESTION

　日本は現在少子高齢化という問題を抱えている。世界的に見たら人口は増えているが日本国内は年々子供の出生率が減っている。若者などが独り立ちをする際、地元に留まらず都会や都会に近いところに住む人が増えている。日本は先進国として日々産業、最先端技術などを磨いているが、都会が発展していくのと同時に街の過疎化も進んでいるのが現状だ。限界集落をなくすために日々努力をしている町や村があるが何もせずに毎日暮らしを送っている村もある。今回私たちが実際に限界集落に行き、そこで感じた町の素晴らしさはもちろん限界集落の深刻さを探究したい。限界集落の魅力と現状を探究する。

1. **そのトピックを選んだ理由 ―なぜそれは興味深いのか？**（150字以上）
   Why did you choose this topic? Why is it interesting to you?

　テレビのドキュメンタリーから着想を得ました。限界集落の中での厳しい生活を楽しそうに生きて、「ここに骨を埋めたい」という気持ちがひしひしと伝わってくるものでした。そこからトピックを限界集落に決めて、もう一つドキュメンタリーを見ました。秩父の限界集落でお店を開き、集客に成功して街に活気が戻った集落の話でした。そこで私たちは再生可能な限界集落があること、静かに一生を終える集落があることを学びました。
　このトピックでは、なぜそれらに大きな差が開いてしまったのか、再生可能な集落に特徴はあるのか、一生を終えようとしている集落に住む人はどのような考えがあるのだろう、などたくさんの疑問と興味が湧きました。このように、たくさんの問いが出るトピックは興味深いものだと私たちは認識しています。

2. **どのようにしたらもっと興味深くなるのか？（もっと個性的でオリジナルに）**（150字以上）
   How will you make it more interesting? More personal? More original?
   「自分たちならでは」の視点・「高校生ならでは」の着眼点とは何だろう？同じテーマで今までに無い「新しさ」は何だろう？ 具体的に書く。（つまりテレビなど前例をマネした作品でなく、自分たちのオリジナルな作品にしよう！）

　前述した通り、私たちはテレビのドキュメンタリーからヒントを得ました。それらを否定することで、限界集落はマイナスとして扱われることが多いが、限界集落は素晴らしい！みたいなビデオを作れたら面白いだろうなと考えました。紹介動画ではないように作りたいです。
　自分たちの出演が面白くするキーだと考えています。私たちは自分たちが出演するドキュメンタリーを計画しています。高校生と限界集落に住む人の関わりを映すことで誰も見たことがないものができるのではないかと考えています。

3. **トピックを実現するための諸問題は？**（150字以上）
   What might the struggle be for your topic?

　このトピックを実現するには、限界集落に住む人々のプライバシーの問題と、集落に住む人たちのこのプロジェクトに対する理解、この二つの問題がかなり大きい。いくら学校に提出するからといってプライバシーを気にしないのでは肖像権の侵害やその相手からの信頼を得ることは不可能だろう。また、その上にこのプロジェクトをドキュメンタリーを撮る相手によく理解していただくこともかなり難しい。
　このプロジェクトは動画の編集諸々以前に信頼関係の構築が大切だ。

4. どのような場所を想定しているのか？　（150字以上）
誰にどのようにインタビューをするのか？　（取材依頼を実現させるための具体的方法）

役場の人、本当に住んでいる人

アイデア：集落に住んでいる人を集めて意見交換会を開いてそこでインタビューの内容を深める。そこで出た意見とか政府？とかの人たちにも伝わるように具体的に一つ一つ取り上げるのもいい。（その他、班員と検討中）

5. バックアップのプラン（150字以上）
What locations are you planning to use?
Who and how do you interview? (Concrete method for requesting coverage)

検討中

6. 映画を通してオーディエンスに何を感じてほしいのか？　（100字以上）
What do you want your audience to think and feel after watching your film?

この映画を通して感じて欲しいのは限界集落の魅力を感じて欲しいのはもちろん、限界集落の現実を実際の映像を見て知って欲しい。限界集落と聞いて私たち5班は山奥にある村、田舎などを想像した。だが調べたところ、限界集落は自分たちが思っているよりもすぐそばにあるんだということを知った。もし突然自分たちが住んでいるところが限界集落であると知ったら驚くのが当たり前だと思うが、そうではなく、村がなくなってしまったらいかに大変になるかだったり限界集落に住む人たちの気持ちなどから限界集落の深刻さ、限界集落を活性化しようと努力する人たちがいるということを知り、自分たちが暮らしているところがいかに幸せであるかを感じてほしい。 　私たちが今回撮るのは、限界集落に住んでいる人と信頼関係を築いていく過程と結果だ。そこで、私たちは限界集落に住んでいる人の普通さを映し出したい。「人はどこにいても人である」ということを学んで欲しい。少子高齢化が進んでいる日本はいつか全ての地域が限界集落になるかもしれない。そんな身近さを感じて欲しいと思っている。

7. 直面するだろう課題とその解決策
What are three problems you might face, and how will you solve them?

Problem	取材を行いたい集落からの拒否
Solution	集落の方々から取材を断られた理由を伺い、私たちの意見とどのように違うのかを考え、方向性が違うと感じた場合他の集落への取材に変更する
Problem	集落の人たちと私たちの意見の食い違い
Solution	徹底的な限界集落の理解と集落の方々の考え方の理解
Problem	集落をサポートしている団体との方向性の違い
Solution	サポート団体と私たちの方向性が一致していない場合や考え方の違いがある場合、詳しく理由を伺い、趣旨の理解ができた場合継続、できない場合は、団体を変更する

8. テーマとする内容を扱った前例となるドキュメンタリーはあるか？　（150字以上）

テーマを決める段階でケイカが見た『ムツばあさん』というドキュメンタリーの話を聞き、限界集落に興味を持ち、テーマ決定に影響した。 →秩父の山奥にある小さな限界集落（村）のドキュメンタリー。ムツばあさんの生活にフォーカスしていた。 https://www.nhk.or.jp/ohayou/digest/2019/03/0326.html 　この放送を見て、身近なものなんだと実感した。 https://dogatch.jp/news/ntv/53531/intro/ 　静かに終わる集落があることを理解した。

［議論メモ］

<カレン>小田先生からのアドバイス＝「同じテーマのドキュメンタリーをテレビで見たら、
　　　　　　　　　　　　　　それを否定するやり方で発想しよう」

　同じものが転がってるから、それを否定する＝限界集落はマイナスとして扱われることが多いから限界集落は素晴らしい！みたいなビデオにしたら面白いよね。紹介動画ではなく、人々の過ごしてきた歴史を知ったりすることはいいことなんじゃないかな。

<ケイカ>それめっちゃ面白くない？私は賛成！
私のこのアイデアをまあ仮にそれとして、紹介動画にならないような考えが欲しいです！

<ケイカ>んーやっぱり、自分たちが出演するのいいと思わない？
それはそう。どうしたら話を引き出せるかとか、どういうところを撮りたいのか。そういうのまだ私たちわかってないし決めてないから、早めに決めたいところではある。何を探求したいのか決まってないのが私たちのピッチが決まらない理由だよね。

<ケイカ>なんかさ、ドキュメンタリーでは限界集落は狭く人が少ないけど楽しいよ！とか言ってるけど実際そんなんじゃないと思うんよ、だから光と闇を映すみたいな。あと、信頼を得たいから撮影前に会って仲良くなれるそんな近い場所がいい。…お手紙をまず書くのがいいと思う。現実的に考えてないです、近い場所が…。悩ましいところなのです。…あと、信頼を得るのはやっぱり会うことが一番だと思うけど。

（アイデア）なんども撮影を重ねるうちに、その人が普通の人間なんだとわかる＝限界集落に住む人は都会に住んでいる人と一緒なのだ＝今、日本は少子高齢化でまた、人との繋がりが減っているがやっぱり人と関わることは尊厳を持って人間としての活動でやるべきだ、みたいな。待ってねちょっと取り留めないけど。…何を見ている人に伝えるか。
今ハイライトしている二点が今一番決めなきゃいけないことだと思う。だから、もう少しこっちの考えにフォーカスして欲しいな。
限界集落に住む人の何を撮りたいのか、幸せなところとか？そこにアドバイスが欲しいな。

・どういうところを撮りたいのか
限界集落は狭く人が少ないけどいいところである、という理想。
人がいない廃れてしまった村、という現実。この二つを対照的に撮ることで光と闇を映す。
限界集落のいいところをズームアップする、紹介になるのが問題点。

・何を見ている人に伝えるか（メッセージ）
（アイデア）なんども撮影を重ねるうちに、その人が普通の人間なんだとわかる＝限界集落に住む人は都会に住んでいる人と一緒なのだ＝今、日本は少子高齢化でまた、人との繋がりが減っているがやっぱり人と関わることは大事だと身にしみて感じたみたいな。

付録3 | 映画批評シート

　フリント氏や海外の映画クラスのフォーマットをいくつか参考に作成。「変えたい部分」などクリティカルな設問も設置し、「この映画を誰に推薦したいか」「ランキング」など、生徒が楽しんで書くことができるように映画雑誌のレビューの要素も加えてある。

10 B （　○　）NAME: ○○○○○　Your Team Project Title: ○○○○○

MOVIE TITLE: アカルイミライ

The Director:　黒沢清

My favorite scene is（好きなシーン）:
　藤竜也さんがオダギリジョーさんに「この現実は、私の現実でもあるんだよ」と感情をぶつけるシーン。

Because（理由）:
　今まで肯定的だった人物が、急に感情的になる所がすごく印象的に残った。また「この現実は、私の現実でもあるんだよ」という台詞が脳内で何度もリピートされ、すごく印象に残ったから。

My favorite person is（好きな登場人物）: 藤竜也さん演じる有田真一郎。
Because（理由）:
　息子を大事に思う優しい一面を持っているが、心の奥底に隠された感情との二面性が印象的だったから。

What was your general impression of the film?（全体的な印象）:

　見終わったときの感想は、ストーリーは特別面白くもないでした。あまり強弱がない。たまにあったとしても、別に「あっ」となったりする訳でもない。日常生活がただ流れているだけ、という印象を持ちました。ですが、撮影方法が独特であったため、目が離せませんでした。

　車の中のシーンは特に「ん？」となりました。2つの四角の中にキャストが1人いる。まるでキャストとキャストが隣同士にいて同じ空間にいるのに、それが切り離されているみたいだと思いました。でも最後の車のシーンではオダギリジョーさんの箱の中に、少しだけ藤竜也さんの体の一部が入って、「それは何か意味があるのでは？」と考えてしまいました。

　また、何分も同じアングルで同じ映像が流れていることに疑問を持ちました。それはあまりにも変化がないため、観ていてどういう意味なんだろう、と。例えば藤竜也さんとりょうさん演じる弁護士が会話をするシーンでは、延々と同じアングルからの二人の会話が流れていました。このシーンには意味があるのか、それとも無いのか。無かったにしても、あるように考えてしまいます。これは一種の監督の策略なのかもしれないと思いました。

　映像もコントラストがコントロールされているなと思いました。光と影が上手く扱われている。影は無として扱われがちですが、この映画では影がすごく際立っている印象を持ちました。キャストを影とすることで、そのキャストの感情が沈んでいたり、暗いということを表しているように思いました。またどこか映像がシャープだとも感じました。輪郭がはっきり、くっきりとしている。

　ラストの藤竜也さんとオダギリジョーさんが河川敷で柵にもたれ掛かって会話をするシーンでは、まるで背景が絵に描いたようにマットだなという印象を持ちました。映像も所々シャープだったのが、急に画質が荒くなったり（特に夜のシーン）、映像が全体的にセピアカラーなのも気になりました。

　浅野忠信さんが自殺するシーンもすごく印象に残りました。実際に浅野さんが自殺するシーンが映っている訳じゃないのに、浅野さんの「じゃあね」の言葉と針金、そして浅野さんがフェードアウトした後に乱暴に倒れる椅子から、浅野さんが自殺したというのがすぐに分かったのは、凄いと感じました。

　また最後の男子高校生たちが街中を歩くシーンでは、最後に歌と共に撮影スタッフも後ろで歩いていることに驚きました。「えっ、いいの！？」と。

　男子高校生たちが革命家であるチェゲバラの T シャツを着ていることにも意味があるのではないかと思いました。なぜこのタイトルが「アカルイミライ」なのかも、このシーンに関係する意味があるのではないかと考えさせられました。

　台詞にも印象的な所がいくつかありました。例えば、最初にも挙げた「この現実は、私の現実でもあるんだよ」という藤竜也さんの台詞。そして、笹野さんの「たまたま今55歳なんだけど」の「たまたま」という台詞。たった一文なのにすごく深い。大変勉強になる作品でした。

How does the film make you feel ？（どのように感じたか）:
　黒沢監督が「凄い」と言われる理由に納得させられた。

Because（理由）:
　私はこの作品を見るまで、今まで一度も黒沢監督の作品を見たことがありませんでした。ですが、周りではいくつもの賞を取ったりなどをして、「凄い」という言葉を耳にします。その意味がようやく分かった気がしました。お話は私としては特別面白くないと感じました。ですが、撮影方法は凄い独特で「これは凄いわ」となりました。黒沢監督がなぜ「凄い」と言われるのか、納得させられた作品です。

Name three points you liked about the film（好きなところ）:
- ☐　藤竜也さんの「この現実は、私の現実でもあるんだよ」という台詞
- ☐　光と影のコントロールで、キャストの感情を表している所
- ☐　役者の顔が途中で切れていたりする斬新な所

Name one point you want to change（変えたいところ）:
- ☐　ワンカットが長い所

And how do you want to change?（どのように？）:
　もう少しカットをいくつか入れて、変化を入れたい。ずっと同じ映像ばかり流れているのはつまらないから。

I'd recommend this film to（勧めたい人）:「映画監督を夢見る人々」

Because（理由）:
　こんな撮影方法、きっと私が知っている中で黒沢監督しかいません。それぐらい独特で魅力のある作品です。なので是非とも黒沢監督の作品を見て、刺激を貰ってほしいです。きっとモノの見方や価値観が変わると思います。

Personal ranking: ★★★★☆　　星 4 つ

あとがき

　本書は、慶應義塾大学大学院メディアデザイン研究科での修士論文をもとに書籍化した書き下ろしです。公人の友社の武内英晴氏、編集の萬代伸哉氏によるご支援のもと、書籍化が実現しました。指導教授である大川恵子教授には、院生時代から研究のご指導・ご助言をいただき、本書の出版に至りました。厚く御礼申し上げます。

　また、映画の授業の立ち上げから共に映画教育の開発に携わっていただいたトーマス・フリント氏に感謝いたします。フリント氏のロードアイランド・スクール・オブ・デザイン大学院での研究活動が大きな刺激を与えてくれました。

　そして、6年間の映画教育の実践において、多大なるご支援、ご指導を賜り、本書出版にあたり対談も引き受けていただいた東京藝術大学大学院映像研究科教授・元東京造形大学学長諏訪敦彦監督に心から御礼申し上げます。諏訪先生の言葉の一つ一つが映画教育実践のインスピレーションの源でした。

　映画教育の実践を応援してくださった清水聖義群馬県太田市長、ぐんま国際アカデミーの先生方、保護者の皆様に感謝申し上げます。

　最後に、生徒の皆さん、卒業生の皆さん、ありがとう。素敵な人生を！

– FIN –

母と亡き父の面影に捧ぐ

参考文献

[1] 立教大学・日本教育研究イノベーションセンター（2020）「社会の扉を開くドキュメンタリー映画づくり【前編】」マナビラボ、http://manabilab.nakahara-lab.net/article/2161

[2] 株式会社FCEエデュケーション（2020）「映画教育ノススメ映画作りを通じて人間を作る」Find！アクティブラーナー、https://find-activelearning.com/set/3077/con/3071

[3] 教育美術振興会（2018）『教育美術』（2018年11月号 no.917）「［インタビュー］映像授業の担当教師に聴く①」、http://www.kyoubi.or.jp/publications/view/961

[4] 読売新聞（2020）「［最前線］ドキュメンタリー　授業で制作…「情報正しく扱う力身につく」、https://www.yomiuri.co.jp/kyoiku/kyoiku/20200507-OYT8T50071/

[5] 文部科学省「 生活・総合的な学習の時間ワーキンググループ議論のまとめ〔総合的な学習の時間〕」、https://www.mext.go.jp/b_menu/shingi/chukyo/chukyo3/064/siryo/attach/1375568.htm

[6] 国際バカロレア「DP科目映画」、https://www.ibo.org/programmes/diploma-programme/curriculum/the-arts/film/

[7] Nikos Theodosakis（2009）The Director in the Classroom：How Filmmaking Inspires Learning；Version 2.0. ,CreateSpace Independent Publishing Platform.

[8] Future Learn：Film Education：A Use's Guide,http://www.futurelearn.com/courses/film-education-a-user-s-guide

[9] British Film Institute（2015）A frame-work for film education.

[10] エリオット・アイスナー（1986）『美術教育と子どもの知的発達』仲瀬律久訳、黎明書房

[11] Flint, Thomas,（2018）"Zoom-out : expansion of pedagogical approaches within moving image education")Masters Theses. 292.

[12] Filmmaker's perspectives,https://www.cinematheque.fr/cinema100ansdejeunesse/en/resources/filmmaker's-perspectives.html

[13] Situation resources,https://www.cinematheque.fr/cinema100ansdejeunesse/en/resources/all-the-questions/situation/realisations.html.

[14] 諏訪敦彦（2020）『誰も必要としていないかもしれない、映画の可能性のために：制作・教育・批評』フィルムアート社

[15] 映画専攻―東京芸術大学大学院映像研究科東京芸術大学大学院映像研究科―教員と領域、https://fm.geidai.ac.jp/film/film-academic/

[16] 「エンパク★こども映画教室2015」、https://www.kodomoeiga.com/enpaku2015

[17] 「こども映画教室＠早稲田エンパク2014開催 是枝裕和監督の指導のもと、小学生が映画製作を行いました」、https://www.waseda.jp/top/news/19515

[18] 是枝裕和（2016）『映画を撮りながら考えたこと』ミシマ社

[19] 小栗康平（2005）『映画を見る眼』日本放送出版協会

[20] 国際文化交流推進協会 編（2006）『諸外国及びわが国における「映画教育」に関する調査 最終報告書』、国際文化交流推進協会

[21] 佐藤真（2009）『ドキュメンタリー映画の地平：世界を批判的に受けとめるために』凱風社

[22] 大島渚（2008）『大島渚著作集第2巻（敗者は映像をもたず）』現代思潮新社

[23] 大島渚（1978）『同時代作家の発見』三一書房

[24] アンドレ・バザン（2015）『映画とは何か』野崎歓・大原宣久・谷本道昭 訳、岩波書店

[25] 小田浩之（2020）「リモートによる映像制作アクティブラーニングの実践」『メディア情報リテラシー研究』Vol. 2(1) pp. 15-23

[26] マイケル・ライアン、メリッサ・ノレス（2014）『Film analysis：映画分析入門』田畑暁生 訳、フィルムアート社

[27] 株式会社明光ネットワークジャパン（2017）「子どものスマートフォン使用に関する全国調査」、http://special.meikogijuku.jp/image/170405_meiko_smartphone.pdf

[28] 毎日新聞—群馬（2020）「国際映画大会：映画が好き ＧＫＡ高等部、米で招待上映 短編ドキュメント高評価」、https://mainichi.jp/articles/20170929/ddl/k10/040/049000c

[29] 毎日新聞—群馬（2020）「ＧＫＡドキュメンタリー映画祭—生徒の力作 15 本上映 太田で 8日」、https://mainichi.jp/articles/20180304/ddl/k10/040/087000c

[30] 朝日ぐんま「映画制作を通したグローバルなアクティブラーニング」、コラム（vol.89）、https://www.asahigunma.com

[31] 朝日新聞—群馬（2020）「高校生、二つの米映画祭で受賞 ＧＫＡの４人」、https://www.asahi.com/articles/ASM3166N3M31UHNB00S.html

[32] 西岡加名恵（2016）『教科と総合学習のカリキュラム設計：パフォーマンス評価をどう活かすか』図書文化社

[33] 小田浩之（2021）「中等教育におけるドキュメンタリー映画制作をツールとした授業の実践と研究」慶應義塾大学大学院メディアデザイン研究科、修士学位論文

[34] 産経新聞（2020）「授業で作った短編、世界で評価 米映画祭上位４作…マイアミで上映 群馬・太田」、https://www.sankei.com/entertainments/news/170926/ent1709260007-n1.html

[35] ロラン・バルト（2005）『映像の修辞学』蓮實・杉本訳、筑摩書房

[36] 読売新聞(2020)『ドキュメンタリー 授業で制作…「情報正しく扱う力」身につく』、https://www.yomiuri.co.jp/kyoikukyoiku/20200507-OYT8T50071/

[37] ロイター通信（2020）「トランプ陣営選挙広告、文脈無視して発言使われた＝ファウチ氏」、https://jp.reuters.com/article/health-coronavirus-trumpfauci-idJPKBN26W10D

[38] 安藤紘平・岡室美奈子・是枝裕和・谷昌親・土田環・長谷正人（2018）『映画の言葉を聞く：早稲田大学「マスターズ・オブ・シネマ」講義録』元村直樹 編、フィルムアート社

[39] 山内祐平・森玲奈・安斎勇樹（2013）『ワークショップデザイン論 — 創ることで学ぶ』慶應義塾大学出版会

[40] 伊丹十三（1985）『「お葬式」日記』文藝春秋

[41] 佐藤学（2003）『子どもたちの想像力を育む：アート教育の思想と実践』今井康雄 編、東京大学出版会

[42] 独立映画鍋（2020）「【レポート・鍋講座 vol.43】『映画教育のススメ〜教育における映画の可能性〜』」、http://eiganabe.net/2020/09/09/2427

[43] 松野 良一・間島 貞幸・五嶋 正治・村田 雅之・塚本 美恵子（2013）『映像制作で人間力を育てる：メディアリテラシーをこえて』田研出版

[44] 土持・ゲーリー・法一「アルカディア学報 No.582 アクティブラーニングの評価」日本私立大学協会、私学高等教育研究所、https://www.shidaikyo.or.jp/riihe/research/582.html

[45] 映画ログプラス（2020）「"挑戦、そして映画を創る喜び" 映画『風の電話』諏訪敦彦監督【インタビュー】」、https://tokushu.eiga-log.com/interview/37517.html/2

【著者略歴】

小田　浩之（おだ・ひろゆき）

慶應義塾大学大学院メディアデザイン研究科附属メディアデザイン研究所リサーチャー。
1972年生、東京都出身。アーティスト（映像メディア）・教師。映画を中心に制作活動を行い、ぐんま国際アカデミー高等部では映画の授業を実践。慶應大学附属研究所リサーチャーとして子どものための映画教育を研究。平成30年度群馬県文化奨励賞（メディア芸術）受賞。

フィルモグラフィー

『スクールガール』（第51回ヒューストン国際映画祭短編ファミリー映画部門プラチナ賞）。『サルビア』（第54回ヒューストン国際映画祭短編ファミリー映画部門金賞、第37回シカゴ国際児童映画祭入選）。

その他

六本木アートナイト2018出演（『4'33"』総合演出・映像／ダンス・振付髙橋灯）。上毛新聞「オピニオン21」委員としてコラム執筆（2020〜2021）。
https://www.imdb.com/name/nm8674228/
https://tokyofilmgarage.wixsite.com/hirooda

映画アクティブラーニング
〜ドキュメンタリー映画制作による「総合的な探究の時間」

2021年12月15日　第1版第1刷発行

著　者	小田浩之
発行人	武内英晴
発行所	公人の友社
	〒112-0002　東京都文京区小石川5-26-8
	TEL 03-3811-5701　FAX 03-3811-5795
	e-mail: info@koujinnotomo.com
	http://koujinnotomo.com/
印刷所	倉敷印刷株式会社

ISBN978-4-87555-873-6　C3037